독일의 힘,
독일의 총리들 2

KB058496

독일의 힘,
독일의 총리들 2

독일의 통일과 번영을 이끈 정치 리더십

김황식 지음

21세기북스

독일의 통일과 번영은 어떻게 이루어졌을까?

지난해 1월 발간한 『독일의 힘, 독일의 총리들 1』에 이어 제2권을 발간하게 되었습니다.

　지난해 발간 당시 한창 진행 중이던 대통령 선거 과정에서 보듯이, 근자에 이르러 우리나라 정치가 갈수록 혼탁해지는 듯하여 뜻 있는 국민의 걱정이 커가고 있었습니다. 이대로는 안 되겠다는 목소리도 작지 않았습니다. "그렇다면 어떻게 할 것인가?" 저는 이 물음에 대한 답을 찾기 위한 과정에서 독일의 정치와 정치 지도자들의 리더십을 생각하였습니다. 우리 정치인이나 국민이 독일의 사례들을 참고하여 새로운 변화를 도모하는 것이 필요하다고 생각하였기 때문입니다. 그래서 대통령 선거 전 서둘러 콘라드 아데나워 총리부터 빌리 브란트 총리까지를 다룬 책을 발간하였습니다. 많은 사람이 책 내용에 관심을 보여주었습니다. 그 반응의 처음은 독일이 부럽다는 것이었고 다음은 우리도 변화해야 한다는 것이었습니다. 저의 책이 우리 정치도 대립과 갈등의 정치에서 대화와 타협의 정치로 변화해야 한다는 공감대 형성에 작은 역할을 하였다고 자부합니다.

많은 사람이 제2권에 대한 기대를 보여주었습니다. 그리하여 지난 1년 동안 자료를 정리하여 헬무트 슈미트 총리부터 앙겔라 메르켈 총리까지를 다룬 제2권을 이번에 발간하게 되었습니다. 그 사이에 러시아의 우크라이나 침공이라는 큰 사건이 발생하였습니다. 이 전쟁과 직간접적인 관계를 맺고 있는 독일, 특히 푸틴 러시아 대통령을 상대하였던 게르하르트 슈뢰더 총리와 앙겔라 메르켈 총리의 정책이나 리더십이 다시금 역사의 무대에 오를 수밖에 없게 되었습니다. 그래서 이 점에 대해서도 다룰 수 있게 되어 제2권이 1년 정도 늦게 따로 발간된 것도 무방한 일이 되었습니다.

그러나 제2권 발간에 즈음한 서문은 근본적으로 제1권의 서문과 크게 달라질 이유는 없습니다. 그래서 제1권 서문의 다음과 같은 부분을 인용하고자 합니다.

수십 개의 군소국으로 분할되어 있었던 독일이 통일국가로 형성된 것은 프로이센이 독일을 통일한 1871년입니다. 뒤늦게 통일국가를 이루고 산업화에 앞선 영국 등 이웃 나라를 허겁지겁 뒤따라가며 국력을 키워가는 과정에서 독일은 제1, 2차 세계대전을 일으키고 나치 정권의 600만 명 유대인 학살 등 만행으로 인류 역사에 씻을 수 없는 잘못을 저질렀습니다. 그로 인하여 국가는 패망하고 국토는 분단되고 국민은 도탄에 빠지는 등 참혹한 역사적 비극을 겪었습니다.

이토록 철저히 패망한 독일이 다시 경제적으로 부흥하고 통일을 이루어 지금은 평화와 번영을 구가하고 있습니다. 아울러 전범 국가로서의 오명을 떨쳐버리고 국제적 신뢰를 얻고 유럽연합(EU)의 중심 국가로서 국제정치에서 중요한 역할을 하고 있습니다. 놀라운 반전입니다. 독일은 통절히 반성하며 다시는 그런 잘못을 되풀이하지 않기를 다짐하였고 온 국민이 단합하여 국가를 일으켜 세웠습니다. 독일은 '돌아온 탕자'와 같았습니다. 여기에서 우리는 불행한 과거를 극복하고 미래로 나아가는 인류의 희망을 보았습니다.

'이 모든 것이 어떻게 이루어졌을까?'가 저의 의문이었습니다. 여러 가지 원인이 있겠지만 그래도 가장 중요한 것은 독일 정치의 역할 때문이라고 생각합니다. 즉 정치제도와 이를 운영하는 정치인, 특히 독일 총리들의 리더십이 결정적이었습니다. 이는 저만의 생각이 아닙니다.

2003년 11월 독일 공영 TV ZDF는 '가장 위대한 독일인 100인'을 여론조사를 통해 선정하여 발표하였습니다. 1위가 콘라트 아데나워 총리, 3위가 빌리 브란트 총리, 13위가 헬무트 콜 총리, 21위가 헬무트 슈미트 총리, 27위가 루트비히 에르하르트 총리, 82위가 게르하르트 슈뢰더 총리였습니다(1871년 독일 통일 당시의 비스마르크 총리가 9위, 참고로 덧붙이면 2위는 마르틴 루터, 5위는 카를 마르크스, 6위는 요한 제바스티안 바흐, 7위는 요한 볼프강 폰 괴테, 8위는 요하네스 구텐베르크, 10위는 알베르트 아인슈타인, 12위는 루트비히 판 베토벤, 20위는 볼프강 아마데우스 모차르트임).

종전 후 독일 총리가 6명이 포함되어 있습니다. 조사 시점이 2003년이었기에 그 후에 총리가 된 앙겔라 메르켈 총리가 포함될 수 없었지만 지금 조사한다면 비권위적이고 섬세한 '무티 리더십'으로 독일은 물론 EU의 난제들을 잘 극복하였기 때문에 당연히 상위권에 포함되었을 것이고, 통일 후유증 때문에 '유럽의 병자'로 조롱받던 독일을 하르츠 개혁을 통하여 '유럽의 성장엔진'으로 만들었던 슈뢰더 총리는 그 정책 효과가 뒤늦게 메르켈 정부에서 나타났기 때문에 더 높은 순위를 차지했을 것입니다. 이렇게 보면 종전 후 독일 총리 8명 가운데 7명이 독일인들이 존경하는 위대한 독일인에 포함된 셈입니다. 이는 무엇을 의미할까요? 그들은 그만큼 총리직을 성공적으로 수행했음을 국민이 평가하고 존경했다는 의

미일 것입니다.

　역대 대통령에 대한 평가가 끝없는 이념 갈등 등의 사정으로 객
관적으로 이루어지지 않거나, 실제로 실패한 대통령이 존재했던 우
리나라의 형편에서는 부럽기만 합니다. 현재 진행 중인 우리 정치
현실에서 형편이 더 나아질 것으로 보이지 않아 더욱 그러합니다.
국민의 걱정은 태산 같고 뜻있는 이들의 충언은 넘쳐나지만 '쇠귀
에 경 읽기(牛耳讀經)'에 다름 아닙니다. 국민은 지쳐 있습니다. "우리
정치는 4류"라고 했던 고 이건희 회장의 지적에 공감하지 않을 수
없는 현실에서 우리 정치를 어떻게 개선해나갈 것인가는 실로 중
차대한 과제가 아닐 수 없습니다. 국가의 명운이 걸린 문제이기 때
문입니다.

　저는 2013년 총리직에서 퇴임한 뒤 독일 베를린자유대학에 가
서 6개월 동안 독일의 정치, 통일 등 문제를 피상적으로나마 공부
하였고 그 후에도 틈틈이 공부를 계속하고 있습니다. 젊은 시절 잠
시 독일에서 법률 공부를 하였지만, 총리로서 국정 운영에 관여하
다 보니 우리가 참고할 국가 발전 모델로서 독일의 가치를 새삼스
럽게 인식하게 되었기 때문입니다. 그동안 공부한 것 중 하나가 독
일의 권력 구조 등 정치 시스템과 그 가운데서 독일 총리들의 역할
입니다.

전후 독일의 정치제도는 과거에 대한 반성으로 재설계되었고 역대 총리들은 제 역할을 다하였습니다. 그들의 계승되고 결집된 노력의 결과 전쟁의 참화와 분단을 극복하고 평화와 번영을 이룩하였습니다. 다시 말하면 독일의 오늘이 있는 것은 1949년 서독 정부 수립 후 지금까지의 8인의 총리의 역할 때문입니다.

그들은 총리직을 맡기 전 다양한 경험과 훈련을 통하여 국가를 이끌 충분한 준비를 한 분들이었습니다. 오랜 정치·행정 경험을 쌓았음은 물론 질곡의 시대를 지내며 인간적 고뇌와 성찰을 통해 평화·번영·애국에 대한 확고한 정치적 신념을 확보한 분들이었습니다. 독일 정치에 신데렐라는 없었습니다. '전략과 실용의 원칙주의자', '철학자이자 선견자', '걸어 다니는 중재위원회', '시대의 양심', '독일의 현자(賢者)' 등 정치인과는 얼핏 어울리지 않는 수사(修辭)를 지닌 분들이었습니다.

그들은 연정 형태로 집권하여 그 지위가 불안정할 듯하지만 대체로 안정적으로 장기간 집권하였습니다. 대립과 갈등이 아닌 대화와 타협으로 철저한 협력의 정치(협치)를 하였습니다. 예를 들면 전후 독일의 가장 대립되는 정책은 아데나워의 서방 정책과 브란트의 동방 정책일 것입니다. 그 출발에서 시간 차이는 있었지만 가장 오랫동안 독일 정치를 지배했던 이슈였습니다. 시작은 대립이었으나 치열한 논의와 성찰을 통해 정반합의 아름다운 결말을 이루어내었습니다. 사민당과 브란트는 동방 정책을 주장하고 시행함에 있어서, 서방 정책의 핵심 내용과 같이 서방 세력과의 결속을 강화하고 서독 정부가 유일한 합법 정부임을 내세우고 동독 정부의 공식적 승인을 거부하였습니다. 기민당도 동방 정책의 핵심 성과인 모스크바조약 등의 비준에 반대가 아닌 기권을 함으로써 사실상 협조하였습니다. 그 후 동방 정책은 우파인 헬무트 콜 총리에 계승되어 드디어 독일 통일이 이루어졌습니다. 정권 교체에도 불구하고 새 정부는 전 정부의 정책을 시대 상황에 맞게 조정하며 계승하였지, 쓸어버리고 다시 시작하는 우를 범하지 않았습니다. 그러기에 후임 총리들은 곧잘 전임 총리들에게 진정을 담은 감사 인사를 전하였습니다.

역대 총리들은 대부분 장기간 재직하며 장기적 비전을 갖고 안정적으로 일하며 성과를 도출하였습니다. 정치권과 국민이 묵직하게 이를 뒷받침하였습니다. 헬무트 콜 총리와 앙겔라 메르켈 총리는 각 16년, 콘라트 아데나워 총리는 14년, 헬무트 슈미트 총리와 게르하르트 슈뢰더 총리도 각각 8년, 7년 재임하였습니다.

독일 총리들은 역사의 중요한 고비마다 시류에 휩쓸리지 않고 자기 정파나 자신의 정치적 이해에 얽매이지 않고 시대정신에 맞는 소신과 비전을 갖고 국민을 선도하여 국가 발전에 기여하였습니다. 아데나워 총리는 소련의 스탈린 노트에 의한 중립화를 전제로 한 독일 통일에의 회유를 물리쳤고, 브란트 총리는 독일의 장래와 유럽의 미래를 위해 폴란드에 편입된 자국 영토 회복을 포기하였고, 슈미트 총리는 국가 안보를 위하여 자기 정파 지지자들의 의견에 반하는 핵무기 관련 이중 결정을 하였고, 슈뢰더 총리는 통일 후유증에 시달리는 독일의 경제 회복을 위하여 자파 지지자들의 반대를 무릅쓰고 하르츠 개혁을 단행하였습니다. 독일의 이익과 미래를 위하여 인기영합주의와는 반대되는 길을 달려갔습니다.

모두 성공적이었고 실패한 총리는 없다고 해도 과언이 아닙니다. '어떻게 이것이 가능했을까?' 이 점이 바로 저의 최대 관심사였습니다. 이를 탐구·소개하는 것이 이 책의 목적입니다. 여기에서 우리가 교훈을 얻을 수 있다면 좋겠습니다. 그런 의미에서 이 책 가운데 가장 중요한 대목을 소개하라면 바로 우리가 교훈을 얻어야 할 다음 구절입니다.

"브란트의 일생, 그의 정치 활동에는 지배하는 한 원리가 있었다. '이것이냐 저것이냐(Entweder oder)'가 아니라 '이것과 마찬가지로, 저것도 또한(Sowohl als auch)'을 적용하는 것이었다. 브란트는 역사적 숙명을 믿는 것에 항상 반대했다. 브란트는 양자택일식 결정을 대안이 없음을 선언하는 것으로, 정치적 무능의 증거로 간주했다. 이성과 상상력을 갖춘 인간은 성공적인 해결책을 끊임없이 찾는다. 타협이란 민주주의에서 양심의 문제에 저촉되지 않는 한 규범을 제시하는 것이다. 이런 사고의 바탕 위에서 긴장 완화 정책의 전제는 유럽에서의 안전을 합의한다는 원칙에 토대를 두면서, 동시에 서로 이념적인 전향은 시도하지 않는다는 것이다. 즉 이데올로기적 차이는 부차적인 문제에 불과하다. 폭력으로부터의 해방이 최상의 원칙이 되는 한, 공산주의와 민주주의의 경계에 대해서는 역사가 결정할 수 있다는 것이다. 그렇기에 브란트와 브레즈네프 사이의 신뢰와 우정이 가능했던 것이다. 또한 이념적 차이를 보이는 다른 당, 심지어 기민당과의 연정도 가능했고 실제로 이를 통해 성취를 이루기도 하였다."

저는 이 분야를 전공한 학자가 아닙니다. 국내에서도 이미 많은 관련 서적이 출간되었습니다. 그럼에도 제가 이 책을 쓰는 것은 제가 공부한 내용을 제 나름의 시각에서 정리하여 우리 정치인과 국민에게 메시지를 전달하고 싶었기 때문입니다. 제가 공부한 독일 현대사는 희망의 등대를 향하여 나아가는 감동의 역사입니다. 비극으로 시작하여 해피 엔딩으로 막을 내리는 드라마와도 같습니다. 제가 책을 쓰면서 느낀 감회는 '아! 독일 총리들은 이렇게 정치하며, 애국을 하는구나!' 하는 부러움이었습니다. 지난여름 무더위

속에서 쉽지만은 않은 독일 원문 자료들을 즐거운 마음으로 읽어
나간 것은 그 때문이었습니다.

이 책을 읽고 저처럼 공감하고 부러워하는 정치인과 국민이 많
아졌으면 좋겠습니다. 그리하여 무한한 잠재력을 안고 있는 대한민
국을 제대로 도약시킬 수 있는 기틀이 마련되었으면 좋겠습니다.

앞서 언급한 대로 이 책은 새로운 연구 결과를 담고 있는 것이
아닙니다. 다만 국내외 기존 자료들을 정리하고 저의 소감을 덧붙
인 것에 불과합니다. 각주에 표시된 책 외에 콘라트 아데나워 재
단, 빌리 브란트 재단, 에르하르트 재단의 각 홈페이지 자료들을 참
고하였습니다. 특히 아르눌프 바링과 그레고르 쉴겐(Arnulf Baring/
Gregor Schöellgen)이 저술한 『Kanzler, Krisen, Koalitionen von
Konrad Adenauer bis Angela Merkel(총리, 위기 그리고 연정, 콘라
트 아데나워부터 앙겔라 메르켈까지)』은 매우 흥미 있는 책으로서 저로
하여금 이 책을 쓰도록 하는 동기를 부여해주었습니다.

그리고 사정상 제1권을 건너뛰어 제2권을 읽게 된 독자를 위하
여 제2차 세계대전 종료 후 빌리 브란트 시대까지를 간략히 소개하
였습니다.

제1권에 이어 제2권의 출간을 맡아주신 북이십일 김영곤 사장님과 책 출간에 필요한 사항을 꼼꼼히 챙겨주신 양으녕 씨에게 감사드립니다.

2023년 3월

김황식

차례

1장 헬무트 슈미트(1974-1982)
– 지혜와 신념으로 나라의 품격을 높이다

2장 헬무트 콜(1982-1998)
– 뛰어난 판단과 결단으로 독일 통일을 완성하다

3장 게르하르트 슈뢰더(1998-2005)
– 신념과 희생으로 독일 재성장의 토대를 놓다

4장 앙겔라 메르켈(2005-2021)
- 성실과 실용으로 독일과 EU를 관리하다

『독일의 힘, 독일의 총리들 1』 요약

1. 제2차 세계대전 후 서독 정부 수립까지
독일의 상황(1945-1949)

1939년 9월 1일 독일의 폴란드 침공으로 시작한 제2차 세계대전
은 독일군이 1945년 5월 7일 프랑스 랭스(Reims)에서 미군과 영국
군에게, 다음 날인 5월 8일 베를린(Berlin-Karlshorst)에서 소련군
에게 각 항복함으로써 종료되었다.

   1945년 6월 5일 미국·영국·프랑스·소련 등 전승 4개국의 연합
국통제위원회(der Alliierte Kontrollrat)는 베를린에서 '독일 패배와
독일의 최고 권한 인수에 관한 선언(베를린 선언)'에 합의함으로써
독일에는 국가 운영을 담당하는 정부는 없어지고 4개국이 독일의
모든 권력을 행사하는, 이른바 군정이 시작되었다.

미국·영국·소련 3국은 7월 17일부터 8월 2일 사이에 베를린 교외 포츠담에서 전후 독일 문제 등을 처리하기 위한 회담을 열고, 포츠담 협정(베를린 3자 회담에 관한 보고서)을 체결하여 독일(베를린을 포함)을 4개 지역으로 나누어 점령하고 통치하기로 하였다.

그러나 곧 동서 냉전이 시작되어, 소련은 공산 진영을 확장하거나 자본주의 국가를 약화시키기 위해 온갖 전략을 적극적으로 구사했고, 이에 맞서 미국은 전쟁으로 폐허가 된 유럽의 경제 재건을 통해 공산 세력의 확대를 저지하기 위하여 '유럽 재건 계획'을 세웠는데, 이 계획은 1947년 6월 5일 조지 마셜(George C. Marshall) 국무장관 이름을 딴 '마셜 플랜(Marshall Plan)'으로 구체화되었다.

서방 연합국과 베네룩스 3국은 1948년 3월 20일부터 6월 2일까지 런던에서 회담을 열고 우선 서방 연합국 점령 독일 지역에 민주주의 형태의 정부를 수립한 후 장차 통일을 도모하기로 하였다. 이어서 서방 연합국은 1948년 6월 20일 서부 독일 지역에서만 화폐개혁을 단행하여 도이치 마르크(DM)를 도입하였다.

이에 맞서 소련은 6월 24일 자체적인 화폐 개혁(동독 마르크 도입)과 베를린 봉쇄를 단행하였다. 베를린 봉쇄는 서베를린에 모든 생활 물자가 공급되지 못하도록 하여 서방 연합국이 서베를린을 포기하도록 압박하기 위한 조치였다. 미국의 해리 트루먼(Harry S.

Truman) 대통령은 원자폭탄을 장착한 B-29 폭격기를 독일로 배치할 것과 동시에 서베를린 주민들에게 필요한 모든 물자를 공군기를 이용하여 공급할 것을 명령하였다. 1, 2분 간격으로 항공기가 서베를린으로 물자를 수송하며 마치 하늘에 다리를 놓은 것 같다고 하여 공중 다리(Luftbrücke)라고 불리었다. 소련은 그 목적을 달성하지 못하고 1949년 5월 12일 서베를린에 대한 봉쇄를 해제하였다.

2. 콘라트 아데나워 총리 시대(1949-1963)
- 부강하고 당당한 국가, 독일을 설계하다

서방측 군정 사령관들은 1948년 7월 1일 9명의 서독 주 총리들과 2명의 시장(함부르크, 브레멘)에게 제헌의회 소집을 위임하고 아울러 민주 헌법 제정을 요청하여, 이 작업을 위해 주의회 대표들로 구성된 '의회 위원회(der Parlamentarische Rat)'가 구성되었다. 의회 위원회 의장에는 노르트라인 베스트팔렌(Nordrhein-Westfalen)주 대표로 파견된 콘라트 아데나워(Konrad Adenauer)가 선출되었다. 헌법에 해당하는 기본법(Grundgesetz)은 1949년 5월 8일 의회 위원회 전체 회의에서 채택되었고, 5월 12일 점령국 군사령관들은 '점령 규약(Besatzungsstatut)'에 따라 연합국의 일부 권한을 유보하고 기본법(Grundgesetz)을 승인하였다.

기본법은 주의회의 비준을 거쳐 1949년 5월 23일 공포되었다. 이로써 독일연방공화국(Die Bundesrepublik Deutschland, BRD)이 수립되었다.

연방 하원의원 선출을 위한 총선은 1949년 8월 14일 시행되었다. 아데나워가 이끄는 범기독교계 보수 정당인 신생 기독교민주당(CDU, 이하 기민당이라 함)과 쿠르트 슈마허(Kurt Schumacher)가 이끄는 오랜 전통의 사회민주당(SPD, 이하 사민당이라 함)이 제1당이 되기 위해 경합하였다.

아데나워는 1876년에 쾰른에서 태어나 프라이부르크·뮌헨·본 대학 등에서 법학을 전공하여 1901년 변호사 자격을 취득하였고 30세 때인 1906년 쾰른 가톨릭중앙당 소속으로 정치를 시작, 시의원이 되어 쾰른시의 선거 관리, 조세 행정, 재정 관리 등에 관여하다가 1917년 쾰른 시장으로 선출되어 17년간 재직하였다.

아데나워는 나치 정부의 히틀러에 협조하지 아니하였고, 나치의 부당한 압박을 받아 1933년 3월 13일 시장직에서 축출되었다. 시장직에서 축출된 이후 12년 동안 수도원 은신 등 칩거 생활을 하며 때로는 구금되거나 죽음의 위협을 당하기도 하였다.

쾰른을 점령한 미군은 1945년 5월 4일, 행정 경험이 풍부하며 나치에 저항했던 그를 쾰른 시장으로 임명하였다. 그런데 얼마 후 쾰른은 미국군 관할에서 영국군 관할로 넘어가게 되었는데, 아데나워는 쾰른 시민을 위한 식량, 연료 등 생필품 공급 등 경제 정책과 전쟁 중 쾰른 폭격 문제 등을 놓고 영국군과 충돌하였다. 이에 더하여 영국 군정청 몰래 프랑스 군정청과 추후 점령 구역에 세워질 새로운 국가 체제와 관련하여 의견을 주고받은 것이 문제가 되어 1945년 10월 결국 쾰른 시장직에서 해임되었다.

그는 종전 후 기민당 창당에 관여하여 1946년 3월 1일 라인란트(Rheinland) 지역 기민당 대표로 선출되었다. 그때 작성된 기민당 강령(CDU-Programm)은 그의 작품이나 다름없었다. 그는 "국가, 사회적 생활, 경제, 문화 등 모든 것은 개개인의 자유로부터 출발하여 발전해나간다"를 기본 명제로 하고, 사회주의와 물질주의나 그 변종에도 대항하는 정신적 진지를 구축하고자 하였다. 또한, 기민당의 경제적·사회적 정책 지도 원리를 개발하는 데도 주도적 역할을 하였다. 재산권을 민주 국가 확립의 기본 요소로 보았고 재산이 가능한 한 널리 분산되는 것이 정치적·사회적 관점에서 바람직하다고 하였다.

선거 결과는 기민당 측의 근소한 승리였다. 기민·기사당 연합이 31%의 득표로 139석, 사민당이 29.2% 득표로 131석을 얻었고 자유민주당(FDP, 이하 자민당이라 함)은 11.9%를 득표하였다. 나머지 30%는 군소 정당에 돌아갔고 그중 6개 정당만 의회에 진출하였다. 모두 과반수에 미달하여 연립 정부를 구성할 수밖에 없었다.

아데나워는 기민·기사당, 자민당, 니더작센 보수독일당으로 연정을 구성하고, 자민당 대표 테오도어 호이스(Theodor Heuss)를 대통령, 자신을 총리로 하는 안을 제안하였다.

아데나워가 제안한 대로 1949년 9월 12일 연방 하원의원 전원과 주의회에서 선출된 동수의 지역 대표들로 구성된 연방회의(die Bundesversammlung)에서 자민당 대표 테오도어 호이스가 기민·기사당 연합의 지지로 연방 대통령으로 선출되었다. 그 사흘 후 연방 하원(정원 402명)에서 아데나워가 202표를 얻어 총리로 선출되었다. 한 표 차의 승리였다. 결국 자신이 찍은 표로 총리가 된 셈이다.

아데나워 시기의 성공은 경제 장관으로 임명되어 14년 동안 재직한 루트비히 에르하르트(Ludwig Erhard)가 입안한 '사회적 시장경제'에 힘입은 바가 컸다.

사회적 시장경제(soziale Marktwirtschaft)는 수요와 공급을 기반으로 하는 자유주의적 시장경제를 기반으로 하되, 여기에 사회보장 조치와 사회적 연대를 위한 제도적 장치나 정책 등의 사회적 요소를 가미한 개념이다. 즉 시장에서 완전한 자유 경쟁이 이루어지도록 국가가 기본 질서를 세우고 관리하지만, 그에 따른 빈부격차 증대 등 부작용을 줄이기 위하여 최소한의 국가 개입과 조정을 허용하는 것이다.

독일이 분단되고 점령 통치가 지속되는 현실적 상황에서 아데나워의 최우선 목표는 하루빨리 경멸받는 전범 국가의 족쇄를 풀고 정상적 주권 국가로 국제적 인정을 받는 것과 자유, 법치주의, 기본권 보장 등 서구적 가치에 기반한 민주주의 국가를 건설하는 것이었다. 또한, 독일이 독자적으로 통일을 당장 이루어낼 수 없는 상황에서 우선 서방측과 결속을 이루어 평화와 자유의 유럽으로 통합되는 과정에서 통일의 기회를 찾는 것이 유일한 길이라고 생각하였다. 이를 위한 활동은 미·영·불 점령 3국과의 원만한 관계를 떠나서는 실현될 수 없었다.

아데나워는 우선 본(Bonn) 시내가 내려다보이는 해발 331m 페터스베르크산(Petersberg) 정상에 자리 잡은 점령 3국의 고등판무관실(Hohe Kommissare)과 원만한 관계를 유지하였다. 그 결과로서 1949년 11월 22일 페터스베르크 협정을 체결하였다. 그것은 독일이 외국과 영사 관계를 맺고 유럽평의회(Europarat) 등 국제기구에도 가입할 수 있도록 하고, 포츠담 회담 결과에 따라 진행하던 기업의 해체(Demontage)를 공식적으로 중단시키는 내용이었다. 선박

건조 제한이 철회되고 다른 분야에서도 점령 조건이 대폭 완화되었다. 기업 해체의 중단이야말로 독일이 산업적으로 다시 발전할 수 있는 계기를 만든 중요한 조치였다.

프랑스 외무장관 로베르 쉬망(Robert Schuman)은 경제기획청 장관 장 모네(Jean Monnet)의 아이디어에 따라 1950년 5월 9일 독일과 프랑스의 석탄과 철강의 생산을 공동 감시 기구에서 관장토록 하자고 제안하였다. 이는 해묵은 대립적 독불 관계를 극복하고 전쟁을 예방하며 나아가 하나의 유럽으로 가기 위함이었다. 1952년 7월 23일 독일, 프랑스, 이탈리아, 베네룩스 3국을 회원으로 한 유럽석탄철강공동체(ECSC) 협정이 발효되었다. 이는 유럽 통합의 첫 시도이기도 하였다. 서독은 1952년 5월 1일 유럽평의회에 이어서 7월 11일 유네스코에도 가입하였다.

1950년 6월 25일 북한이 남한을 침공하여 서방 세계를 충격에 빠뜨렸으며 사람들은 그 배후에 스탈린이 있다고 추측하였다. 독일에서도, 유럽에서도 같은 일이 생길 수 있어 이를 대비할 필요가 있었다. 아데나워는 이런 생각에 터 잡아 조심스럽게 독일의 재무장 작업에 나섰다. 마침 당시 영국의 야당 지도자였던 윈스턴 처칠이 유럽방위군(Europaarmee)을 제안하였기 때문에 영국에는 비교적 부담이 적게 접근할 수 있었다. 그러나 프랑스는 달랐다. 프랑스는 근세에 1870~1871년, 1914~1918년, 1940~1944년 세 번이나 독일의 침략을 받고 고초를 경험하였기 때문이다. 그래서 프랑스는 독일군의 재건을 피할 수 없다면 이는 프랑스 감시하에 이루어져야 한다고 생각하였다. 그 방편이 프랑스 르네 플레벤(René Pleven) 총리가 1950년 가을 제안한 유럽방위군(Europäische Verteidigungsarmee) 설치였다. 유럽석탄철강공동체(Montanunion) 설립과 마찬가지로 독일과 협력하면서도 독일을 통제하고자 한 것이다.

그런데 1952년 3월 10일 스탈린은 서방 3국에 독일의 통일과 통일된 독일의 중립화를 제안하고 나섰다. 이른바 '스탈린 노트' 사건이다. 서방 연합국은 소련에 보낸 공한에서 하나의 독일 정부 수립은 유엔의 관리 아래 자유로운 총선이 실시되어야 가능하고 독일의 중립화 요구도 받아들일 수 없다고 거절하였다. 아데나워도 이는 한창 논의 중인 '유럽방위공동체' 설립과 '독일 조약'이 체결되지 않도록 함으로써 독일의 서방에의 편입을 방해하기 위한 의도에서 나온 것으로 독일인과 서방 세력에 대한 교란 작전이라며 반대하였다. 그러나 당시 독일 내에서도 의견이 갈렸다. 야당과 일부 국민, 심지어 기민당 내에서도 스탈린 노트의 수용을 진지하게 검토하기를 희망하는 목소리가 높았다. 그러나 아데나워는 스탈린의 제안은 진지한 것도 아니고 위험한 것이며 단지 휴지 조각에 불과하다고 폄하하였다. 독일이 통일되고 중립국으로 되면 지정학적으로 소련의 영향권에 속하게 될 것이고 그리되면 독일의 장래는 없다는 생각이었다. 독일은 친서방 국가로서 경제적·군사적으로 서방과 함께할 때만 밝은 미래가 있다고 확신하였기 때문이다. 서방 측은 아데나워의 의견과 함께하였다.

독일의 방위에 관한 협상은 계속되어 유럽방위공동체(EVG) 결성 조약은 1952년 5월 체결되었다. 소련의 방해 공작을 성공적으로 방어한 셈이다. 그러나 유럽방위공동체는 1954년 8월 30일 프랑스 의회에서 불승인되었다. 이로써 독일의 주권 회복을 인정하기로 한 독일과 3개국 간의 독일 조약도 함께 불승인되어 독일의 주권 회복도 미루어질 수밖에 없었다. 군대 보유로 정상 국가 회귀를 소망했던 아데나워는 낙담하였다.

그러나 독일 재무장은 유럽방위공동체의 실패로 불가능해진 것이 아니라 미국의 도움으로 다시 추진되었다. 그 결과 1954년 10월 23일 체결되어 1955년 5월 5일 발효한 파리 조약(Pariser Verträge)에 따라 독일은 주권 국가로서 나토와 서유럽연합(Westeuropäische Union, WEU)의 일원이 되었다.

그러나 사민당과 독일노동자동맹(DGB) 등은 이러한 친서방 정책이 통일을 더 어렵게 만든다고 비판하였다. 하지만 아데나워는 '힘 우위의 정책(die Politik der Stärke)'만이 통일을 가능케 한다고 설득하여 파리 조약을 비준받았다. 당연히 점령 규약은 폐지되고 고등판무관은 해체되었다.

　1953년 가을 총선에서 기민·기사 연합은 45.2% 득표로 4년 전보다 14.2% 증가하였고 그 증가분은 사민당이 아니라 군소 정당에서 왔다. 사민당은 0.4% 감소한 28.8%를 득표하였다. 서방 접근과 반공 정책이 아데나워 정부의 득표 요인이었다. 거기에다 경제장관 에르하르트의 인기와 업적이 큰 역할을 하였다. 당당한 풍채에 여유 있게 담배를 피우는 모습은 풍요의 상징으로 보여 국민을 안심시켰다. 모든 사람이 경제 기적을 느낄 수 있게 되었다. 석유를 에너지원으로 활용하고 경제 재건과 현대화를 촉진하여 큰 성장을 이루었다. 1960년대까지 정책적으로 임금이 근로자의 생산성이 담보되는 한도 내에서 결정되도록 하여 실제 임금이 생산성에 상응하여 책정되었다. 경제는 경제 원칙에 따라 운용하였고 정치적 고려는 배제하였다.

　또한, 세계 정치의 저기압 상황이 본 정부에 도움이 되었다. 한국전쟁은 정치적으로 충격이었지만 경제적으로는 기회를 주었다. 다른 서방 국가들이 민간 부분을 희생하며 무기 생산에 나서야 했기에 서독 기업들은 다른 나라들의 소비재 수요를 충당하는 역할을 하게 되었다. 그리하여 1952년 초 처음으로 다시금 플러스 성장을 이루었다. 그 후 계속하여 연평균 7.6%의 성장률을 기록하고, 국민총생산 지수가 10년이 안 되어 두 배 이상이 되었다. 1952년 수출

이 수입을 초과하고, 1950년 10%의 실업률이 1960년 1%로 낮아
졌다.

아데나워는 총리 취임 후 이웃 국가인 프랑스와의 관계 개선에
노력하였다. 아데나워는 전후 대 프랑스 외교는 독일에 대한 프랑
스인들의 공포와 불안과 불신을 해소하는 데서 시작해야 한다고
생각했다. 구체적 내용은 서독이 유럽의 여러 다자 기구에 들어가
스스로 구속을 받고, 프랑스와의 관계에서도 전통적인 방식인 하
나 주고 하나 받는 상호주의가 아니라 양보할 것은 과감히 양보하
는 것이었다.

그럼에도 양국 사이의 관계 발전에 걸림돌이 되는 요인이 하나
있었다. 자를란트(Saarland) 지역에 대한 독불 간의 분쟁이었다. 그
지역은 1946년 프랑스 점령 지역에서 분리되었으나 경제적으로
는 프랑스에 편입되어 있었다. 그 이듬해 자를란트 정부에 자치권
을 부여하여 독일로부터 분리 독립시킬 계획을 세웠다. 독일은 이
를 참고 견디다가 1954년 프랑스와 자를란트를 위한 자르 규약
(Saarstatut)을 체결했다. 1955년 10월 23일 그 규약에 따라 실시
된 주민투표에서 67.7%의 주민이 독일 편입을 희망하는 투표를
함으로써 자를란트는 1957년 1월 1일 서독의 열한 번째 주가 되
었다. 많은 사람은 이를 작은 통일이라 평가하였다. 심지어 자석

원리(Magnettheorie)를 확인한 것이라고도 하였다. 서독의 경제 호황과 매력이 의심의 여지 없이 입증되어 끌어당기는 힘을 발휘한 것이다.

서독은 여러 부분에서 성공을 보여주었다. 1954년 여름 스위스에서 열린 월드컵 대회에서 헝가리를 물리치고 우승하였다. 3:2 역전승이었다. 이것은 독일인에게는 자존심의 회복이었다. 전후 독일의 최초 히트 상품인 자동차 폭스바겐 케퍼(Käfer, 풍뎅이차)가 백만 번째로 출시되었다. 루프트한자항공도 다시 날기 시작하였다. 이는 경제 부흥과 경제 기적의 증거이자 독일의 능력과 강한 의지를 보여주는 경쟁력의 상징이었다. 신생 공화국이 국제사회에서 당당한 위치에 올라섰음을 보여주었다. 아데나워 리더십의 결과였다.

신생 독일은 앞을 향하여 달려가야 했지만, 나치와 관련된 과거 문제를 떨쳐버리거나 미루어둘 수만은 없었다. 그것은 다른 나라 사람들이 잊지 않고 있으며 독일을 불신하게 만드는 오늘의 문제이기 때문이다. 1940년대 후반부터 1950년대 초반 사이, 독일이 첫걸음을 시작했을 때는 그런 논의를 할 여유가 없었다. 날마다 눈앞에 보이는 성과에 급급하고 우선 다시 일어서는 것이 급하였지, 과거를 회상하고 반성하는 것은 어려운 일이었다.

그런 가운데 우선적으로 기억해야 할 일이 독일이 2차대전 중

자행했던 인종 말살 정책이었고 그 연장선상에서 1948년 살아남은 생존자들에 의해 건설된 나라인 이스라엘 문제가 떠올랐다. 양독일의 이스라엘에 대한 생각은 질적 차이가 있었다. 냉전 시대 초기는 물론 1990년 4월 동독 인민의회가 전향적 결정을 하기 전까지 동독은 그와 관련된 역사적 책임을 거부하였다. 동독 자신은 독일 제국의 후계자가 아니라고 생각했기 때문이었다.

그러나 단독 대표권을 갖는다고 주장한 독일(서독)과 아데나워 총리는 달랐다. 1952년 3월 이후 헤이그에서 양국 간 배상 협상 (Wiedergutmachungsabkommen mit Israel)이 진행되어 9월 10일 룩셈부르크에서 협정이 체결되었다. 본 정부는 12년 내 30억 마르크를 이스라엘에 지불하여 수십만 유대 난민의 정착을 지원하기로 하였다. 이 협정이 의회를 통과하기 위해서는 야당인 사민당의 협력이 필요하였다. 여당 내에 상당수의 반대자가 있었기 때문이다. 아데나워는 눈앞의 이익에만 급급하지 않았다. 독일이라는 국가의 도덕적 책무 그 이상의 것을 생각하였다. 이것이 독일이 국제적 신뢰를 회복하고 정상 국가로 돌아올 수 있는 길임을 인식하였기 때문이다.

이스라엘이나 나치 희생자에 대한 배상은 당시 정부의 다른 조치와 상반된 측면도 있었다. 1940년대 말 탈(脫) 나치화 조치가 독일의 손에 맡겨지자 본 정부는 일부 책임이 중한 자를 제외한 단순

가담자에 대해서는 관용 정책을 시행하였다. 1951년 의회는 기본법 제131조로써 과거 나치(NSDAP) 당원의 공직 부임을 허용하도록 하였다.

이처럼 과거 문제를 다룸에 있어 아데나워는 나치 시대의 행적 때문에 대통령 호이스보다는 훨씬 여유로운 입장을 취할 수 있었다. 1884년생인 호이스 대통령은 1933년 3월 좌파 자유주의자 제국의회 의원으로 히틀러의 수권법에 찬성한 경력이 있었다. 그는 아데나워와 마찬가지로 독일 민족의 집단 책임(Kollektivschuld)은 아니더라도 집단 수치(Kollektivscham)는 인정하여야 한다고 생각하였다.

이런 생각 때문에 그는 "독일, 모든 것 위의 독일, 이 세상 모든 것의 위의 독일(Deutschland, über alles, über alles in der Welt)"로 시작되는 국가 「독일인의 노래」를 폐지하고 새 국가를 만들자고 주장하였다. 그러나 아데나워는 위 가사 1절 부분은 나치에 의해 악용되었을 뿐 원뜻은 그런 것이 아니므로 계속 사용하도록 관철하였다.

아데나워는 1955년 9월 소련의 초청을 받고 모스크바를 방문하였다. 그가 그토록 싫어하는 공산주의의 본산이며 장차 쇠망하기를 소망하는 소련을 방문하여 협상하는 것은 의지와 용기가 필요한 일이었다. 그러나 국제정치에서 소련이 차지하는 위상 때문에 소련과의 관계 개선을 미루어둘 수만은 없었다. 더욱이 당시 소련에는 만여 명의 독일군 포로가 있었다. 종전 후 10년이 지났으니 그들은 사실상 잊힌 존재였다. 아데나워는 그들을 귀환시키는 것은 인도적 도리일 뿐 아니라 국가의 책무라고 생각하였다. 그는 끈질기게 그들의 귀환을 위해 노력하였다. 소련은 마침내 포로 송환을 허용하였다.

그러나 포로 석방의 대가는 컸다. 소련과의 외교 관계 수립은 1953년 스탈린 사망 후 싹튼 긴장 완화에 희망적인 발걸음으로 이해되어 다른 나라들에는 바람직한 것이지만 독일에는 부담이 되는 것이기도 하였다. 소련과의 대사 교환은 국제법적으로 동독 지위의 격상을 의미하는 것이었다. 모스크바에 두 개의 대표자가 존재하게 되고, 이것이 선례가 되어 조심스레 형성된 서독 단독 대표권에 논란을 가져올 여지가 생긴 것이다. 즉 동독 정부는 합법적이지 않고 서독만이 유일한 합법적 정부라는 주장에 터 잡아, 동독과 외교 관계를 맺은 나라와는 서독은 외교 관계를 맺지 않는다는 이른바 할슈타인 독트린은 결과적으로 명분을 잃게 할 우려가 생겼다. 즉 외교 차관 발터 할슈타인(Walter Hallstein) 이름을 딴 이 독트린은 압박 수단으로도 한계를 보이기 시작했다. 실제로 1957년 유고슬라비아, 1963년 쿠바와 외교 관계를 단절할 수밖에 없었고, 제3세계 국가나 중동 국가들은 이를 통해 이득을 얻을 수 있을 것이라고 생각하게 되었다. 동독을 인정하겠다며 협박하며 재정 지원을 요구하는 수단으로 활용하기도 하였다.

1957년 9월 15일 총선에서 기민·기사 연합은 투표율 88%에 50.2%의 과반 득표를 달성하였다. 사민당은 31.8% 득표로 헌법 개정(3분의 2)을 저지할 정도의 의석을 얻었다. 선거 승리의 원천은 말할 것도 없이 주권 회복, 경제 기적, 자를란트 지역의 회복, 포로 귀환, 무엇보다도 수개월 전에 도입된 세대 간의 연대의 상징인 연금 제도 도입 등이고 독일인 대부분은 이것들을 아데나워의 실적으로 평가하였다. 아데나워는 힘의 정점에 서게 되었다.

그러나 정상 정복 후 하강이 있기 마련인데, 이를 재촉하는 사태가 발생하였다. 이른바 스푸트니크 쇼크였다.

소련은 1957년 처음으로 위성을 지구 궤도 위에 올려 우주 비행 시대를 열었다. 이는 오랫동안의 미국의 군사적 우위에 범접할 수 없었던 시대가 지났음을 의미했다. 워싱턴이 유연한 방어책(flexible Vergeltung)으로 전환함에 따라 소련의 서유럽 공격 시 대량 반격 작전은 어려워졌다. 이로써 아데나워의 힘도 빠졌다. 양 블록 대립 시절에 본 정부가 힘을 갖고 독자적 역할을 하는 시대는 저물었다. 아무튼 아데나워의 별은 지기 시작하였다. 변화가 필요했다.

1959년, 기회가 찾아왔다. 새 대통령을 선출하게 되어 이 기회를 이용하고자 하였다. 호이스 대통령이 2기 임기 만료로 퇴진하게 되자 에르하르트를 후원하여 1959년 2월 공식적으로 추천하였다. 그러나 당 내외에서는 경제 기적의 아버지인 에르하르트를 대통령이 아니라 총리감으로 평가하였다. 아데나워는 에르하르트를 유능한 경제학자로 보았지만, 외교적 능력에 대하여는 달리 보았다. 그는 국제적 문제에도 직감이나 경험이 부족해서 총리 후계자로 부적합하다고 생각하였다. 아데나워의 의도적인 비하의 평가는 공감을 얻을 수 없었다. 에르하르트의 대통령 후보직은 당 내외의 반대에 부닥쳐 무산되었다.

그러자 아데나워가 대통령이 되어 당 대표를 겸임하면서 내각 회의까지 참여하겠다는 계획을 밝혔다. 이는 총리직에 계속 머무는 것이나 마찬가지였다. 그는 1959년 6월 5일 다시금 당료들에게 "내가 대통령직을 맡을 생각을 밝힌 후에 국제적 상황이 나빠졌다. 이런 상황에서 총리직을 물러나는 것은 책임 있는 자세가 아니다"라며 계속 총리직에 머물고자 하였다. 혼란의 연속으로 아데나워의 판단력은 의심스러워졌다.

이처럼 아데나워의 리더십이 흔들리는 과정에서 그를 곤궁으로 몰아넣은 것은 다시 찾아온 베를린 위기였다. 번영하는 서독과 낙후된 동독의 격차로 동독 주민들의 서독에의 이주가 늘어나자,

소련 서기장 니키타 흐루쇼프(Nikita Sergeyevich Khrushchev)는 1958년 11월 27일 서베를린에서 서방 3국의 군대를 철수하여 비무장 자유 도시로 만들 것을 요구하였다. 6개월 내에 협상이 이루어지지 않으면 소련이 갖고 있던 베를린 접근 통제권을 동독에 이양하겠다고 하였다. 사태는 악화도 해결도 아닌 상태로 4년을 끌다가, 동독군이 1961년 8월 12일 밤부터 13일 사이에 동서 베를린 사이의 경계를 봉쇄하기 시작하였다. 며칠 뒤에는 장벽을 축조하였다. 그사이 미국에서 새로운 리더가 나타났다. 젊고 경험이 적은 존 에프 케네디(John F. Kennedy) 대통령이었다. 그는 정치적으로나 군사적으로 적극적으로 대응하지 않았다.

자유를 위한 투쟁에 늘 앞장섰던 미국이 아무 대응도 않은 것은 베를린에 큰 타격이었을 뿐 아니라 아데나워 총리를 위험에 빠뜨렸다. 많은 베를린 시민은 아데나워가 빨리 베를린으로 오지 않고 상당 시간을 보내버린 것에 분개하였다. 베를린으로 즉각 달려가 베를린 시민과 함께하는 연대감을 보여주지 못한 것은 국민 눈높이에 맞지 않는 실책으로 지적되었다.

미국과 서독이 동독의 기습적인 장벽 설치에 대처하지 못하여 불안한 상황 속에서 서베를린 시민들이 위로를 받은 것은 근 2년이 지난 후였다. 미국 케네디 대통령이 1963년 6월 26일 서베를린을 방문하여 자유대학과 시청 앞 광장에서의 연설을 통하여 독일인의 통일을 향한 노력을 지지하면서 서베를린의 방위를 다짐한 것이었다. 특히 시청 앞에서의 「나는 베를린 시민입니다」라는 5분여 짧은 연설은 서베를린 시민들에게 용기와 희망을 주었다.

아데나워 총리가 베를린 장벽 건설 때 보여준 행동 때문에 국민의 신망을 잃게 된 것에 반하여, 베를린 시장인 빌리 브란트는 적절한 대처로 신망을 얻었다. 브란트는 사민당의 총리 후보자로서 서독에서 선거 운동을 하던 중 이를 즉각 중단하고 베를린으로 돌아와 브란덴부르크 문으로 달려가 분노하는 시민과 함께하였다. 외교 의전도 무시한 채 당당히 케네디 대통령에게 미군 수비 병력을 보강해달라고 편지를 보냈다. 주둔군은 사흘 안에 보강되었다. 또 케네디 대통령은 수비대를 맞이하기 위하여 존슨 부통령과 베를린 봉쇄(1948-1949) 기간에 공수 영웅으로 활약한 루시우스 클레이 장군을 파견하였다. 베를린 시민들은 이들을 열렬히 환영하였다.

1957년 가을의 기민·기사 연합의 절대적 승리는 아데나워 정책에 대한 국민의 절대 신임을 의미했다. 사민당이 집권하기 위하여는 기민당의 정책에 무조건 반대만 할 수는 없었다. 사민당 내에서도 19세기의 정치적 모토는 수명을 다한 것이고 당의 새로운 변화가 필요하다는 강력한 주장이 나오기 시작했다. 사민당은 1959년 11월 15일 고데스베르크(Godesberg) 전당대회에서 계급 투쟁에 기반을 둔 노동자 정당에서 비교조적인 현대적 국민 정당으로 전환하는 강령을 절대다수로 의결하였다.

이런 방향 전환은 사민당을 정권을 담당할 능력과 가능성이 있는 정당으로 바꿔놓았다. 이런 분위기 속에서 1960년 브란트 베를린 시장이 사민당 총리 후보자로 선출되었다. 그러나 1961년 선거 결과는 기대했던 정권 교체의 실패였다. 그럼에도 지금까지의 네 번의 선거 결과 가운데 최고의 성적이었다. 기민·기사 연합은 5%p 감소한 45.3% 득표로 절대 과반 붕괴를 겪었다.

반면 연정 파트너인 자민당은 지금까지 결과 중 가장 좋은 성적인 12.8% 득표를 하였다. 그만큼 자민당의 목소리는 커졌다. 자민당은 선거 승리 후 아데나워가 임기를 다 채우지 않고 물러나는 것을 조건으로 연정에 참여하겠다고 주장하였다. 아데나워의 업적에 대한 평가와 존경은 변함이 없었지만, 퇴임 요구가 커짐은 피할 수 없었다.

엎친 데 덮친 격으로 1962년 가을 아데나워에게 국내 문제로 인한 위기가 찾아왔다. 그것은 힘 빠진 총리의 퇴진을 촉진하는 것이었다. 1962년 10월 10일 《슈피겔(Der Spiegel)》은 나토의 'Fallex 62' 작전 계획에 관한 기사를 실었다. 「제한된 방어 능력」이라는 제하의 기사에서 바르샤바군 공격 시 독일의 방위 능력은 미흡하다고 평가하였다. 이 기사는 오랫동안 계속된 국방장관 프란츠 요제프 슈트라우스(Franz Josef Strauß)에 대한 비판의 정점을 찍은 것이었다.《슈피겔》은 수년 동안 슈트라우스의 핵 정책과 총리가 되기 위하여 행한다고 의심하는 재정 정책을 비판해오고 있었다. 그에 대한 개인적 비판과 비방도 계속되었다. 문제는 기사의 내용이 아니라 슈트라우스의 과도한 대응이었다. 10월 26일 밤부터 27일에 걸쳐《슈피겔》편집실과 일부 사적 공간까지 압수수색되었고 기자들이 체포되었다. 발행인 루돌프 아우그슈타인(Rudolf Augstein)도 체포되었고, 기사를 쓴 콘라트 알러스(Conrad Ahlers)는 11월 7일 스페인 휴양지에서 체포되었다. 아데나워는 11월 7일 하원에서 이런 일련의 행위를 국가 모반 행위에 대한 조치로 평가하면서 정당화하려고 하였다. 그러나 여론은 이를 용납하지 않았다.

《슈피겔》사건은 정권의 위기로 번졌다. 1962년 11월 19일 자민당 출신 각료 5인이 사임하였다. 자민당의 연정 참여 조건은 국방장관의 퇴임만이 아니라 총리의 날짜를 못 박은 퇴임이었다. 당초 국방장관을 지키려고 하였던 아데나워는 궁지에서 빠져나올 수 없게 되었다. 12월 내각 재구성 시 슈트라우스는 배제되었고 아데나워도 1963년 가을 퇴진하기로 하였다. 아데나워는 시한부 총리가 되고 말았다.

1958년 9월 14일 드골의 별장에서 아데나워와 드골이 처음 만났을 때 두 사람은 공통의 유대감을 느꼈다. 1959년 초 드골이 제5공화국 대통령으로 등장했을 때 아데나워는 드골과 함께 독불 간의 화해·협력을 이루어갈 수 있다고 생각했다.

아데나워는 드골에게 세 가지 협조를 요청하였다. 첫째, 서독이 다른 나라들의 존경과 신뢰를 회복하여 국제적인 지위를 높일 수 있도록 도와달라. 둘째, 소련의 위협으로부터 서독과 서베를린의 안전 보장을 도와달라. 셋째, 독일 통일의 권리를 인정하라. 드골은 대체로 이를 수긍하였다. 유럽의 통합과 평화를 소망하는 드골의 뜻에 부합하였기 때문이다. 또한, 어차피 독일의 재통일 시도는 소련 측의 반대로 가까운 장래에 실현될 가능성이 없는 것을 알고 있는 프랑스로서는 맘 편히 독일 입장을 지지해도 무방한 셈이었다. 그리고 실제로 권위와 자존감이 충만한 드골 대통령은 베를린 위기 시 본 정부를 전폭적으로 지지한 유일한 서방 지도자였다.

다만 그는 독일과 폴란드 사이의 국경선으로 오데르-나이세강을 인정하는 것, 독일이 핵무기를 보유하지 않을 것, 동유럽 국가들을 우호적으로 대할 것과 통일에 끈질긴 인내심을 가질 것을 요구하였다. 아데나워는 짐짓 모른 체하고 넘어갔다. 아데나워의 친프랑스 정책 전환은 독일 국내 정치에 큰 영향을 미쳤고 여당 내에서 대서양파와 드골파로의 균열을 가져왔다. 물론 모두 프랑스와 친밀하고 우호적인 관계 형성을 원하는 것에는 차이가 없었다. 그러나 드골파는 경우에 따라 미국, 영국과의 불화를 감내하려고 하였다. 이에 반해 외교장관 슈뢰더, 경제장관 에르하르트 등 대서양파는 결코 미국과의 불화를 용납하려 하지 않고 프랑스를 냉담하게 대하였다.

드골은 독불의 결합을 서유럽의 핵심으로 생각하고 영국을 배제하고자 하였으며 미국에 대해서도 까칠함을 피하지 않았다. 1963년 1월 14일 드골은 기자 회견에서 미국의 패권 추구나 영국의 특별 취급 요구를 용납하지 않으리라는 폭탄선언을 하였다. 아울러 영국의 유럽경제공동체(EWG) 가입을 명백히 반대하였다. 이런 소란을 거친 일주일 후 파리에서 독불 우호 협력 조약인 이른바 엘리제 조약이 양국 수뇌 사이에 체결되었다. 양국 수뇌, 외교·국방장관, 청소년가족장관 간의 정기적 회담과 모든 분야에서의 필요한 협력 관계가 일상적으로 이루어지도록 하는 내용이었다.

그럼에도 양국 관계와 관련한 우려가 제거된 것은 아니었다. 아데나워는 내각 중 외교장관 게르하르트 슈뢰더, 국방장관 카이우베 폰 하셀(Kai-Uwe von Hassel), 에르하르트 등 대서양파를 제압하고 자기 뜻대로 이끌어갈 힘을 잃고 있었다. 아데나워는 타협책을 강구하였다. 하원의 조약 비준 과정에서 서문을 추가하기로 하였다. 서문에 "유럽과 미국과의 긴밀한 파트너십", "북대서양 국가 간의 공동 방위", "영국과 가입 희망 국가를 모두 받아들이는 유럽연합의 창설" 등을 명백히 표현하여 포함시켰다. 이로써 엘리제 조약은 배타적 독자성을 잃게 되었다.

드골은 독불 간의 혼인은 이루어졌지만 완전하지 않다고 평가했고 그로 인한 드골의 실망은 아데나워 후계자에게 영향을 미쳤다. 독불 간의 화해는 아데나워 총리의 전 임기 동안 중요한 과제였고 그 결과는 최대 업적이었다. 엘리제 조약이 비준된 후 아데나워 퇴진은 더욱 가까워졌다. 변화된 시대정신에 맞는 새로운 지도자가 요구되던 참이었다. 드디어 10월 15일 하원은 "아데나워는 조국을 위해 엄청난 업적을 이루었다"라고 평가하면서 작별을 고했다. 결론은 그에 대한 모두의 존경이었다.

그는 한 표 차로 총리에 선출되어 패망한 독일을 참담한 혼란 속에서 구해내는 뛰어난 능력과 자질을 보여주었다. 독일에 큰 행운이었다. 독일이 오늘과 같은 부강한 민주 국가로 일어선 것은 아데나워의 원칙적이면서도 실용적인 사고와 전략적 접근의 리더십의 결과였다. 아데나워의 친서방 군사·외교·경제 정책의 성공으로 인한 국력 신장이 있었기에 빌리 브란트의 동방 정책도 나올 수 있었고 또 성공할 수 있었다. 즉 아데나워의 서방 정책이 성공함으로써 서독은 프랑스를 포함한 서유럽 국가들로부터 '유럽의 가족'으로 받아들여졌다. '서부전선 이상 없음'은 브란트 정부에게 시선을 동쪽에 집중할 활동의 공간을 허용했다. 그리고 이 동방 정책은 기민당 헬무트 콜 총리가 계승하여 마침내 독일 통일을 이루었다. 역사는 이처럼 단절이 아닌 연결의 고리 속에서 발전해나가는 것이다.

그러나 아데나워는 자신감이 넘친 나머지 개인 중심의 통치 체제를 구축하였다. 국가의 정치적 안정을 위해서는 국내외 정책에 대한 결정권을 자신이 계속 움켜쥐어야 한다는 생각을 가졌다. 그리하여 서독은 가부장적 통치하의 '총리 민주주의' 체제가 되어 새로운 사고에 개방적이지 못하다는 지적을 피할 수 없었다. 그러나 그의 위대함을 부정할 수 없다. 아네나워에 대한 존경심과 반발심을 함께 가졌던 자민당 출신 정치인 토마스 델러(Thomas Dehler)는 아데나워가 탁월한 리더십을 소유하고 있음을 부정할 수 없다고 말하였다. 아데나워가 탁월한 인물인가 하는 질문에 그는 "아데나워의 냉정함, 의연함과 매사 분명함은 대단하다. 이와 같은 덕목으로 아데나워는 독일 재건을 실현하고자 하였고 이 모든 것을 잘 알고 있었다"라고 답하였다. 이처럼 말기의 일부 흠에도 불구하고, 그의 업적을 기리며 국민이 그를 가장 위대한 독일인으로 평가하는 독일의 정치·사회 풍토가 오늘의 독일과 연결되어 있다고 할 것이다.

아데나워는 총리 퇴진 후에도 1966년까지 기민당 대표직을 갖고 여전히 일상 정치에 영향력을 행사하였다. 인터뷰에서도 과거 일들을 회상하는 것보다 현안을 언급하는 것이 훨씬 많았다. 특히 독일·프랑스 관계의 계속적 발전에 관심을 가졌다. 이와 관련 친대서양파인 에르하르트 총리와 게르하르트 슈뢰더 외교장관에 대하여 걱정을 많이 하였다. 1966년 5월에는 이스라엘을 방문하여 당시 경색 관계에 있던 양국 관계 개선을 위한 노력을 하였다. 1967년 2월에는 스페인을 방문하여 프랑코 장군을 만나 예술을 주제 삼아 이야기를 나누면서도 유럽 단일화 노력을 소홀히 해서는 안 된다고 강조하기도 하였다. 마지막까지 드골 대통령과 통신을 통한 접촉을 계속하였다. 귀국 후 심근경색이 재발하고 폐렴이 진행되어 4월 19일 세상을 떴다. 90세였다. 자식들과 작별하며 남긴 말은 "울 것 없다(Da gibt es nichts zu weinen)"였다. 4월 25일 본 국회의사당에서의 국장(國葬), 쾰른 성당에서의 장례 미사를 거쳐 뢴도르프 가족 묘지에 안장되었다. 독일은 최대한 예우를 갖추어 그를 환송하였다.

3. 루트비히 에르하르트 총리 시대(1963-1966)
- 모두를 위한 번영의 길을 개척하다

에르하르트는 1897년 퓌르트(Fürth)에서 의류 전문점을 하는 평범한 가정에서 태어났다. 제1차 세계대전에 참전하였으며, 뉘른베르크와 프랑크푸르트대학에서 경영학과 경제학을 공부하였다. 뉘른베르크상업전문대학의 '경제관측연구소'에 근무하였고 이어서 '산업연구소'를 창설하였다. 바이에른주 경제장관을 거친 후

1948년 3월 미국과 영국의 점령 지역을 통합한 지역(Bizone)의 경제국장(사실상 경제장관)으로 부임하여 화폐 개혁 및 경제 정책을 구상하고 실천하였다. 새 화폐인 도이치 마르크를 도입하고 강제적 계획경제를 자유시장경제로 전환하고 국가적 물가 통제도 폐지하고 사회적 시장경제 정책을 수립하였다. 아데나워에 의하여 경제장관으로 발탁되어 14년 동안 함께 손발을 맞추어 독일의 경제 부흥을 이룩하였다. 그의 정책 목표는 '모두를 위한 복지(Wohlstand für Alle)'였고, 정책 수단은 '사회적 시장경제'였다.

1963년 아데나워 총리에 이어 후임 총리로 선출되었다. 그러나 그의 총리 취임은 그가 주도한 총선 결과에 따른 것이 아니고 아데나워가 중도 퇴임함에 따른 승계적 취임이었기에 정치적 비중에 한계가 있었다. 특히 아데나워와의 갈등과 당시 프랑스와의 관계 등 국제적 비우호적 환경 때문에 어려움을 겪을 수밖에 없었고 재임 기간도 짧아 총리로서는 성공적이지 못했다.

그는 전략과 실용 대신에 정직과 성실을 바른 정치의 덕목이라고 생각하였다. 새 총리 주재하의 내각 회의는 종전보다 두 배의 시간이 걸렸다. 에르하르트가 최종 결론을 전원 일치로 이끌어내고자 하였기 때문이다. 그는 정부 내의 하모니를 중시하였다. 그러나 아데나워는 그런 점들을 에르하르트의 약점으로 보았다.

대서양파에 속하는 에르하르트는 프랑스 드골과의 관계가 원만하지 못했다. 미국의 정치 상황 변화도 에르하르트를 어렵게 하였다. 1963년 11월 케네디 대통령의 사망 후 린든 B. 존슨(Lyndon B. Johnson) 대통령은 다양한 외교 및 국내 문제에 직면하고 있었다. 미국 대통령은 모든 문제를 자국 중심으로 풀어가야 할 형편이었다. 베를린과 쿠바 위기 이후 미국은 미국의 안보에 의존하는 독일 등 파트너 국가들이 외교나 안보 정책에서 더욱 강화된 노력을 해 줄 것을 요구하고 있었다. 에르하르트는 외교 부문에서 경험이 적어 미국의 강력한 요구 앞에 힘들어했다.

독일 외교 정책의 근간인 할슈타인 독트린의 순기능도 그 한계를 보이기 시작했다. 본 정부는 1963년과 1964년에 폴란드·루마니아·헝가리·불가리아와 무역 대표 관계를 수립하였다. 그리고 1966년 3월에는 야당 사민당의 동의를 얻어 소련·폴란드·체코슬로바키아, 그 밖의 동유럽 국가들과 무력 사용을 포기하는 의사를 교환하는 내용을 담은 이른바 '평화 노트(Friedensnote)' 정책을 채택하였다. 본 정부는 변화된 세계의 정치적 현실을 고려하여 작은 발걸음을 내디딘 것이다. 그 현실 중의 하나가 또 다른 독일, 동독의 존재를 인정할 수밖에 없는 사정이었다. 온갖 노력을 다해도 동독의 존재를 무시하는 데는 한계가 있었다. 맨 먼저 부닥친 것이 올림픽이었다. 이전과는 달리 1968년 멕시코 올림픽 대회에 두 개의 독일 팀이 참가하게 된 것이다.

에르하르트의 큰 시험 과제는 1965년 9월 총선이었다. 선거전이 본격적으로 전개되기 전인 3월 기민당은 뒤셀도르프에서 전당대회를 열었다. 에르하르트는 국내 정치 현안에 대한 언급이 아니라 이상적인 사회에 대한 비전을 제시하였다. 사회적·집단적 성격이 강한 경직된 정형 사회(uniformierte Gesellschaft)가 아니라 잘 다듬어진 조화 사회(formierte Gesellschaft)를 강조하였다. 그가 말하는 사회는 계급이나 계층으로 구분되어 형성되지 않고 모든 그룹이 상호 협력을 바탕으로 조화를 이루는 사회였다.

그러나 에르하르트의 주장은 서독 내에서, 심지어 자당 내에서도 별 공감을 얻지 못하고 신문에서 논의되는 정도에 그쳤다. 그러나 지금까지 경제 전문가로서의 이미지가 강했던 에르하르트에게 과도한 물질주의를 경계하는 새로운 면모를 부각시키는 결과가 되기도 하였다.

조화 사회는 지금까지 독일이 발전해온 자기도취적 민주주의에 대한 비판이었다. 그는 사상가이자 선견자이기도 했다. 그는 첫 번째 시정 연설에서 전후 시대의 종결에 대하여 연설하며 과거에 대한 망각이나 강박을 말하지 않았다. 그 반대였다. 나치 체제나 복지 사회의 부작용으로 나타나는 객관적으로 드러난 폐해에 대한 비판에 대하여는 기꺼이 수긍하였다. 그러나 빌리 브란트를 지지하는 귄터 그라스(Günter Grass), 페터 륌코르프(Peter Rühmkorf), 지그프리드 렌즈(Siegfried Lenz) 등 작가들의 공격에 대하여는 단호하게 대응하였다.

에르하르트 총리는 어려운 선거 국면에 처하였다. 야당을 상대해야 할 뿐 아니라 자기 당, 특히 아데나워도 상대해야 했다. 아데나워는 대연정이 성사되면 에르하르트가 총리가 될 수 없는 형편임을 알고 있으면서도 이제 공공연하게 대연정까지도 주장하였다. 당 대표가 자당 총리 후보를 낙마시키려 드는 기민당의 분열상이 선거 이슈가 되고 말았다.

그러나 에르하르트는 1965년 9월 19일 선거에 유리한 결정적인 조커 카드를 갖고 있었다. 다름 아닌 유권자들이 그를 독일 경제 발전의 기관사로 여기고 있다는 점이었다. 선거 결과는 47.6%의 득표였다. 과반 득표는 실패하였지만 선전이었다. 자민당과의 연정 지속의 토대는 마련되었다. 그는 새 출발, 성과와 풍요의 상징이었지만 국민에게 검약하며 상호 협력하는 생활을 할 것을 호소하였다. 국민은 에르하르트가 1948년 경제 기적을 약속하였고 부지런한 국민과 힘을 합쳐 성과를 이루어냈음을 잊지 않았다.

1966년 상황이 바뀌어갔다. 경제가 어려워지기 시작하였다. 당시 독일인들은 안온한 성장 분위기에 익숙해 있었다. 오랫동안의 호경기 후에 찾아온 경기 침체는 실제보다 훨씬 힘들게 느껴졌다. 양차 대전 후의 인플레이션과 1930년대 공황을 경험한 세대에겐 뼈에 사무치는 일이었다. 하필 경제 기적의 상징인 에르하르트의 집권기에 경제 침체와 재정 적자가 나타난 것이다.

에르하르트에게는 외교 문제를 돌파·해결해나가는 역량이 부족했다. 서독과 프랑스는 모든 부문에서 대립하는 상황이 되었다. 독일의 핵무기 보유 여부, 프랑스군의 나토로부터의 탈퇴나 유럽연합 등의 문제를 둘러싸고 드골과 에르하르트는 생각이 달랐다. 특히 미국과의 관계에서 그러했다. 미국에 중요한 미군의 서독 주둔과 관련한 외화 보상 및 무기 구매에 관한 미·독 간의 타협이 어려워졌다. 존슨 대통령은 미국의 외환 수지 적자와 다가올 선거를 생각하여 에르하르트에게 조금도 양보하려고 하지 않았다.

당내에서 후임 총리 이름이 거론되기 시작하였다. 바덴 뷔르템베르크주 총리인 쿠르트 게오르크 키징거(Kurt Georg Kiesinger)는 10월에 총리 교체는 반년 이상 기다려야 할 것이라고 생각하였다. 그러나 일은 더 빨리 진행되었다. 10월 26일 증세안을 논의하는 소연정 내각 회의가 열렸다. 회의 다음 날 세금 인상안에 반대한 자민당 소속 각료들이 사퇴함으로써 소연정은 깨져버렸다. 에르하르트는 소수 내각을 운영할 수 없었다. 그는 11월 2일 총리직에서 물러나겠다고 선언하였다. 11월 10일 바덴 뷔르템베르크주 총리인 키징거가 총리 후보로 추천되었다. 사민당과의 대연정을 염두에 둔 지명이었다. 12월 1일 에르하르트는 정식으로 퇴임하였다.

에르하르트의 업적은 뭐니 뭐니 해도 1950년대의 사회적 시장경제의 실현을 통한 독일의 경제 부흥이었다. 이로써 독일은 미국에 이은 세계 두 번째의 경제 강국이 되었다. 그러나 그는 총리로서 고삐를 느슨하게 잡았다. 그것이 경제에서는 성과를 내었지만, 정치에서는 그렇지 못했다. 그의 인품이자 스타일의 발로임을 아쉬워할 일은 아닐 것이다. 오히려 정치가로서의 다른 덕목을 보여준 총리였다. 특히 에르하르트 총리는 1963년 12월 뤼브케 대통령의 초청으로 독일을 방문한 박정희 대통령에게 경제 발전의 노하우를 전수하며 영감을 주었고, 실제로 차관, 기술 제공 등 협력을 아끼지 않았던 우리에게 고마운 총리였다.

4. 쿠르트 키징거 총리 시대(1966-1969)
- 화해와 타협의 대연정 시대를 열다

에르하르트 정권이 퇴진하면서 사민당에도 집권할 기회가 왔다. 자민당은 더 이상 기민·기사 연합과 연정을 할 의사가 없었다. 기민당은 사민당과라도 연정을 해야 하는 형편이었다. 사민당의 헤르베르트 베너(Herbert Wehner) 등이 기민당과의 대연정에 적극 호응하여 사민당이 서독 정부 수립 후 최초로 정부에 참여하게 되었다. 그리하여 1966년 12월 1일 9명의 사민당 출신 각료와 10명의 기민·기사 연합 출신 각료로 내각이 구성되었다. 독일 최초의 대연정이었다. 이것은 독일 정치의 대진환이었다. 대연정은 그 후 2005년 이후 메르켈 정부에서도 세 번이나 성립되었다.

독일에서 이때의 대연정 경험으로 빌리 브란트는 한 단계 성숙한 정치가가 되었고, 나아가 사민당이 1969년 시니어 파트너로서 연정을 이끌 수 있는 기반을 만들었다. 브란트의 최측근인 에곤 바(Egon Bahr)는 브란트가 베를린시장에서 본의 외무장관직을 거치지 않고 곧장 총리가 되었다면 아마도 총리직을 감당해내지 못했을 것이라고 하였다. 아무튼 나치 시절 장교 출신 헬무트 슈미트(사민당), 프란츠 요제프 슈트라우스(기사당)와 망명자 출신 빌리 브란트(사민당), 헤르베르트 베너(사민당), 나치당 당원이었던 키징거(기민당)와 아웃사이더 게르하르트 슈뢰더(기민당)가 내각에 함께하게 되었다.

브란트도 처음에는 대연정에 끌리지는 않았다. 브란트를 겨냥한 선거 유세 기간 중의 험담이 마음에 상처로 남았지만, 외무장관직을 맡은 브란트는 '화해의 연방 정부'라는 구호 아래 마음을 열 수 있었다. 그것은 키징거 총리와 브란트 외교장관의 과거가 아닌 미래지향의 협력적 태도와 상호 배려 때문이었다. 한편 브란트가 외교장관으로 부임함에 따라 외교부 내에 긴장하는 분위기가 역력했다. 브란트는 외교부 전체가 협력하여 일할 수 있도록 편파적 인사 정책을 철저히 차단하였다. '과거 인물'이라도 인재라면 찾아내 활용하고 능력 없는 '우리 친구'는 배제하였다. 이것이 새로운 내각이 표명한 화해라는 성격을 뒷받침할 뿐만 아니라 경험과 예지를 모으는 것이기도 했다.

브란트는 다른 사람들과 부딪치지 않고 좋은 관계를 유지하려고 애를 썼다. 망명지에서 더 나은 독일을 위해 애썼던 사람이 귀국 후 보복이나 복수를 호소할 수는 없었다. 브란트는 과거를 묻어두거나 역사로 남기기 위해서가 아니라 사회의 미래에 초점을 맞추어 통합을 활용하는 사람이었다.

키징거는 1904년 슈바베 지방 에빙겐의 평범한 가정에서 태어났다. 튀빙겐대학에서 철학과 역사를, 그 뒤 베를린에서 법학을 공부하였다. 그는 아버지 친구의 도움을 받아 공부했다. 나치가 시작된 1933년 28세로 나치당에 가입하였다. 1934년 베를린 최고법원 소속 변호사로서 활동하고 대학에서 강의도 하였다. 1940년부터 1945년까지는 외교부 라디오 선전부 부책임자로 근무하였는데, 이 경력은 나중에 좌파 측의 공격 표적이 되었다. 심지어 활동 중한 여인으로부터 뺨을 맞는 수모를 당하기도 하였다. 종전 후 기민당에 가입하여 1949년부터 하원의원이 되어 활동하였으나 내각에는 참여하지 않았다. 1958년 고향인 바덴뷔르템베르크주의 주 총리로 선출되었다.

그는 흔히 말하는 파워맨이 아니었다. 그는 힘을 구사하는 성향이 아니라 신중하게 참고 기다리며 때로는 중재하는 스타일이었다. '걸어 다니는 중재위원회'가 그의 별명이었다. 그의 이런 성품은 대연정을 이끌 총리로서 적합하였다.

최초의 대연정 내각에서 양당은 동방-독일 정책의 차이에도 불구하고, 양당이 합의할 수 있는 한도에서 개혁 작업을 적극적으로 추진하였다. 근로자 병환 시 6주간 급여를 지급하도록 하는 제도, 간통죄와 동성애에 대한 형사 처벌 폐지, 미혼모와 혼외자의 법적 지위를 향상시키는 제도, 피고용자 모두를 건강보험 보호 대상에 편입하고 고등교육기관에 대한 연방 정부의 지원을 강화하는 제도 등이다.

대연정이 가장 성공적이었던 것은 경제와 재정 분야였다. 조세 특례의 폐지와 세출 삭감 그리고 1967년 전반기에 이루어진 각종 정책과 조치들이 경기 침체를 빨리 극복하는 데 크게 기여하였다. 1967년 2월에는 정부·학계·노동조합·사용자 단체 대표로 구성된 대화 모임인 '협력위원회(Konzertierte Aktion)'가 발족했으며 이는 헬무트 슈미트 총리 시절까지 지속되었다. 이 무렵인 1967년 8월 25일 서독에서 최초로 컬러텔레비전 시대가 열렸다. 번영의 상징이었다.

　젊은이들이 1960년대 말 새로운 청년 문화에 터 잡아 6·8 운동이라 불리는 다층적인 정치 운동을 시작하여 독일의 기존 사회나 정치를 비판하고 나섰다. 그들은 베트남전쟁과 핵무기에 반대하는 국제사회와 연대하였다. 그리고 성적 소수자 등 사회적 약자의 권리 보호 등을 주장하며 시위에 나섰다. 그들의 항의는 나치에 적극적으로 부역하였거나 소극적으로 순응한 기성세대를 향하였다. 시위는 더욱 격렬해졌고 그 비난은 브란트에게까지 향했다. 브란트는 본대학에서 학생들과의 대화와 토론에 나서되 민주적 질서 위에서 대화가 진행되어야 함을 강조하였다.

　특히 1968년 5월 30일 연방 하원을 통과하여 6월 28일 발효된 긴급사태령(Notstandsverfassung)이 논쟁적 사안이었다. 이는 전쟁은 물론 재난·소요 시 주와 연방의 모든 합동 구조책을 강구하는 법적 근거가 되며 국가를 민주적 헌법 질서에 대한 위협으로부터 방위하기 위한 것으로 군대의 지원까지 받을 수 있도록 했다. 이에 대해 시민단체 차원에서 격렬한 반대가 있었다. 브란트는 이러한 반대를 선동이라고 주장하면서 만약 긴급사태 명령으로 인하여 자유가 제한된다면 자신과 사민당은 맨 앞에 서서 민주주의를 지켜내겠다고 다짐하였다.

　외교장관을 맡은 브란트는 주어진 여건에서 키징거 총리와 정면
으로 대립하지 않는 선에서 정책을 펼쳤다. 그러나 때로는 키징거
노선과 미묘한 차이를 보이면서 자신의 동방 정책 실천을 준비했으
며 자신과 자당의 실력을 키워나갔다.

　브란트는 외교적 지평을 제3세계로 넓혀나갔다. 브란트는
1960년대 초반부터 미래의 과제는 유럽이나 아프리카뿐만 아니라
전 지구적으로 해결되어야 함을 강조하였다. 독일 정부는 모든 나
라와 교류하며 이해하고 신뢰하고 협력해나가야 한다고 강조했다.
이는 동유럽 국가와도 마찬가지였다.

　그의 상징적 대외 정책은 동방 정책과 관련된 독일 정책이었다.
동서 긴장 완화가 그 핵심이자 출발점이었다. 그 연장선에 서 있는
것이 할슈타인 독트린의 형해화 또는 포기였다. 1966년 12월 할슈
타인 독트린 포기 가능성이 논의되었다. 브란트는 이 원칙은 쿠바
위기와 흐루쇼프 실각 후 냉전이 끝난 해빙기에는 적합하지 않다
고 생각했다. 즉 비민주적·비합법적인 동독의 사회주의통일당 체
제에 공식적으로 정당성을 부여하는 것은 아니지만 동독을 사실
상 인정하여 실질적 문제 해결을 도모하여야 한다는 것이다. 브란
트와 동지들은 그렇게 할 필요성을 인정하였다. 그러나 대연정에서
는 그렇게 할 수 없음을 알았다. 그래서 우선 '작은 발걸음(kleine

Schritten)'으로 만족하였다.

1967년 1월 31일 루마니아 외교장관 마네스쿠의 독일 방문을 계기로 양국은 외교 관계를 맺었다. 루마니아는 오래전부터 동독과 외교 관계를 맺고 있었다. 이는 소련을 제외하고 어느 나라든 동독을 인정하는 나라와는 외교 관계를 맺지 않는다는 할슈타인 독트린의 포기는 아니었다. 다만 상대화된 것이라 했다. 말장난으로 들리지만, 키징거-브란트 정부가 융통성을 발휘한 대담한 진전이었다.

1967년 10월 13일 키징거와 브란트는 하원에서 동독과의 긴장 완화와 양 독일인의 부담 경감을 위해 노력할 것을 다짐하였다. 그전 5월에 키징거는 사민당의 강권에 따라 슈토프(Stoph) 동독 총리의 서한을 접수하고 회신하였지만, 정부 차원의 직접적 협상을 생각하지 않았다. 키징거는 동독을 국가로 인정하지 않았고 브란트는 현실을 존중하여 동독을 사실상 국가로 인정하려고 하였다. 이로써 대연정 정부 내에 균열이 나타나기도 하였다.

1968년 1월 31일 독일은 유고슬라비아와 다시 외교 관계를 맺었다. 그리고 1968년 3월 17일 뉘른베르크에서 열린 사민당 전당대회에서 브란트는 동방 정책을 언급하면서 폴란드와의 화해를 강조하였다. 나아가 처음으로 동독과 폴란드 사이의 국경인 오데르-나이세 선을 인정하고 존중한다고 하였다. 이에 대하여 그 동쪽에서 추방되어 독일로 돌아온 추방자 단체와 기민당 일부는 격렬히 항의하였다. 키징거 총리도 '인정'이라는 용어에 대하여는 거리를 두는 태도를 보였다.

소련과의 새로운 관계 개선이 모색되었다. 1967년 2월 초 브란트의 촉구에 따라 독일 정부는 본 주재 소련 대사 세미온 자라프킨(Semon K. Zarapkin)에게 공한을 보냈다. 이 공한은 독일은 소련이나 그 동맹국과의 사이에 분쟁이 있어도 무력이나 협박 수단을 사용하지 않겠다고 천명했다. 1941~1944년의 재앙은 다시 반복되어서는 안 된다고 명백히 밝혔다. 이와 함께 유럽의 현상 유지가 강조되었는데 이는 독일이나 소련에 중요한 사항이었다.

그러나 본 정부의 무력 포기 천명은 소련의 동구권 침략에 공동 책임을 지는 결과가 되었다. 소련은 1968년 프라하의 봄 사태 때 체코슬로바키아를 무력으로 제압하였기 때문이다. 그러나 프라하 진주 이후 사태를 용인하는 것은 독일로서 힘든 일이었다. 바르샤바 조약 국가의 주권을 제한하는 브레즈네프 독트린(Brezhnev Doctrine)이 존재하고 있음을 인정한 것이기 때문이다.

미국과 관련하여서는 베트남전쟁으로 수렁에 빠진 미국을 돕기 위하여 대연정 정부는 남베트남에 대한 인도적 지원을 3배 늘리고 타격을 입은 미국에 대해 경제 정책이나 통화 정책적으로 가능한 지원을 다 하였다.

1967년 12월 13일 벨기에 브뤼셀에서 열린 나토(NATO) 평의회에서 벨기에 외교장관 피에르 하르멜(Pierre Harmel)이 주도하여 나토 동맹군 장래 임무에 관한 「하르멜 보고서(Harmel Bericht)」를 채택하였다. 이는 브란트의 생각과 일치하는 것으로 브란트에게 큰 힘이 되었다. 「하르멜 보고서」는 "군사적 방어 태세와 정치적 긴장 완화는 서로 배타적인 것이 아니라 평화와 안전을 위한 상호 보완적인 기둥이다. 나토 회원국들은 소련과의 관계 개선에 나서야 한다"라고 밝혔다.

브란트는 이어서 1968년 6월 24일 아이슬란드 레이캬비크에서 열린 나토 회의에 참석하여, 「하르멜 보고서」에 기초해 나토가 바르샤바 회원국에게 상호 군대 감축 협상을 할 것을 제안하였다. 이른바 '시그널 레이캬비크(Signal von Reykjavik)'이다. 아울러 서독인들의 서베를린 자유 출입을 보장하도록 하는 조치를 소련에 요구하였다. 동독이 6월 중순 서베를린 출입 통행을 위해 서독인들에게 비자 의무를 부과하였기 때문이었다.

1968년 7월 1일 소련이 제안하고 미국과 영국이 서명한 핵무기 차단 조약이 체결되었다. 동독을 포함한 59개국이 이 조약에 가입하였다. 기민당 일부에서 반대가 있었지만 긴장 완화 정책의 신뢰 상실을 우려한 브란트가 7월 15일 키징거에게 서명을 호소하였다. 독일은 1969년 11월 28일 정식으로 가입할 수밖에 없었다.

브란트는 1968년 9월 3일 이미 스위스 제네바에서 열린 핵무기 비보유국 회의에 참석하여 독일은 핵무기의 생산·보유를 포기할 것이며 독일 내 존재하는 핵무기에 대한 처분 권한도 행사하지 않을 것임을 천명하였다. 이에 덧붙여 소련의 체코슬로바키아 침공과 관련하여, 국가 주권과 영토 주권, 비폭력, 자주적 결정권, 기본권 보장 등 국제법적 일반 원칙은 준수되어야 한다고 강조하기도 하였다.

대연정 정부, 특히 브란트의 외교 정책의 다른 한 축은 유럽공동체(Europäische Gemeinschaft, EG)의 계속적 발전이었다. 유럽석탄철강공동체(Montanunion), 유럽경제공동체(EWG), 유럽원자력공동체(EURATOM)를 합병하고 영국을 회원국으로 가입시키고자 하였다. 브란트는 1967년 4월 로마·브뤼셀·런던을 방문하여 이를 성사시키기 위한 작업을 진행하였다. 그러나 프랑스는 영국의 가입을 반대하였다. 1967년 5월 로마에서 개최된 유럽경제공동체 정상 회담, 1967년 1월과 7월의 키징거 총리와 드골 대통령의 파리와 본에서의 정상 회담 시 독일 측 노력도 무위로 돌아갔다. 드골 대통령은 11월 27일 기자 회견에서 영국의 유럽경제공동체 가입 반대 뜻을 다시 한번 명백히 하였다. 독일 정부, 특히 브란트는 매우 실망하였다. 이틀 뒤 브란트는 인터뷰에서 "드골이 자신의 유럽관이 유지될 수 없음을 알게 될 때까지 우리는 노력할 것"이라고 하였다.

이처럼 키징거 총리와 브란트 외교장관은 상호 협력하며 깨지기 쉬운 대연정을 잘 이끌어나갔다. 대연정의 성과는 결코 작지 않았다. 그러나 시간이 흘러 총선이 다가왔다. 헤어져야 할 시간이 다가온 것이다.

5. 빌리 브란트 총리의 시대(1969-1974)
- 열정과 용기로 평화의 길을 열다

1969년 9월 28일 총선을 앞두고 4월 17일 고데스베르크에서 열린 사민당 특별 전당대회에서 브란트는 총리 후보자로 선출되었다. 구호는 "승리-안정-개혁"으로 정해졌다. 대외적으로는 평화 유지를 위하여 서방과의 결속하에 동방과도 소통하는 정책을 지속하며, 대내적으로는 안정적 경제 성장, 건전한 재정, 더 두터운 사회 안전망, 교육 개혁 등에서의 공정성을 강령으로 채택하였다.

선거에서 사민당은 42.7% 득표로 13석을 추가 획득하였으나 46.1% 득표한 기민·기사당에 뒤졌다. 그러나 5.8%를 득표한 자민당과 연합하여 기민·기사 유니언을 처음으로 야당으로 만들고 사민·자민 연립 정부를 수립하였다.

빌리 브란트는 1913년 12월 18일 북부 독일 뤼베크(Lübeck)에서

'헤르베르트 에른스트 카를 프람(Herbert Ernst Karl Frahm)'이라는 이름의 사생아로 출생했다. 프람(이후 브란트)은 불우한 가정 환경 속에서도 재능이 뛰어난 학생이었다. 히틀러가 1933년 1월 30일 권력을 잡고 폭정을 시작하자 사회주의 운동에 참여한 브란트는 유인물을 살포하거나 연설을 하며 저항 운동을 시작하였다.

1933년 4월 나치의 추적을 피해 코펜하겐을 지나 오슬로로 건너갔다. 이때 나치의 추적을 피하기 위해 이름을 빌리 브란트(Willy Brandt)로 바꾸었다. 노르웨이에서 반나치 지하 운동을 전개하는 한편 그곳 노동자 신문에 정기적으로 기고하였다. 1940년 4월 9일 노르웨이가 독일에 점령되자 중립국 스웨덴으로 도주하였다. 스웨덴에서 뉴욕의《해외통신사(Overseas News Agency, ONA)》기자로 활약하면서 저술 활동을 병행하며 여러 권의 책을 발간하였다.

종전 후 1945년 11월 8일 독일로 돌아와《스칸디나비안신문》기자로 뉘른베르크 전범 재판을 취재하였다. 1946년 2월 26일 사민당 행사에서 슈마허 사민당 대표를 처음으로 만났으며 그 후로 그의 정치적 후원을 받았다. 1948년 1월부터 사민당 베를린시 부대표로 활동하며 슈마허 당 대표와 전승 4개국을 연결하는 역할을 하였다. 1948년 독일 국적을 다시 취득하였다.

1948년 7월 24일 소련이 베를린 봉쇄를 단행하자 브란트는 그의 멘토인 에른스트 로이터 시장을 도와 활약하였다. 브란트는 "어떤 상황에서도 서방측은 베를린을 포기해서는 안 된다. 베를린을 구하는 것은 서쪽에 민주주의 건설을 확실하게 하는 것을 의미한 다"라고 주장하였다. 또 "어제의 베를린은 미움받는 나치의 요새였 지만 지금은 유럽 평화의 전초 기지가 되었다"라고 주민들을 고무 하였다.

1949년 8월 14일 치러진 연방 하원의원 선거에서 브란트는 사 민당 베를린 후보로 선출되었다. 같은 해 10월 7일 동독 정부가 국 민의 자유로운 의사를 반영하지 않은 선거 절차에 의하여 수립되 자, 브란트는 서독만이 독일 민족의 유일한 합법적 정부라고 주장 하였다.

브란트는 1955년 1월 11일 베를린 시의회(Abgeordnetenhaus) 의 장에 당선되었고, 1957년 10월 3일 베를린시장이 되어 1966년까 지 재직하였다. 그는 1958년 베를린 위기가 덮쳤을 때 자유 베를린 의 흔들리지 않는 수호자로서 역량을 과시하여 세계에 이름을 알 렸다.

브란트는 사민당의 정신적 갱신을 위해 1959년 고데스베르크 강령을 헤르베르트 베너와 헬무트 슈미트와 함께 이끌어내기도 하였다.

브란트는 1961년과 1965년 총선에서 사민당 총리 후보로 나 섰지만 실패하였다. 1964년 2월 16일 에리히 올렌하워(Erich Ollenhauer)에 뒤이어 사민당 대표가 되었다. 1966년 12월 1일 부

총리 겸 외교장관으로 키징거 내각에 참여하였다. 그로부터 3년 후 드디어 사민당 출신 최초의 총리가 되었다.

1969년 10월 21일 빌리 브란트가 하원에서 드디어 총리로 선출되었다. 사민·자민 연정 내각의 초대 부총리 겸 외교장관은 발터 셸이었다. 그는 졸링겐 출신으로 브란트보다 6년 연하였다. 브란트 초대 내각은 대연정의 연속성에 중점을 두었다. 우리나라의 통일부에 해당하는 전체독일부(Ministerium für gesamtdeutsche Frage)가 내부독일관계부(Ministerium für Innerdeutsche Beziehungen)로 개편되었다. 동독을 독립된 국가로 인정하지 않는 의지의 표현이다.

1969년 10월 21일 오후 빌리 브란트는 의회에서 전임자들과 같이 "하느님이여, 나를 도우소서"라는 형식의 헌법 제56조가 규정한 선서를 하였다. 브란트는 취임 일주일 후인 1969년 10월 28일 하원에서 최초 시정 연설을 하였다. 정부의 내정 목표로 "더 많은 민주주의를 도모함(mehr Demokratie wagen)"을 내세웠다. 그리고 자유권 확대, 사회 안전망 구축, 교육 기회 증진을 약속하고 아울러 사회적 공동 책임도 강조하였다. 대외 정책으로는 동방-독일 정책을 내세우고, 서방과의 확고한 결속 위에 이웃 나라들, 특히 소련·폴란드·체코슬로바키아와 화해하고자 했다. 동독을 국제법적으로 승인할 수 없음을 전제로 사실상 국가적 존재성을 부인하지 않고 관계 정립을 위한 협상에 나서되 두 나라는 특수한 관계로서 서로 외국은 아님을 명백히 하였다.

브란트 정부의 핵심 과제 중의 하나가 교육 개혁이었다. 브란트는 10월 4일 하원에서 이를 강조하였다. 교육 개혁은 "민주화, 기회균등, 미래 보장"을 목표로 하며, "출생, 재산, 나이, 종교, 주거지, 성별이 교육을 받을 권리를 제약할 수 없다"라고 밝혔다. 그 밖에 자유권 확대, 사회 안전망 확충을 위한 복지 확대, 중산층과 그들의 소득 확대를 위한 다양한 정책을 펼쳤다.

특히 1971년 8월 26일 제정된 연방고등교육진흥법(BAFöG)은 국민의 고등교육에의 접근·이수를 용이하게 하기 위하여 특히 경제적 취약 계층이 이에 필요한 재정적 지원을 받을 수 있게 하였다. 또한, 직업 훈련, 재교육, 전직 교육 등을 규정한 직업교육법(Berufsbildungsgesetz)과 학문적·예술적 재능을 계속 교육으로 향상시켜 나가기 위한 평생교육진흥법(Graduiertenföerderungsgesetz) 등도 교육 개혁을 뒷받침하는 법률에 속한다. 그리고 젊은 세대와 '6·8 운동 그룹'을 의식하여 투표권 연령을 21세에서 18세로, 피선거권 연령을 25세에서 21세로 낮추었다.

사회 정책과 관련해서는, 도시개발촉진법(Städtebauförderungsgesetz)을 제정하여 도시 개발과 주택 건설을 촉진하되 친환경적으로 진행하기로 하였다. 노사협의회와 근로자의 권한을 확대하는 법률을 제정하였다. 노사협의회법(Betriebsverfassungsgesetz)과 근로자재산형성법(Vermögensbildungsgesetz)을 통해 노사 관계가 균등한 파트너십 아래 운영될 수 있게 하고 근로자가 재산을 증식할 수 있는 제도적 기반을 만들었다. 아동 수당을 인상하고 나아가 소득과 관계없이 모두에게 아동 수당을 지급하고, 최저 연금을 보장하였다. 가정폭력 빛 성폭력에 대한 형사 대책의 실효성을 강화하였다.

브란트는 사회 안전 위협 세력에 대한 대처에 각별한 노력을 하였다. 동서 대립과 긴장에 따른 국가 사회의 안전은 최우선 과제이지만 독일 사회 내부의 안전도 간과할 수 없었다. 당시는 6·8 운동 분위기 속에서 집회·시위는 격화하고 심지어 국내는 물론 국제적 테러까지 발생하는 형국이었다.

문제가 많았던 1972년 1월의 과격파 공직 취임 금지령(Radikalenerlass)도 사회 안전장치의 하나였다. 반헌법적 행위와 관련된 사람들을 공직에서 배제하기 위하여 모든 공직 희망자는 반헌법적 행위와 반헌법적 단체의 구성원 여부를 심사받도록 하는 내용이었다.

사민당 안에서도 비판의 목소리가 터져나왔다. 이 정책 뒤에는 브란트의 다른 의도가 있었다. 동방 정책에 대한 우려의 목소리를 내고 있는 야당에 대하여 동방 정책이 국내 안보에 결코 위험이 되지 않는다는 것을 보여주기 위함이었다.

그리고 사민당 내에서 젊은 당원을 중심으로 독일의 자본주의에 대한 기본적 비판 의식을 갖고 독일의 정치 제도를 비판했다. 상당수가 그 과정에서 공산주의에 가까운 세력으로 형성되고 있었으며 브란트는 당 대표로서 이를 용납할 수 없었다.

1970년대 초 이미 적군파(Rote Armee Fraktion, RAF)가 탄생했다. 이들은 테러라는 방법으로 독일의 시스템에 대항하고자 하였다. 브란트는 "정부는 폭력을 용납하지 않을 것이고 인내하지 않을 것이며 폭력은 반헌법적이므로 이성을 회복하길 바란다"라고 호소하며 단호하게 대처하였다. 7월에 5건의 폭탄 테러가 발생하여 4명이 사망하였고 적군파 대원 안드레아스 바델, 울리케 마인호프, 구드룬 엔슬린 등이 체포되었다.

테러 행위는 국내 문제에 국한된 것이 아니었다. 팔레스타인 테러 조직에 의한 뮌헨 테러가 그 예이다. 1972년 9월 5일 이른 아침, 20회 올림픽 11일째 날 8명의 팔레스타인인이 올림픽 선수촌을 습격하였다. 2명의 이스라엘 선수단을 살해하고 9명을 인질로 잡았다. 그들의 요구는 이스라엘 감옥에 있는 200명의 수감자의 석방과 타고 갈 비행기의 제공이었다.

브란트는 동방 정책의 일환으로 대동독 관계 개선을 도모하였다. 1970년 1월 14일 하원 보고를 통하여, "독일 민족의 동질성과 유대감을 강조하는 가운데, 목표는 유럽 평화 질서 안에서의 독일의 자주적 결정권"이라고 천명하였다. 아울러 동독에 무력 포기와 주민 부담 경감을 위한 협상을 제안하고 1월 22일 동독 빌리 슈토프(Willi Stoph) 총리에게 서한을 전달하였다.

1970년 3월 9일 브란트는 특별 열차에 몸을 싣고 동독 에르푸르트(Erfurt)를 방문하여 슈토프와 회담을 가졌다. 그러나 회담의 성과는 없었다. 슈토프는 동독의 국제법적 승인을 요구했고 브란트는 이를 거절하였다. 다만 독일 땅에서 전쟁은 다시 있어서는 안 된다는 점에 의견이 일치하였다. 두 달 후인 5월 21일 슈토프는 서독 카셀(Kassel)을 방문하여 극우파의 소요가 극심한 가운데 브란트와 회담하였다. 브란트는 양독 관계와 관련한 20개 항목을 제시하였다. 슈토프는 '1국가 2체제', '베를린에 대한 4개국'은 용납할 수 없음을 명백히 하면서 한사코 동독에 대한 국제법적 완전 승인을 요구하였다. 공동 성명도 채택하지 못하고 다음 회담 날짜도 정하지 못한 채 회담은 종료되었다. 다만 숙고의 시간을 갖기로 하였다.

그 후 1970년 8월 12일 소련과 1970년 12월 7일 폴란드와 조약을 체결하여 우호적 환경이 조성되자 독일은 다시 동독과의 조약 체결에 나섰다. 그러나 양독 간의 정상화의 길은 길고 험난했다. 1971년 5월 3일 모스크바는 그동안 부동의 지위에 있던 강경한 동독 당서기 발터 울브리히트(Walter Ulbricht)를 에리히 호네커(Erich Honecker)로 교체하였다. 브레즈네프의 브란트에 대한 사실상 지원이었다. 이로써 힘든 협상을 조금 부드럽게 만들었다.

마침내 상호 방문·우편 교환을 포함하고 기본 원칙을 천명한 기본 조약이 마련되었다. 문안은 1972년 11월 8일 작성되고 12월 21일 에곤 바(Egon Bahr)와 미첼 콜(Michel Kohl)이 서명하였다.

이런 기본 조약은 대중적으로는 두루 인기를 끌었지만, 야당과 일부 민족주의자, 반공주의자들에게는 불만의 대상이었다. 일단 전문에서 제10조까지 어디에도 '통일'을 언급하지 않음으로써 동방 정책이 분단 고착화 정책이라는 비난을 면할 수 없었다.

아무튼 이 조약으로 인하여 서독은 동독을 국제법적으로 승인함이 없이 조약의 형식을 빌려 사실상 승인하고, 동독을 승인하는 나라와는 수교하지 않는다는 할슈타인 독트린을 최종적으로 폐기하게 되었다. 그 결과 동서독의 국제적인 활동 무대가 넓어졌다. 1973년 9월 18일 유엔 동시 가입이 그 사례이다.

소련과의 관계 개선을 위한 모스크바조약은 동서독 기본 조약에 앞서 1970년 8월 12일 모스크바에서 체결되었다. 공산권의 종주국인 소련과의 조약을 선행할 필요가 있었기 때문이다. 소련 측에서 코시긴 총리, 그로미코 외교장관, 독일 측에서 브란트 총리, 발터 셸 외교장관이 참석하였다. 무력 포기와 협력이 주된 내용으로 유럽 현재 국경의 불가변성, 특히 오데르-나이세 국경선과 동서독 간 국경선을 존중하는 내용이었다.

브란트 총리와 셸 외교장관은 모스크바 조약에 이어 바르샤바를 찾아가 1970년 12월 7일 폴란드 총리 치란키에비치(Cyrankiewicz)와 바르샤바 조약을 체결하였다. 오데르-나이세 경계선을 폴란드의 서부 국경선으로 인정하고 무력 포기와 외교 관계 수립을 약정하였다. 브란트는 텔레비전 인터뷰에서 이 조약 체결을 '동방 정책의 이정표'라고 평가하였다.

브란트는 나치의 인종 차별 정책에 희생된 100만 명의 유대계 폴란드인들을 추모하기 위하여 1943년 유대인 게토에서 발생한 반란의 희생자 추모비에 조화를 헌정하고 무릎을 꿇었다.

독일의 사죄와 반성을 보여주는 브란트의 노력에 세계는 찬사를 보냈다. 1971년 1월 미국의 시사 잡지《타임》은 브란트를 '올해의 인물(Man of Year)'로 선정하였다. 그러나 독일 국내에서 브란트의 이 행위는 처음에는 우호적으로 평가되지 않았다. 독일에서는 국내 문제를 등한시한다며 심지어 '반쪽 총리'라는 비판이 제기되기도 하였다.

모스크바 조약과 바르샤바 조약이 체결되었지만, 아직 비준이 이루어진 것은 아니었다. 그런 상황에서 브란트가 노력한 결과 1971년 12월 17일 동서독 사이에 서독과 서베를린 간 민간인 및 화물 통과에 관한 '통행 협정'이 체결되었다. 이로써 정치적인 상황 변화에 따라 큰 제약을 받았던 서독과 서베를린 간 통행이 규정에 따라 안정적으로 이루어지게 되었다. 분단 이후 동독과 서독 정부 차원에서 이루어진 최초의 협정이었다.

그러나 소련은 그 협정의 효력 발생을 모스크바 조약과 바르샤바 조약의 독일 하원에서의 비준에 의존토록 하였기 때문에, 신동방 정책에 대한 비판자와 반대자들은 모든 계획을 수포로 돌릴 기회를 엿보았다. 독일의 정치적 분위기는 긴박해졌다. 브란트의 정치적 운명도 위험에 처했다. 세계 곳곳으로부터 브란트는 위로와 지원을 받았다. 그것의 정점은 1971년 10월 20일에 전해진 노벨 평화상 수상 소식이었다.

그러나 동방 정책에 대한 다툼이 사라진 것은 아니었다. 그 다툼은 1972년 초 정점에 달했다. 그가 '나라의 위신과 국익을 팔아먹고 있다'라고 생각하는 사람은 동료 사민당 의원 중에도 있었으며, 그들 중 일부가 마침내 탈당하자 아슬아슬했던 사민당·자민당 연립 정권의 과반수 의석은 무너졌다(자민당 3명, 사민당 1명 탈당함). 오랫동안의 야당 생활에 진절머리를 내던 기민당·기사당 연합은 나아가 브란트 정권을 합법적으로 붕괴시키려 했다. 1972년 4월, 소련과 폴란드와의 조약에서 국익을 훼손했다는 이유로 불신임 투표를 추진한 것이다. 1972년 초 의원들이 야당 진영으로 넘어감에 따라 하원 의석 비율이 바뀌어 4월 27일의 건설적 불신임안 가결 전망을 밝게 하였다.

결과는 불신임에 필요한 표수에 2표가 부족한 247표였다. 어떻게 그런 결과가 나왔는지 설명할 수 없었다. 기민당의 개혁적인 의원들이 동방 정책을 옹호하였다는 풍문도 있었다. 나중에 기민당 의원 2명이 뇌물을 받고 기권한 것도 알려졌다.

1972년 4월 이후 하원에 다수당이 없게 되었으나 1972년 5월 17일 의원 17명이 바르샤바 조약에, 10명이 모스크바 조약에 반대하고, 기민·기사 연합은 기권하여 비준안을 통과시켰다. 그에 따라 이 비준에 연동되어 있는 4개국 베를린 협정과 그 협정에 따른 양독 조약도 발효하였다.

그러나 브란트 총리는 더 이상 의회 다수 의석을 차지할 수 없어 안정적 국정 운영이 어려워지자 신임 문제를 제기하여 새 선거의 길을 모색하였다. 의회는 자진 해산권은 없고 다만 총리가 헌법 제68조에 따라 신임 투표안을 의회에 제출하여 의회가 불신임하면 총리가 의회 해산을 요구할 수 있었기 때문이다. 1972년 9월 22일 그 신임 여부를 처리할 때 내각 구성원들은 표결에 불참하여 새 선거 시도가 무산되지 않도록 하였다. 투표 결과는 233명 신임, 248명 불신임이었다.

이렇게 시작된 선거는 독일 역사에 예가 없을 만큼 'Willy

Wahl(빌리를 뽑자)'라는 강력한 구호가 인상을 남긴 감성이 지배한 선거였다.

1972년 11월 19일 사민당은 처음으로 1% 차이이긴 하지만 기민·기사 연합을 이겼다. 사민당이 45.8%, 기민·기사 연합이 44.9%, 자민당이 8.4% 득표하였다. 국민의 브란트 및 동방 정책에 대한 지지의 결과였다.

선거 승리에 불구하고 브란트는 육체적·정신적으로 지친 상태였다. 그 밖의 모든 상황도 내리막을 향하고 있었다. 브란트 개인과 당내 사정 그리고 사회적 상황 변화가 가져온 결과였다.

1973년 초 계속되는 달러 환율의 하락으로 외환 시장이 혼란에 빠졌다. 3월 2일부터 18일 사이에 유럽의 여러 외환거래소가 문을 닫기도 하였다.

이런 상황 속에서 1973년에 사민당 내에서 내분이 계속되었다. 선거 승리 후 사민당 청년사회주의자(JUSOS) 그룹과 좌파 그룹의 목소리가 더욱 커졌다. 하노버에서 열린 사민당 당대회에서 그들은 더욱 강력한 사회주의적 정책을 요구하였다. 그러나 고데스베르크 강령이나 선거 공약을 뒤집는 것은 브란트에게 불가능한 일이었다. 브란트는 심지어 사퇴 위협까지 하며 결코 굴복하지 않을 것임을 명백히 하였다.

또한, 1973년은 노동 운동이 극심한 해였다. 물가 상승으로 노동조합은 10% 이상의 임금 상승을 요구하였다. 브란트는 28일 텔레비전과 라디오로 사회 질서를 위한 규칙 준수와 노동조합이 위험에 빠지지 않도록 정부의 안정화 정책에 협조해줄 것을 호소하였지만 효과가 없었다.

게다가 1973년 10월 6일 이스라엘과 이웃 아랍 국가와의 네 번째 중동전생이 발발하였다. 당연히 미국은 독일의 보급 창고와 기지를 활용하였고 독일은 이를 묵인하고 있었다. 그런 상황에서 독일 총리는 독일 국민에게 좋은 모습을 보여줄 수 없었다. 이면적으로 무기 공급은 이루어졌다. 어쨌든 중동 사태로 국제적으로 명망 있는 정치가인 브란트가 상처를 입을 수밖에 없었다.

1973년 오순절에 놀라운 뇌물 스캔들 사건이 터졌다. 기민당 의원 율리우스 슈타이너(Julius Steiner)가 1년 전 브란트에 대한 불신임 투표에 기권하는 대가로 사민당 사무총장 카를 비난드(Karl Wienand)로부터 5만 마르크를 받았다고 한 삽화가에게 털어놓았다. 2000년에는 두 번째 배신자로 후에 기민당 사무총장이 된 레오 바그너(Leo Wagner)의 이름이 슈타지(STASI) 자료에 의해 알려졌다. 브란트는 이 사건에 관여하지 않았다. 모두 그렇게 인정하였다. 그렇지만 그 결과는 브란트에게 심대하였다. 사건은 정부의 도덕적 수준에 대한 문제를 야기하였다. 모든 것이 헝클어졌다.

거기에다 중동전쟁 결과 세계 경제는 큰 타격을 받았다. 아랍

7개 산유국은 보복 조치로 원유 생산을 줄이고 미국과 네덜란드에 원유 공급을 중단하였다. 아우토반과 지방 도로에서는 6개월 동안, 독일 관점에서는 끔찍한 속도 제한이 도입되었다. 그때까지 경제 기적의 나라에서 아무도 생각 못 할 일이었다. 실업률 증가가 예상되어 외국인 노동자의 취업 모집이 중단되었다.

물론 정부가 사태의 원인, 원유 공급 위험 등을 책임질 일은 아니었지만, 경제·재정 정책에 대한 브란트의 대응 능력을 의심하는 시각들이 등장하였다. "아마추어 경제, 브란트"라고 《슈피겔》은 조롱하였다. 《슈피겔》은 브란트의 60세 생일(12월 18일) 8일 전에 「위기의 총리(Kanzler in der Krise)」라는 표지 기사로 총리 공격에 나섰다. 경제·재정 정책 외에도 베너와의 갈등에서도 약한 모습을 보였고 에너지 위기를 맞아 EU 차원의 해결책을 강구하지 못하고 동방 정책도 정체되고 있음을 비판하였다. 브란트로서는 아픈 지적이었다.

석유 위기의 고비를 넘자마자 환경미화원들이 들고일어났다. 금속 노동자의 파업과 경고 파업에 동반하여 1973년 여름과 가을에 1,600명의 항공 관제사들이 태업하며 정부에 대하여 그들의 요구를 관철하였다. 그 뒤를 공공기관들이 뒤따랐다. 1974년 2월 10일 공공기관 노조원 20만 명 이상이 파업을 시작하였다. 그들은 15% 임금 인상을 요구하였고 정부는 9.5% 인상을 제안하였다. 브란트는 1월 24일 하원에서 인플레이션을 억제하기 위하여 두 자릿수

인상은 불가하다고 밝혔었다. 공공기관들은 문을 닫고 버스와 철도는 멈추었으며 쓰레기는 수거되지 않았다. 정부가 총파업 시작 이틀 후 11%를 인상하는 선에서 양보하였다.

양보와 실패에 따른 부정적 평가는 협상을 담당하는 겐셔가 아닌 브란트에게 돌아갔다. 며칠 뒤 1974년 3월 3일 사민당은 함부르크시장 선거에서 10% 지지율 감소라는 충격적 결과를 맞았다. 비난은 사민당과 브란트를 향했다.

이런 상황에서 독일 정치와 브란트를 흔드는 한 사건이 발생하였다. 총리실에 근무하는 귄터 기욤(Günter Guillaume)이 동독 간첩으로 밝혀진 것이다. 1973년 7월 총리는 노르웨이 휴가지에도 그와 동행하였다. 이 시점에 브란트는 이미 기욤 부부에 대해 스파이 혐의로 조사가 진행 중임을 알았다. 서독 정보기관이 우연히 두 사람의 혐의 단서를 포착하였다. 1973년 초 기본적인 사실 관계를 확인하였다. 당시 확실한 증거가 확보되지 않은 상태임은 분명하다. 그래서 기욤을 추적 조사하기 위하여 근무를 계속하도록 해두었다. 그러나 이는 분명히 잘못된 일 처리였다.

1974년 3월 초 자료가 검찰에 넘겨질 때까지 1년이 걸렸다. 브란트는 내무장관 겐셔로부터 기욤이 동독 인민군대의 장교였음을 자백하였다는 내용의 보고를 받았다. 4월 26일 하원 질의에서 기욤은 비밀문서에 접근할 수 있는 직무 담당자가 아니라고 주장하였으나 곧 정정해야 했다. 적어도 1973년 노르웨이 여행 중 총리실 관계자가 현장에 없는 상태에서 기욤이 모든 문서에 접근하였기 때문이다.

1974년 5월 4일 뮌스터아이펠에서 브란트와 베너는 해결책을 논의했다. 당의 지지 없이는 어려움을 타개할 수 없음을 알고 있는 브란트의 마지막 시도였다. 그러나 브란트는 베너의 협력을 얻지 못했다. 베너는 겉으로는 "나는 항상 당신 편이다"라고 하면서도 원하는 것은 분명했다. 당이 피해를 입지 않고 신속히 사건에서 빠져나오고 집권당 지위를 유지하는 것이었다. 이를 위해 총리의 희생이 필요하다는 생각이었을 것이다.

브란트는 어떻게 해야 할지 알았다. 사퇴를 결심한 것이다. 브란트의 부인 루트는 "누군가는 책임을 져야 한다"며 브란트의 퇴임에 찬동하였다. 브란트는 5월 5일 퇴직 청원서를 작성하였고 다음 날 비서실장 그라베르트는 이를 대통령에게 전달하였다. 거기에서 브란트는 구스타프 하이네만(Gustav Heinemann) 대통령에게 간첩 사건과 관련하여 그의 과실에 책임을 질 것임을 밝혔다. 이 언급은 기밀 서류와 관계된 것이었다. 그러나 내심의 이유는 그것만이 아니었다. 오랫동안 떠돈 브란트의 여자관계와 아랫사람에게 맡긴 정보 관리의 느슨함에 대한 공격 등 새로이 전개될 비방 캠페인이 두려웠다. 그런 고통을 다시 겪고 싶지 않았다.

기욤 부부는 1975년 간첩죄로 각각 징역 13년과 8년의 형을 선고받고 복역하다가 1981년 동독과의 첩보원 교환 때 동독으로 돌아갔다.

  브란트 퇴진 후 사민당과 자민당은 연정을 계속하기로 하였다. 5월 14일 대통령에 발터 셸을, 다음 날 총리에 헬무트 슈미트를 선임하였다. 그러나 브란트는 1987년까지 사민당 대표직을 유지하였다. 사민당 대표로서 슈미트 총리와는 많은 견해 차이가 있었음에도 불구하고 사민·자민 연정이 붕괴되어 슈미트가 퇴진한 1982년까지 슈미트를 적극 지원하였다.

  1976년 11월 26일 제네바에서 열린 사회주의 인터내셔널(Sozialistische Internationale, SI)의 대표로 선출되어 평화·민주주의·인권을 세계적으로 전파하는 역할을 수행하였다.

  1977년 초 세계은행 로버트 맥나마라(Rober S. McNamara) 총재는 선진국과 개발도상국 간의 빈부 차이와 갈등을 해결할 남북위원회를 구성하고 그 위원장을 브란트가 맡을 것을 제안하였고 브란트는 이를 수락하였다. 위원회는 9월 정식 발족하여 12월 첫 번째 회의를 본에서 열었다. 브란트는 이 일에 전심전력하였다. 그의 정치관과 세계관에 딱 맞는 일이었기 때문이다.

  1980년 2월 12일 브란트는 기아와 빈곤을 추방하기 위한 국제적 발전 계획을 담은 「브란트 보고서」를 유엔 사무총장 쿠르트 발트하임(Kurt Waldheim)에게 제출하고 맥나마라 총재에게도 전달했다. 그 후에도 1983년 2월 9일 제2차 「브란트 보고서」를 발표하는 등 남북문제 해결을 위한 열정적인 활동을 계속하였다.

1979년 6월 10일 최초로 유럽의회 의원 선거가 시행되었다. 브란트는 사민당 수석 후보로 출마하여 당선되어 의원으로 활약하였다. 유럽 통합을 위한 노력을 계속한 것이다.

특히 1980년대에는 초강대국 간의 핵무기 경쟁을 완화시키는 노력을 하였다. 평화 유지와 군축을 실현하기 위해 소련 측과 계속 대화하였다. 1987년 사민당 대표직에서 물러나 명예 대표로 남았다. 1989년 베를린 장벽이 무너지고 1990년 독일이 통일되고 공산권이 해체되어 그의 꿈은 이루어진 셈이다. 그 과정에서 그의 소망은 서방측의 동방측에 대한 승리가 아니라 유럽 전체의 공동 번영이었다.

브란트는 1989년 10월 하순 한국을 처음으로 방문하였다. 노태우 대통령을 접견하고 서울대학교에서 명예 박사 학위를 받고 독일의 동방 정책, 한국의 북방 정책에 관한 연설도 하였다. 그는 군사 독재 시절 핍박받던 김대중 대통령을 후원하였으며 사형 판결이 집행되지 않도록 노력하였다. 김대중 대통령이 그의 방문 시 감사의 뜻을 표했음은 당연하다. 당시 독일과 한국의 통일 전망에 대한 질문을 받고, 예견하기 어려우나 한국이 독일보다 빠를 것이라고 대답하였다. 그러나 바로 며칠 후 베를린 장벽은 무너졌고 1년

이 지나지 않아 독일 통일은 이루어졌다. 독일 통일은 4개 전승국의 협조 승인 없이는 이루어질 수 없기에 그의 판단에 큰 흠이 있는 것은 아니지만, 역사의 수레바퀴는 인간의 논리를 뛰어넘는 것임을 우리에게 알려준다.

브란트는 1992년 10월 8일 본 근처 웅켈의 자택에서 작고하였다. 그의 무덤은 본이 아니라 베를린 시내 첼렌도르프 공동묘지에 자리 잡고 있다. 불과 두 평 남짓의 소박한 묘소이다. 브란트는 자신의 묘비에 "애썼다"라고 적어주기를 바랐다지만, 묘비에는 그의 이름만이 적혀 있을 뿐이다.

1장

헬무트 슈미트(1974-1982)

지혜와 신념으로 나라의 품격을 높이다

뜻밖에 총리에 취임하다

빌리 브란트 총리가 총리실에 숨어든 동독 간첩 귄터 기욤 사건에 대한 정치적 책임을 지고 1974년 5월 6일 대통령에게 퇴직 청원서를 제출함으로써 임기 중 총리직에서 물러났다. 하원에서는 5월 16일 492명 중 267명의 찬성으로 같은 사민당 소속 헬무트 슈미트를 새 총리로 선출하였다. 슈미트는 헌법에 규정된 바에 따른 선서를 "하느님이여, 나를 도우소서"로 마무리하였다. 안네마리에 렝거(Annemarie Renger) 하원 의장은 축하 인사를 건넸고 빌리 브란트는 그를 포옹하였다. 슈미트는 꿈을 꾸는 듯한 표정으로 총리 자리에 앉았다. 천만금 같은 무거운 책임감을 느꼈고 여러 가지 생각에 휩싸였다. 그는 마지막까지 브란트가 기욤 사건으로 퇴진할 필요는 없다고 주장하며, 퇴진을 결심한 브란트에게 화를 내기까지 하였다. 이처럼 슈미트는 총리직에 초연했으며 가능성을 염두에 두지 않았다.

브란트는 당원들로부터 사랑을 받는 정치인이어서 오랜 집권이 예상되기도 하였다. 이에 반하여 슈미트는 그의 식견과 냉철함으로 당원들로부터 존경은 받았지만, 사랑을 받는 편이 못 되었다. 너무 이성적이고 때로는 냉철했기 때문이다. 나이도 브란트와 불과 5년 차이여서 후계자가 되기는 적합하지 않다고 여겨졌다. 이런 이유에서 총리 취임은 슈미트가 기대하지 않았던 뜻밖의 일이었다. 역사가 그에게 총리직을 부여한 것이다. 슈미트는 에르하르트와 키징거에 이어 세 번째로 전임자의 임기 중간에 총리가 되었다. 같은 날 구스타프 하이네만 대통령으로부터 임명장을 받았다. 갑작스럽게 취임했지만, 슈미트는 누구 못지않게 다양한 경험을 하고 전문적 식견을 갖춘 이른바 준비된 총리였다. 독일의 축복이라 할 만하다.

그는 1946년 사민당에 가입하였지만 전형적인 사민주의자는 아니었다. 빌리 브란트, 헬무트 슈미트와 함께 동시대 사민당 트로이카의 한 사람인 헤르베르트 베너는 때때로 시끄러운 사회주의자였지만 슈미트는 포로수용소에서 세련된 사민주의를 배웠다. 그래서 사민당원들과 곧잘 마찰을 빚었다. 이 점은 뒤에 보는 '이중 결정'

지혜와 신념으로 나라의 품격을 높인 헬무트 슈미트

에서 극명하게 나타난다. 그는 책임 윤리를 강조하는 철학과 소신의 정치인이었다. 그에게 정치란 '윤리적 목적을 향한 실용적 행위'였다.

총리 취임까지의 헬무트 슈미트

헬무트 슈미트는 1918년 함부르크 밤베크(Barmbeck)에서 교사인 부모 사이의 2남 중 장남으로 태어났다. 제1차 세계대전이 독일 패배로 끝난 시점이었다. 제2제국은 망하여 황제는 망명하였고 새 공화국이 성립한 시기였다. 할아버지는 유대인이었으나 미혼모에게 태어난 슈미트의 아버지는 이를 숨겼다. 나중에 이 사실을 알게 된 그는 한동안 불안감을 피할 수 없었다. 그는 1937년 리히트바르크(Lichtwark) 중등학교를 졸업하였다. 그 학교는 당시 진행된 교육 개혁(독일 예나 지방에서 1923년 페터 페터젠이 시작한 일종의 창조 혁신 학교 교육으로 '예나 교육'으로 불림)에 따라 설립된 혁신 학교로 순수한 주간 학교였다.[1] 교육 개혁의 분위기 속에서 학생 시절을 지낸 것은 행운이었다. 그 교육이 그가 국가사회주의자들과 거리를 두는 데

---

1 헬무트 슈미트(강명순 옮김), 『구십 평생 내가 배운 것들』, 바다출판사, 2016. 37쪽.

에 도움이 되었기 때문이다.

　그는 건축가, 더 정확히 도시계획가가 되기를 소망했으나 제2차 세계대전은 그의 계획을 흔들어놓았다. 그가 히틀러 군대의 장교가 되면서 계획이 달라진 것이다. 군에서 어려운 상황을 극복하는 위기 관리를 경험하고 이를 익힌 것은 그의 생애에 두고두고 큰 영향을 미쳤다. 슈미트는 1962년 함부르크 대홍수 때 함부르크시 내무 책임자로서 보여준 놀라운 위기 대처 능력으로 세상의 주목을 받았고 이때의 명성이 정치적 성공의 밑받침이 되었다. 그는 일찍이 수많은 위기 상황을 경험하였다. 이런 경험이 훗날 성공적 총리가 되는 데 도움이 되었다.

　그는 1941년 여름 러시아 전선에 투입된 제1기갑사단 휘하 방공포병부대에 배속되어 레닌그라드 침공과 1941년 가을의 모스크바 공격에 참여하였다. 그는 여기에서 살아남았다. 당시 최고의 위기 극복은 생존이었다. 그는 원래 장교가 되기를 원하지 않았지만, 당시 상황은 그를 장교의 길로 이끌었다. 그는 유능한 장교였다. 전쟁이 오래 계속되었더라면 장군으로 승진될 만한 자질을 가졌다. 그는 8년간 군인으로 근무하면서 늘 '지금 여기에서 나의 의무는 무엇인가?'라는 질문을 던지곤 했다. 이런 생각이 들 때면 그는 마르쿠스 아울렐리우스의 『명상록』과 마티아스 클라우디우스의 얇은 책자 『나의 아들 요한네스에게』에서 해답을 찾았다. 이 책자의 "정부에 복종하되 다른 사람들이 그것에 대해 논쟁을 벌일 수 있도록 해라. 누구에게나 공손하되 자신을 너무 솔직히 드러내지 마라. 모르는 일에 끼어들지 말고 너 자신의 일을 성실히 수행하라"라는 내용은 그에게 일생의 가르침이 되었다.[2]

그는 1944년 9월 초 베를린에 배속되어 재판장 롤란트 프라이슬러(Roland Freisler)가 진행하는 반역 사건 연루자에 대한 재판(Freislers Schauprozess)을 참관하였다. 이것은 그에게 충격적인 경험이었다. 프라이슬러 재판장이 피고인들을 비열하고 야비하게 다루었기 때문이다. 또한, 재판은 소송 절차를 전혀 지키지 않았고 증인은 한 명도 없었으며 국선 변호인은 전날 밤에야 결정되었고 피고인의 발언은 번번이 차단당했다. 심지어 슈미트는 프라이슬러를 죽이고 싶었다고 말할 정도였다.[3]

그는 국가에 대한 책무로 군에 징집되어 전쟁에 투입되었을 뿐 나치에 찬동하는 입장은 아니었다. 오히려 그 반대였다. 그는 나치 정권의 주요 인물인 헤르만 괴링과 나치 체제를 비난했다는 이유로 군사재판 회부 위험에 처했으나 상사인 두 장군의 배려로 아르덴 전선으로 전속되는 것으로 마무리되었다. 그곳에서 미국과 영국군의 공습으로 죽음의 위기에 처하기도 했다. 1945년 4월 영국

---

2 헬무트 슈미트, 앞의 책, 56쪽.
3 헬무트 슈미트, 앞의 책, 60쪽.

군의 포로가 되어 벨기에 포로수용소에 수감되었다. 포로수용소에서 동료 한스 보넨캄프(Hans Bohnenkamp)로부터 공산주의나 사회주의가 아닌 기독교적인 의미에서의 사회민주주의에 대한 설명을 듣고 크게 감화되었다. 독일 민족이 왜 잘못된 방향으로 이끌려갔는지를 깨닫게 되었다.[4] 스스로 '다행스럽게도 모든 게 지나갔어. 이제부터 새 인생이 시작되는 거야'라고 위로하였다. 8월 영국군 포로 생활에서 풀려났고 고향으로 돌아와 사회민주당에 가입하였다. 보넨캄프의 영향이 컸다. 전쟁 경험 또한 이에 영향을 미쳤다. 전장에서의 동료 의식에 가장 가까운 것을 사회주의자들의 연대 의식에서 발견하였기 때문이다. 덧붙여 그의 사회적 평등 의식이 영향을 주었다. 다른 시대나 다른 상황에서라면, 그리고 전쟁을 경험하지 않았다면 그는 세계관적 고향을 사민당에서 추구하거나 찾지 않았을지도 모른다.

슈미트는 때로는 사민당원들을 미심쩍어했고 때로는 사민당과도 거리를 두는 태도를 취했다. 완전 밀착에는 이르지 못했다. 존경은 하지만 사랑하지는 않는 관계, 이것이 슈미트와 사민당 간의 상호 관계였다.[5]

---

4 헬무트 슈미트, 앞의 책, 67쪽.
5 Arnulf Baring Gregor Schoellgen, Kanzler, Krisen, Koalitionen von

슈미트는 1945년부터 1949년까지 함부르크대학에서 칼 쉴러 교수 밑에서 경제학과 국가학을 공부했다. 1949년 디플롬(Diplom, 석사 학위)을 받았다. 논문은 「일본과 독일의 화폐 개혁 비교」였다. 1952년부터 1953년까지 함부르크시 경제·교통 부서에서 근무하였다. 1953년 하원의원이 되어 1961년까지 본에서 활약하였고, 다시 고향으로 돌아와 1962년부터 1965년까지 함부르크시 내무 책임자(Innensenator)로 근무하였다. 1962년 함부르크 대홍수 때 구원자 역할을 하였다.

슈미트는 함부르크시에 근무하던 1962년 대홍수 때 효과적인 위기 관리를 통해 피해를 최소화함으로써 명성을 떨쳤다. 당시 헌법상 국내 문제에 군대 투입을 금지하고 있었으나 슈미트는 법적 근거를 따질 수 없다며 경찰, 구조대 외에 군대를 동원하였다. 이일은 'Macher(해결사)'라는 별명을 갖는 계기가 되었다.

1965년 다시 하원에 진출하여 1967년 사민당 원내대표가 되었고 1969년에는 국방장관, 1972년에는 잠시 경제, 재정 양 부처를 담당하는 이른바 슈퍼 장관이 되었다가 곧 경제장관을 자민당에 넘기고 1973년부터 1974년까지 재정정관을 지냈다. 국방장관 때는 군 복무 기간을 18개월에서 16개월로 단축하였다. 이처럼 그

Konrad Adenauer bis Angela Merkel, Amazon E-Book, Location 1,906.

보다 더 다방면으로 준비된 총리는 없었다. 루돌프 아우그슈타인 (Rudolf Augstein, 독일 주간지《슈피겔》을 창간한 저널리스트로 1972년부터 1973년까지 자민당 소속으로 잠시 하원의원을 지냄. 의원직이 언론인보다 영향력이 없다며 의원직에서 자진하여 물러났음)은 당시 슈미트를 독일이 마치 세습 왕조 국가인 양 '이견 없는 황태자'라고 표현하였다. 대단한 평가였다. 그러나 슈미트는 오랫동안 고민하였다. 우선 정치 때문에 개인적 소망을 포기한 것이 조금은 못마땅하기도 했다. 나아가 격투기처럼 생각되는 정치판에서 총리직에 오를 수 없으리라는 생각도 하였다. 빛이 나는 브란트 총리는 단지 5년 연상이었다. 후임이 거론되면 그보다 훨씬 젊은 사람일 것이라고 생각하였다. 총리에의 길은 막힌 것으로 보았다. 그래서 맡고 있는 경제 관련 직책에 만족하였다. 큰 재미는 느끼지 못했지만 책임감을 갖고 일했다. 실은 이것이 좋은 총리가 되는 비결이기도 했다.

1974년 4월 25일 이후, 기욤이 체포되고 그가 동독 정보부 소속 장교임이 밝혀졌을 때 사태는 급변하였다. 5월 4일 뮌스터아이펠에서 개최된 사민당 대회의 만남에서 슈미트는 브란트에게 분통을 터뜨렸다. 그 정도 사소한 일로 총리를 그만두다니! 그러나 브란트는 퇴진을 결정했다. 슈미트에게 길이 열렸다. 브란트는 슈미트에게 "당신이 해나가야 해!"라고 격려했다. 후임자로서 그는 최대한 자중하였다. 수년 후 그는 브란트에게 "당신의 퇴진은 엉뚱하다고 생각했고 나에게 승계된 것에 두려움을 느꼈다"라고 썼다.

경제적 어려움 속에서 업무 시작

슈미트는 이미 경제장관으로서 하루 18시간씩 황소같이 일하며 최선의 노력을 다했으나 사정은 점점 더 어려워졌다. 국내적 상황보다 국외적 상황 때문이었다. 슈미트가 취임했을 때 독일은 1973년 가을 발발한 중동전쟁 여파로 석유 위기에 빠졌다. 아랍 석유수출국기구(OPEC)는 석유를 서구에 대한 무기로 활용하여 친이스라엘 국가에 대한 공급 제한을 단행하였다. 상품 거래량은 줄고 가격은 급등하였다. 1974년 국내 경기는 냉각되고 해외 수출도 감소하였다. 전문가들은 '경기 침체'라는 용어를 공공연히 사용하기 시작하였고 실업자 수는 100만 명에 이르렀고 재정 상태는 불안정해졌고 국가 부채는 급증하였다. 세계 경제의 근본적인 구조 변화가 예견되었다. 지금까지의 경제 성공 스토리는 옛이야기가 되었고 종전 후 20여 년간 지속된 황금 시대는 저물고 있었다. 지금까지의 브란트식 개혁 정책, 저렴한 석유 가격, 온건한 협상 파트너, 넉넉한 국가 재정, 계속되는 성장 등은 잊고 새로운 경제 위기 타개 정책에 적극 나서야 했다.

그 출발은 사민·자민 연정의 새 내각 구성이었다. 전 정부의 에곤 바(Egon Bahr), 클라우스 폰 도나니(Klaus von Dohnanyi), 호르스트 엠케(Horst Ehmke)는 교체되었다. 내부적으로 관용성이 없는 가혹한 조치라는 말이 나왔다. 새로이 기용된 각료들은 한스 아펠 (Hans Apel, 재무부), 한스요헨 포겔(Hans-Jochen Vogel, 법무부), 에곤 프랑케(Egon Franke, 내독부), 한스 마트회퍼(Hans Matthöfer, 연구기술부)로서 대부분 슈미트와 같은 사민당 우파들이었다. 사민당 내에서도 좌파와 우파의 진영이 나뉘어 있었다. 좌파는 과감하게 '시스템을 바꾸는 개혁'을 주장하였으나 슈미트를 비롯한 우파는 많은 문제를 체계적이고 단계적으로 하나씩 해결하면서 점진적인 변화를 시도해야 한다는 입장이었다. 칼 포퍼(Karl Popper, 1902-1994, 오스트리아 출신의 정치사상가로서 슈미트와 교유하며 영향을 미쳤음)의 용어를 빌리자면 '점진적 사회공학'에 해당한다. 이때 점진적 변화는 단계마다 충분한 합의를 바탕으로 이루어져야 하고 사전에 절충이 이루어져야 한다.[6] 자민당에서는 요제프 에르틀(Josef Ertl, 농림부), 한스 프리데리히(Hans Friderichs, 경제부), 베르너 마이호퍼(Werner Maihofer, 내무부), 한스디트리히 겐셔(Hans-Dietrich Genscher, 외무부) 등 4명이 입각했다. 겐셔 외교장관의 전임자로서 브란트와 사민·자민 연정을 꾸렸던 발터 셸(Walter Sheel)은 5월 15일 4대 대통령으로 선출되었다. 자민당 대표직을 발터 셸로부터 승계한 겐셔 체제하의 자민당은 1971년의 좌편향 자유주의인 '프라이부르크 테제(Freiburger Thesen)'로부터 벗어나 다시금 전통적

---

6 헬무트 슈미트, 앞의 책, 185쪽.

인 위치로 돌아갔다. 프라이부르크 테제는 1971년 프라이부르크에서 개최된 자민당 당대회에서 젊은이들을 중심으로 사회적 문제나 환경 문제 등에 적극적으로 개입하고자 하는 이른바 '사회적 자유주의'를 지향하는 프로그램이다. 1968년 이후 경제협력부 장관을 맡고 있던 에르하르트 에플러(Erhard Eppler, 사민당 좌파임)는 재정상 어려움에도 불구하고 제3세계를 위해 더 많은 자금 지원을 요구하였다. 이를 위한 수백만 마르크 요구 논쟁에서 슈미트와 한스 아펠(Hans Apel)에 밀려 1974년 7월 초 퇴진하였다. 그는 어려운 시대의 바른 장관이라는 평가를 받기도 했다. 에곤 바가 그 자리를 계승하였다.

총리실은 1972년 이후 브란트 정부 시절 좀 무기력했으나 이제 효율적으로 작동하여 권력의 중심으로 자리 잡았다. 새 총리실장 만프레트 슐러(Manfred Schueller)는 조용히 그러나 효율적으로 일했다. 무기력했던 전임자 호르스트 그라베르트(Horst Grabert)와 달랐고 영향력이 강했던 호르스트 엠케와 가까운 스타일이었다. 슈미트는 1974년 5월 17일, 취임 24시간이 지나지 않아 처음 시정 연설을 하였다. 짧고 분명한 스타카토풍의 연설이었다. 전임자의 임기 중간에 취임한 것이기에 슈미트는 시정 연설을 중간 보고라고 생각하였고 전임자에게 고마움을 의례적으로 전하였다. 그러나 그는 전날 이미 사민당 교섭 단체에서 단순한 승계가 아닌 새 출발임을 강조하며 다음과 같이 말하였다. "세계적으로 문제가 급증하는 시기에 우리는 지금 필요한 본질적인 문제에 현실적으로 냉정하게 집중해야 한다. 지속성과 집중력이 우리 정부의 모토이다."

브란트식의 개혁은 말하지 않았다. 그 대신 구체적이고 실질적인 테마로 접근하였다. 독일에 중요한 무역 정책, 효율적인 통화 정책, 경제적 안정의 회복을 말하였다. 무력 대결의 위험을 경고하고 미국과의 파트너십을 확실히 하는 한편 무력 컨트롤이나 군축을 강조하였다. 아울러 바르샤바 조약국의 무력 증강을 지적하였다.

엠케는 이 당시 사민당 내에서 총리가 교체된 것이 아니라, 작은 정권 교체로서 정책적으로 새 출발을 한 것이라고 코멘트하였다. 자세히 살펴보면 1974년의 단절과 변화는 1982년의 정권 교체보다 더 극적이었다. 독일에서의 변화는 1980년대 초반이 아니라 이미 1972년에 시작하였다. 로마클럽이 1972년 발간한『성장의 한계』는 초기에는 관심을 끌지 못했으나, 성장과 진보에 대해 걱정하지 않던 독일 사회에 짙은 의문 부호를 던졌다. 학자들은 서유럽 정신세계의 변화를 인식하였다. 국제적 논쟁에 음울한 단조 분위기가 드리웠고 이는 1980년대 한껏 더 짙어졌다가 소련 붕괴의 소란을 거쳐 냉전 종식을 맞았다. 1973년 석유 위기는 학자들이 예견한 것을 증명해 보이는 것 같았다. 이후 몇 년 동안 슈미트와 겐셔는 이런 변화를 신중하게 살피며 현상 유지 정책 내지 이미 이룬 성과를 지키는 것으로 관리하였다. 슈미트는 브란트가 당 대표로 남아 있는 것을 무방하게 여겼다. 권한 분배가 슈미트를 사민당의 일상적인 일에서 벗어나게 해주었다. 슈미트는 당원들을 넋 나간 사람들이나 어설픈 학자들 정도로 하찮게 생각하기도 하였다. 1974년 지지도가 30% 이하로 떨어진 것은 당연하였다. 이로써 슈미트의 입지는 약화되었고 브란트의 당 대표로서의 평판은 강화되었다. 슈미트가 어느 날 퇴임해도 당은 그를 포기하겠지만 브란트를 포기하지 않을 그런 분위기였다.

그러나 슈미트에 대한 자기 당, 일반 대중 심지어 야당으로부터의 기대는 컸다. 그는 총리직에 잘 맞게 훈련된 명성을 가졌다. 그는 기적을 만드는 사람으로 기대되었다. 그러나 기적은 정치에서는 드문 일이었다. 첫출발은 실패였다. 그 실패는 하필이면 슈미트의 전문인 경제 및 재정 정책에서였다. 1975년 재정 상태는 최악이었다. 그럼에도 한스 아펠 재무장관은 재정 지출을 계속하였다. 슈미트가 재무장관 시절 시작한 조세 개혁은 막대한 재정 손실을 야기했고 사민당(SPD) 지지자들에게 손해를 끼쳤다. 경기 침체는 심화되고 실업자가 두 배 늘어 1974년 60만 명, 1년 후 한계치를 넘어선 100만 명으로 4배 증가하였다. 슈미트는 영국의 케인스 이론에 따라 1974년 9월 경기 부양책을 시행하여 고용을 늘리고 12월에는 국내 투자를 증진시켰다. 그러나 기대와 달리 성공은 쉽지 않았다. 경제 성장은 지체되고 인플레율은 7%로 높아졌다. 계획대로 진행되지 않고 재정 적자는 늘어났다. 1975년 여름이면 상황이 좋아지리라는 약속은 지킬 수 없었다. 다만 다른 서유럽 국가들보다 나았다는 것이 작은 위로였다.[7]

사민당은 주의회 선거에서 거푸 패배하였다. 니더작센·바이에른·헤센에서였다. 슈미트는 참을 수 없었다. 2년 후면 총선이었다. 그의 정치적 운명이 걸렸다. 1974년 함부르크 전당대회에서 슈미트는 계산된 분노를 연출하였다. 그에게 핏대 내는 총리(Abkanzler)라는 별명 하나가 더 붙었다. 슈미트는 "세계 경제는 우리가 처리할 수 없는 위기에 빠졌다"고 지적하며 "당은 우리가 처리해야 하는 경제적 조건보다는 정신적 위기에 빠져 있다"고 질책하였다. 그는 개인적으로 좌우에 치우치지 않고 균형을 잡으려 노력하였다.

대외 업무에서 역할을 찾다

그러나 총리직 수행 평가는 국내 정책에 국한하지 않는다. 대외 정책이 또 다른 중요 요소이다. 역대 총리들은 민감한 외교 분야에서 승리하기도 패배하기도 하였다. 슈미트는 행운아였다. 첫출발은 1974년 10월 모스크바였다. 브레즈네프(Brezhnev)는 모스크바를

---

7 Arnulf Baring, 앞의 책(E-Book), Location 1972–1998.

방문한 슈미트를 극진히 대접하였다. 엄청난 환대였다. 독일군 문
양으로 장식된 보잉기가 공항에 도착했을 때 코시긴 수상, 그로미
코 외상뿐 아니라 총서기장까지 영접 나왔다. 의례를 벗어난 것이
었다. 이는 닉슨이나 브란트 방문 시에도 없었던 일이었다. 그러나
성과는 별로였다. 브레즈네프와 슈미트는 오랫동안 모스크바 조약
해석, 4개국 협정 해석, 쌍방 간의 경제적 프로젝트, 총서기장의 아
이디어 등에 관해 의견을 나누었다. 브레즈네프는 경제적 어려움
에 처한 제국이 필요한 것을 알고 있었다. 서방, 특히 독일로부터의
노하우와 자본이었다. 그러나 조약 체결은 없었다. 브레즈네프는
독일의 연방 기관인 연방환경청의 베를린 이전에 대한 불만을 표
시하기도 했다. 그래도 상호 대화는 시작되었기에 슈미트는 만족
하였다. 그의 외교적 출발은 성공적이었다.

유럽의 안전과 협력에 관한 컨퍼런스(KSZE)

더 중요한 것은 1975년 여름에 이루어졌다. 무대는 헬싱키, '유럽
의 안전과 협력에 관한 컨퍼런스(die Konferenz über Sicherheit und
Zusammenarbeit in Europa, KSZE)'였다. 이는 동서 긴장 완화를 위
한 중요한 전환점이었다. 핀란드 수도는 35개국에서 온 400명의 대
표단으로 넘쳐났다. 핀란디아 컨퍼런스홀에는 알바니아를 제외한

전 유럽 국가와 미국, 캐나다에서 온 대표단이 자리를 잡았다. 동서독 양국도 참석하였다. 슈미트 총리 곁에 동독의 사회통일당(SED) 당수 에리히 호네커(Erich Honecker)가 앉았다.

이 거대한 프로젝트의 아이디어와 제안은 동쪽에서 나왔고 그 내용이나 절차는 서쪽이 이끌었다. 1973년 7월 이래 2년의 협상 끝에 타협안이 나와 6개국 언어의 최종 문서로 작성되었다. 전문가들에 의해 작성된 50쪽짜리 문서는 참가한 각 정부 수뇌들이 서명함으로써 발효되었다. 구속력 있는 국제법적인 조약은 아니고 장차 이행을 다짐하고 선언하는 형식의 것이었다.

제1파트는 유럽의 안보와 국제 평화를 위한 기본 원칙을 선언한 것으로 브레즈네프가 신경을 쓴 부분이다. 2차대전 후의 국경을 존중함으로써 동유럽에 대한 소련의 헤게모니를 인정한 것이다. 제2파트는 경제·학문·기술 분야 및 환경 분야에서의 협력을 정한 것으로 서쪽보다는 동쪽이 희망을 갖게 하는 내용이었다. 제3파트는 인도적인 문제에서 협력하고 정보 교환을 추구하는 것으로서 서쪽이 관심을 가졌던 분야이고 동쪽 진영 사람들이 자유화에 대한 희망을 품게 하는 사항이었다. 특히 서독의 입장에서는 민족 자결권의 인정으로 인해 기본법상의 통일 의무를 유지할 수 있게 되고 독일 통일 가능성도 유지할 수 있게 되었으며, 또한 인도적 문제를 통해 동독의 인권 침해 행위를 거론하고 동독과 인적 교류도 추진할 수 있게 되어서 성공적인 회의였다. 동구 독재 체제에서 결코 정당화될 수 없었던 원칙과 개념들이 정착된 셈이다. 15년 후 소련이나 동구권에서 헬싱키에서의 추상적 선언이었던 자유가 구체적으로 자리 잡을 수 있게 하는 계기를 만든 것이다.

모스크바 입장에서 헬싱키 선언은 단기적으로는 국제적 위신을 세우는 성공이었지만 중기적으로는 자신에 치명상을 가한 상처뿐인 영광이었다. 1975년 여름에는 아무도 이를 예상하지 못했다. 슈미트도 마찬가지였다. 슈미트는 그 분위기 속에서 빛나는 존재였다. 그는 일상 정치의 우울함에서 벗어나 잘 준비된 정치가로서의 연설로 두각을 나타내었다. 총리직이 재미있음을 느끼기도 하였다. 슈미트는 많은 지도자가 면담을 희망하는 인기 있는 총리였다. 예를 들면 동독 에리히 호네커(Erich Honecker), 유고슬라비아 티토(Tito), 헝가리 카다르(Kadar), 불가리아 지프코프(Schiwkow), 루마니아 챠우셰스쿠(Ceausescu), 체코슬로바키아 후사크(Husák) 등이다. 친밀한 사이인 브레즈네프, 프랑스 지스카르 데스탱(Giscard d'Estaing), 미국 제럴드 포드(Gerald Ford)는 말할 것도 없었다.

양 독일 수뇌의 만남이 이목을 끌었다. 알파벳 순서에 따른 자리 배치로 둘은 중간 통로를 사이에 두고 앉았다. 의례적 인사를 교환하고 만남을 약속하였다. 좀 어색한 것이었다. 두 번째 만남은 조금 부드럽고 자연스러웠다. 두 사람은 어떻게 처신해야 할지 알았다. 1975년 1월 말 슈미트는 국정 연설에서 "장벽, 철조망, 사살 명령 등은 비인간성의 상징이다"라고 말하면서 동독과 정례적 만남을 통해 이 문제 등을 해결해나갈 것을 덧붙였다. 헬싱키에서 두 사람은 분단의 고통과 관련된 문제를 논의하였다. 여행, 베를린, 인도적 문제, 통과 금액, 환전 최저 금액, 도로 사용료, 경제 협력 등이다. 그들은 4개국 협정의 부담을 점검하고 제거하기 위한 계속적 노력에 합의하였다. 1974년 연방환경청을 베를린으로 이전하는 결정은 대립을 조장하였었다. 다른 연방 기관을 베를린으로 이전하지 않기로 하였다. 양자는 대화가 솔직하고 객관적이며 건설적이라 평가하였다.

동독 경제는 당시 이미 세계적 수준에 뒤떨어져 있었다. 호네커가 말한 것과는 달랐다. 호네커가 "여기 누구동독산 자이스 예나(Zeiss Jena) 카메라 가졌나요?" 하고 기자들에게 물었다. 동독 기자 한 명만이 대답하였다. 슈미트에게 인간적으로 정치적으로 강한 인상을 준 폴란드 국가 수반 에드바르트 기에레크(Edward Gierek)와는 헬싱키에서 까다로운 문제를 해결하였다. 오전 3시 30분경까지 진행된 협의 결과였다. 다만 상당한 대가를 지급하기로 하였다. 폴란드는 12만~12만 5,000명의 독일계 폴란드인의 독일로의 출국을 허용하고, 독일은 폴란드에 10억 마르크의 차관을 무이자로 지급하기로 한 것이다. 슈미트는 KSZE 정상 회담을 성공적으로 마쳐 자신의 성가를 드높였다.[8]

---

8 Arnulf Baring, 앞의 책(E-Book), Location 2017–2057.

7개 선진국 경제 정상 회담(G7) 창설 주도

슈미트는 성과를 거두고 좋은 기분으로 본으로 돌아와 브람제 (Brahmsee) 호숫가에서 휴가를 즐겼다. 그곳에서 그는 경제 전문가로서 새 계획을 구상하였다. 11월 중순 6대 선진국 회합을 프랑스에서 개최하기로 계획했다. 이는 헬싱키에서 미리 논의된 바에 따른 것이다. KSZE에 비하면 이 최초의 경제 정상 회담은 비밀스러운 폐쇄적인 행사였다. 6개국 수뇌는 제럴드 포드 미국 대통령, 헤럴드 윌슨 영국 수상, 알도 모로 이탈리아 총리, 미키 다케오 일본 총리, 지스카르 데스탱 프랑스 대통령 그리고 슈미트가 파리에서 50킬로미터 떨어진 랑보예(Rambouillet)에서 만났다. 회담 실현을 위해 슈미트가 적극적으로 나섰다. 지스카르와 슈미트는 재무장관으로서 만났고 1974년 5월 거의 같은 시기에 정상에 올랐다. 그들은 부르주아 출신의 보수주의자와 소시민 출신의 사회주의자로서 성장 배경의 차이에도 불구하고 곧 친밀한 사이가 되었다. 경제 및 화폐 정책에서는 상호 보완하고 외교 및 안보 정책에서는 상호 조화를 이루며 협력하였다. 슈미트의 총리로서 최초 외국 방문도 1974년 6월 파리였다. 두 사람은 30년대 초반 세계 경제 위기의 재앙적 결과를 잘 기억하고 있었다. 두 사람은 세계적 경제 침체를 걱정하며 가능한 한 글로벌한 위기 관리를 통해 불행한 사태의 반복을 막고자 하였다.

랑보예의 행사는 요란한 정상 회담과는 거리가 먼 소박한 것이었다. 회의 장소인 성(城)은 쾌적했지만 크지 않았다. 회담도 작은 방에서 이루어졌다. 정상들의 방도 서로 붙어 있었고 언론은 멀리 떨어져 성 밖에 머물렀다. 슈미트는 훗날 이것이 좋았다고 회고했다. 언론뿐 아니라 수행 장관조차도 멀리 떨어져 있었다. 수행 장관들인 겐셔나 아펠은 파리의 호텔에 머물렀다. 성에서 슈미트나 모임의 다른 발기인은 비공개리에 개막 연설을 하였다. 슈미트는 곧 프랑스와 미국 사이를 중재할 일을 몽땅 맡아야 했다.

지스카르 대통령은 미국의 1971년 브렌트우드 협정(1945년)에 따른 고정환율제로부터 변동환율제로의 잘못된 전환을 악의 근원으로 보았고, 포드 대통령은 이에 반하여 자유로운 통화 시스템으로서의 변동환율제를 옹호하였다. 슈미트는 화해를 주선하였다. 지스카르는 포드의 주장을 받아들였고 그 대신 포드는 비상시 달러 보호를 확실히 하기로 보증하였다. 참석자들은 그들 나라의 에너지 수입 의존도를 낮추고 자유로운 무역을 달성하고자 하였다. 6개국 정상들은 세계 경제 위기에 함께 대처해나가기로 하였다. 지스카르는 만남 자체가 의미 있다고 보았다. 나중에 혼란이나 갈등을 야기할지 모르더라도 일단은 성공적이었다.

캐나다는 불초청에 항의하였고 이듬해인 1976년 가입이 이루어졌다. 랑보예의 정신은 이어지는 7개국 정상 회담에서 강조되었다. 1975년의 소박하지만 효과적 운영 스타일이 점차 통상적인 국제회의의 모습으로 정착되었지만, 재정 전문가인 슈미트와 지스카르는 1978년 말 유럽 회의에서도 함께 손발을 맞추어 긴밀하게 협력하였다. 슈미트는 유럽 통화들은 개별적으로 세계 경제 침체, 세계적 통화 불안과 미국 달러의 약세에 맞서 대응할 수 없다고 생각하였다. 그 때문에 1978년 12월 5일 유럽통화시스템(Europäische Währungssystem, EWS)이 탄생했고 거기에서 타협의 결과로 1979년 에큐(ECU)라는 이름의 통화가 만들어졌다. 이는 유럽 국가 간 환율 변동 범위를 6%까지 크게 확대하여 각 국가가 고정환율을 지키기 위한 부담을 덜고 각국 통화 정책의 자율성을 어느 정도 보장해주기 위한 조치였다. 독일 측의 아이디어가 발판이었고, 영어로 'European Currency Unit'인 것을 프랑스식 발음 '에큐'로 표현한 것이었다. 이런 단일화 작업은 환율 등락을 일정 범위 안으로 고정할 수 있었고 적기 대응을 가능케 했다. 에큐는 1998년 12월 31일까지 존속했고 그 후 유로에 대체되었다. 유로는 2002년 1월 1일 지폐와 동전으로 현실화되었다. 그 탄생을 유도한 조상격이 슈미트와 지스카르 데스탱이었다. 아무튼 슈미트 총리는 1975년 말 국제적으로 주목받는 위치에 자리 잡았다. 슈미트는 야무진, 자신만만하고 전문성 있는 경제 정책적 능력, 국제적 지도력과 재능, 위기를 돌파하는 능력의 소유자로서 그 시기에 맞는 지도자였다. 런던《파이낸셜타임스》는 그를 올해의 인물로 선정하였다. 전문가들은 슈미트에 대해 완벽한 총리로서의 재능을 가졌고 거

기에다 운도 따랐다고 평가했다. 그의 자질과 능력은 독일의 국격
을 높이는 역할을 하였다.

저조한 경제 성적과 라이벌 헬무트 콜의 등장

그러나 국내의 경제 현실은 달랐다. 국민총생산은 1973년 5%,
1974년 0.4% 성장하였으나 1975년 1.5% 마이너스 성장이었다. 불
황이 밑바닥을 쳤다. 당장 선호하는 정당을 선정한다면 사민당에
게 기회가 없었을 것이다. 주나 지역 단위 선거 결과는 저조했다.
대외적으로 칭송받는 무역 중심·기업 친화적 경제 정책은 그 기
반이 흔들려 불안했다. 연정 파트너인 자민당이 너무 많은 것을 요
구하여 연정에 금이 가기 시작하였다. 1974년의 사민·자민 연정
은 1969년의 전설적인 사민·자민 연정과는 그 구성이 달랐다. 과
감히 도전하고 새롭게 시작하기보다 저울질하며 조심스레 나아
갔으며 손해 회피 쪽으로 변했다. 동방 정책의 새로운 면모는 보이
지 않고 큰 구호나 제스처도 보이지 않았다. 브란트와 셸 팀과는
달리 슈미트와 겐셔 팀은 감성적 접근보다는 이성적 관계 설정만
을 시도하였다. 슈미트는 자당 내에서 브란트의 그림자에서 벗어
날 수 없었다. 브란트의 4년 반 재임 기간 내세웠던 '더 많은 민주
주의' 정책은 당내 좌파에게 향수를 불러일으켰다. 내부적 다툼은

「Orientierungsrahmen '85」에 의해 정리되었다. 이는 1985년까지의 서독 문제를 예상하여 취합하고 이에 대한 사민주의적 해결책을 제시하는 기본 문서로서, 1975년 11월 만하임에서 열린 당대회에서 결의된 것이다. 경제 및 투자 조정 정책, 미래 개혁 정책, 생산수단 국유화 등에 대한 열띤 토론은 점차 사라졌다. 1976년 선거를 앞두고 당은 일단 협력하는 분위기로 바뀌었다.

이때 기민당 쪽에서 강력한 새로운 도전자가 등장하였다. 그러나 슈미트는 그를 그렇게 심각한 상대로는 보지 않았다. 그는 슈미트보다 11년 연하로, 라인란트팔츠주 총리인 헬무트 콜이었다. 콜은 게르하르트 슈톨텐베르크(Gerhard Stoltenberg), 프란츠 요제프 슈트라우스(Franz Josef Strauss)를 물리치고 기민·기사 연합인 유니언의 총리 후보자가 되었다. 콜에 대하여는 사민당이나 같은 유니언에 속하는 기사당에서도 가볍게, 나아가 경멸적으로 보는 경향이 있었다. 많은 사람은 46세의 콜을 촌티 나는 지방 인물 정도로 생각했다. 그러나 그는 혜성같이 나타나 출세와 성공 가도를 달려왔다. 29세에 마인츠 의회에 진출하였고, 35세에 라인란트팔츠주 기민당 대표가 되었고, 39세에 주 총리가 되었다. 이런 빠른 성장은 남다른 자질이 없이는 불가능했다. 권력 의지, 강인함, 명예욕, 무신경(담대함)이 이 자질에 속했다. 이것들로 슈미트에 대적할 수 있을까? 정치 평론가들은 어림없다고 평가하였다.

그러나 콜 자신은 그렇게 생각하지 않았다. 자신에 대한 회의감은 없었다. '총리직을 맡길 만한 정치인, 그 사람이 바로 나다. 결코 물러서지 않으리라. 독일에서는 어떤 목표를 달성하려는 자는 그 의지를 말하지 않는 경향이 있다. 나라를 만들고 바꾸려는 의지를 공식적으로 밝히면 이상하게 보이기도 한다. 그러나 그리해선 아무것도 못 얻는다.' 콜은 이렇게 다짐하였다.

이 말속에서 반드시 총리가 되고자 하는 흔들림이 없는 콜의 의지가 읽힌다. 그의 이런 열정은 댄스 수업에서 파트너였다가 아내가 된 하넬로레(Hannelore)를 감동시켰다. 다른 어떤 총리도 콜처럼 총리를 향한 강한 의지를 갖지 않았다. 물론 아데나워는 예외였다. 에르하르트와 키징거는 시대의 운에 따랐을 뿐이다. 브란트는 베너의 도움에 의지하여 총리가 되었다. 슈미트는 기대치 않게 총리가 되었다. 게르하르트 슈뢰더(Gerhard Schröder)는 콜처럼 권력 의지를 갖고 콜의 뒤를 따랐다.

한편 콜처럼 공개적이고 지속적인 경멸과 저평가에 시달린 총리 후보자는 없었다. 그럼에도 흔들리지 않는 것은 정치 세계에서 귀중한 자산이자 재능이었다. '여기 분위기가 아주 나빠' 하고 콜이 느끼는 경우라도 '잘 관리해서 살아남아야 해'라고 다짐했다. 많은 사람은 그리 못 하였다. 콜은 비난을 맷집으로 견디었고 참았고 경청했다. 1976년 10월 3일 개표되었을 때 정치 평론가들은 고개를 끄덕였다. 놀라운 결과였다. 기민·기사 연합인 유니언은 48.6% 득표로 사민당을 앞섰다. 그렇지만 정권 교체는 이루어지지 않았다. 사민당이 42.6%, 자민당이 비교적 선전하여 7.9%를 득표하였기 때문에 그로써 정권 교체는 막을 수 있었다. 콜은 일단 실패했지만 괘념치 않았다. 시간은 자기편이라며 오히려 자신감을 가졌다. 초석을 깔았다고 생각했다. 그는 큰 걸음을 내딛기로 결심했다. 정든 마인츠를 떠나 초짜에겐 위험하고 전망이 불투명한 본(Bonn)으로 가서 편안한 주 총리직에서 위험투성이인 야당 지도자로 변신하기로 하였다.[9]

　슈미트 정권은 유지되었지만 타격을 입었다. 승리를 자축하기엔 민망하였다. 슈미트 총리는 쓴웃음을 지을 수밖에 없었다. 어찌 시골뜨기 콜이 세계적 정치가인 슈미트를 한 방 먹였는지 슈미트에겐 수수께끼였다. 더욱이 한 표 차로 총리가 된 것도 스트레스였다. 1949년 아데나워 이후 처음이었다. 방청석에서 "겨우" 하고 술렁거렸다. 슈미트는 늙어 보였고 목소리는 패배자의 그것이었다. 그는 자신은 결코 승리하지 않았다고 생각하였다. 통치의 즐거움이 사라지고 납덩이 같은 무거움이 지배했다. 선거 후 슈미트는 어떤 분야의 선거 공약을 철회해야 했다. "연금은 1977년 7월 1일부터 10% 인상될 것임." 선거 전 약속이었다. 계산상 불가능함이 드러났다. '연금 사기'라는 말이 떠돌았다. 철회하려면 빨리 해야 했다.

9　Arnulf Baring, 앞의 책(E-Book), Location 2128 –2150.

이것이 옛 총리들의 지혜였다. 부가가치세는 인상되었고 연금 인상은 연기되었다. 새 임기에서 좋은 시작은 아니었다.

테러에 타협 없이 맞서다

테러 단체인 적군파(Rote Armee Fraktion, RAF)는 1970년 5월 "무력 투쟁이 계급 투쟁과 반제국주의 투쟁의 최고의 형태"임을 내세우며 결성되어 무자비한 테러를 저지르기 시작하여 독일 사회를 불안케 하였다. 1972년 6월 적군파 책임자 울리케 마인호프(Ulrike Meinhof), 안드레아스 바델(Andreas Baader), 구드룬 엔슬린(Gudrun Ensslin), 얀 카를 라스페(Jan-Carl Raspe) 등 7명이 체포되었다. 바델, 엔슬린, 마인호프, 라스페에 대한 재판(Stammheimer Prozess)은 1975년 5월 21일 시작되어 1977년 4월 28일까지 계속되어 마인호프를 제외한 3인은 무기징역형을 선고받았다. 마인호프는 1976년 5월 자살하였다. 적군파는 이들의 석방을 위해 한층 더 테러를 강화해나갔다. 그들의 테러 행위는 1977년 절정에 달했다.

1977년 9월 5일 경영자협회 한스 마틴 슐라이어(Hans-Martin Schleyer) 회장이 쾰른 사무실에서 귀가 중 적군파 행동대원의 습격을 받았다. 운전기사와 3명의 경호원은 총격을 받고 사망하였다. 테러 분자들은 슐라이어를 다른 차에 태워 러시아워 가운데로 사라졌다. 총리실로 최후통첩이 도달되었다. 엔슬린과 바델을 포함하여 구금된 대원 10명의 석방, 10만 마르크 지급과 그들이 원하는 곳으로 탈출 보장을 요구하고 이에 응하지 않으면 슐라이어를 살해하겠다고 협박하였다. 이 공격은 일련의 테러 행위의 정점이었다.

1960년대 중반 왜곡된 세계관을 기반으로 시작한 투쟁적 학생운동은 극단적인 폭력으로 나타났다. 1974년 말 법원장 귄터 폰 드렌크만(Günter von Drenkmann)이 베를린에서 살해되었다. 적군파 첫 세대 수뇌인 바델과 마인호프는 이미 체포되어 재판을 기다리고 있었다. 납치된 베를린 기민당 대표 페터 로렌츠(Peter Lorenz)는 1975년 2월 무사히 풀려났다. 그러나 그것은 본이 협박받고 일부 테러 분자들을 석방한 대가였다. 얼마 후 괴한들은 스톡홀름 독일 대사관을 점거했다. 26명의 동료 석방을 요구하였다. 슈미트는 거절하였다. 사건은 유혈 사태로 막을 내렸다. 두 외교관이 사망하였고 두 테러리스트는 실수로 폭발 사망하였다. 1977년 4월 연방 검찰총장 지그프리드 부바크(Siegfried Buback)가 신호를 기다리는 차 안에서 살해당했다. 여름에는 드레스덴은행 대변인이 저격수에 의하여 그의 프랑크푸르트 집에서 사살되었다. 이제 슐라이어의 운명이 경각에 달렸다. 슈미트는 위기 대책을 마련하기 위해 내각과 야당 대표를 소집하였다. 그의 결심은 시간을 벌어 강경책으로 슐라이어를 구출하고 납치범을 공격하는 것이었다. 슈미트의 이 결정에는 많은 고통이 따랐다. 한편으로는 국가의 국시(國是), 다른 한편으로는 개개인의 생명이 걸린 문제였다. 슈미트는 아내와 두 사람 중 한 사람이 납치당하더라도 다른 사람은 굴복하지 않기로 다짐하였다. 각서까지 작성하여 총리실에 남겼다. 연방 대통령과도 한 사람이 납치되더라도 테러 분자들과는 협상하지 않기로 합의하였다. 총리 관저나 총리 사무실은 참호·철조망·탱크로 무장된 전쟁 참모부가 되었다. 보도도 통제되었다.《빌트 차이퉁(Bild Zeitung)》신문은 석방 교섭을 촉구하기도 하였다. 많은 사람이 1962년 2월 함부르크에서의 슈미트의 성공적 위기 관리 사례를 상기하며 그를 믿고 기대하였다. 마침내 그는 본의 곰팡이 냄새나는 무기력증을 떨쳐내고 중심에 서서 사태를 장악하고 결단하였다. 야당은 대책위원회에 함께하든가 가만히 있어야 했다. 슈미트는 시간을 조절하였다. 수감자들의 희망 행선지를 일단 조사했다. 북한, 우간다, 리비아 등이었다. 그리고 그 나라들이 받을지를 물었다. 그러는 사이에 슐라이어의 행방을 쫓았으나 묘연했다.

1977년 10월 13일, 납치 후 38일째, 91명을 태운 루프트한자 보잉 737 '란츠후트(Landshut)'가 스페인 마요르카(Palma de Mallorca)에서 이륙하였으나 목적지 프랑크푸르트로 가지 못하고 아라비아 반도에 착륙했다. 아랍 출신 하이재커들이 납치한 것이다. 요구는 독일에 구금 중인 적군파 대원들의 즉각 석방이었다. 비행기는 로

마, 사이프러스, 두바이를 거쳐 아덴에 착륙하였다. 기장은 사살되고 마침내 모가디슈에 도착하였다. 독일의 GSG-9 특공대가 소말리아 수도에 도착할 때까지 테러 분자들을 속이며 방치해놓았다. 소말리아가 직접 군대를 투입하지 않도록 해두었다. 독일 특공대가 아닌 소말리아 군대가 직접 개입하면 일을 그르칠 위험이 있다고 판단하였기 때문이었다. 이번에는 이전 뮌헨 올림픽에서와 같은 실패를 반복하지 않을 다짐을 하였다. 10월 18일 자정이 막 지나 섬광탄을 쏘며 공격해 들어갔다. 습격은 성공했다. 테러 분자들은 사살되었고 관리 한 명이 부상을 입었다. 슈미트 총리가 특공대와 함께 신임하여 보낸 비쉬네브스키(Hans-Jürgen Wischnewski)가 현장에서 본으로 전화해 "작전 성공"을 보고하였다. 슈미트는 비쉬네브스키에게 "자네에게 전권을 부여하겠네. 만약 자네 생각에 꼭 필요한 일이면 헌법을 넘어서는 결정도 가능하네"라며 전권을 위임하였었다. 밤을 새워 지친 위기 관리팀은 환호성을 지르고 서로 껴안았다. 슈미트도 울음을 억누를 수 없었다. 그는 최악의 상태에 몰려 고립감을 느끼고 있었다. 실패의 경우 바로 퇴임할 수밖에 없다고 생각했다. 일생 가장 힘든 밤과 낮이었다고 25년 후 회고하였다. 바델, 엔슬린, 라스페는 모가디슈에서의 인질 구출 소식을 듣고 수감실에서 모두 자살하였다. 슐라이어의 운명도 그로써 결정되었다. 그의 시체가 같은 날 자동차 트렁크에서 발견되었다.

슈미트는 무자비한 살상 등 테러리스트와 같은 강압 수단으로 국가가 문제를 해결하는 것은 바람직하지 않다고 생각하였다. 그러나 법치 국가는 어느 경우에든 잠재적 모방자를 겁주기 위해 국가의 단호함을 보여주어야 했다. 인간다움을 보여주어야 하지만 책임감을 갖고 임해야 한다. 이는 10월 20일 국정 연설에서 밝힌 바이지만 다른 방도가 없는 딜레마이기도 했다. 총리는 단조롭게 말했다. "정부는 앞으로도 책임을 다할 것입니다. 하느님이 도와주시길!" 슈미트는 마음속에 늘 '심리적 냉철함의 유지'와 '의무의 이행'을 담아두고 있었다. 이는 젊은 시절 읽은 마르쿠스 아울렐리우스 로마 황제의 『명상록』에서 영향받은 것이며 모가디슈 사건의 해결도 그 결과라고 술회하였다.

중거리 핵미사일 관련 이중 결정

1977년 힘든 가을을 지내고도 슈미트에게 휴식은 없었다. 이젠 국내 문제를 넘어 국제적 도전에 직면해야 했다. 1977년 10월 28일 슈미트는 런던 국제전략연구소(International Institute for Strategic Studies)에서 역사적인 연설을 하였다. 주제는 동서 간의 무력 균형에 관한 것이었다. 모스크바와 워싱턴은 대륙 간 미사일의 제한에 대한 협상을 하여 일찍이 1972년 5월 말 브레즈네프와 닉슨은 모스크바에서 1차 SALT 조약을 체결하였다. 조약에서 미사일의 숫자를 동결하였으나 다탄두 미사일 등 계속적인 기술 개발에 대해선 제한을 두지 않았다. 이에 더하여 로켓 방어 시스템의 숫자는 물론 품질(성능)조차도 동결하였다. 방어 능력 자체에 한계를 둠으로써 상호 간 공포의 균형이 깨어지지 않도록 한다는 냉전 시대의 기괴한 논리를 반영한 것이다. 당연히 추가적인 2차 SALT 협정이 필요하게 되었다. 양국은 대화를 계속하였다.

슈미트는 기존의 전략 로켓 능력은 균형을 이루지만 나머지 무기들의 잠재력이 증대될 것을 우려하였다. 말하자면 중거리 미사일, 특히 악명 높은 세 개의 탄두를 가진 소련의 SS-20이 미국이 아니라 서유럽을 쉽게 타격할 수 있어 걱정이었다. 새로운 SS-20의 숫자가 증가하고 이에 대해 나토가 대응할 적절한 수단이 없었지만, 빈 SALT 협상에서는 아무 해결책이 논의되지 않았다. 세력 균형을 바라는 슈미트는 이 상황이 견딜 수 없었다. 모스크바의 본에 대한 정치적 압박이 시작되었다고 걱정하였다. 재래식 군비, 군대, 탱크, 중화기 등 분야에서도 바르샤바 조약국은 여전히 우위를 차지하고 있었다. 그래서 슈미트는 런던에서 서방측이 대응 조치를 강구해야 한다고 주장했다. 가장 좋은 방안은 SS-20을 SALT 협상에 포함하고 재래식 무기의 불균형을 해소하는 것이다. 빈에서 5년간이나 진행된 MIRV(Multiple Independently targetable Reentry Vehicle, 다탄두 독립 목표 재돌입 탄두탄) 관련 협상은 진전이 없었다. 이런 연유에서 나온 슈미트의 런던 주장은 동맹국 사이에 공감을 얻지 못했다. 심지어 사민당 내부에서도 못마땅하게 생각했다. 브란트는 불균형의 제거가 무기 감축이 아닌 무기 증강에 의해 이루어지는 것을 우려하였다.

아무튼 슈미트의 런던 연설은 호수에 돌을 던진 것처럼 파장을 일으켰다. 1979년 프랑스 지스카르 대통령이 프랑스령 과들루프 (Guadeloupe)에서 4인만의 모임을 주선하였다. 미국의 카터 대통령, 영국의 캘러헌 수상 그리고 핵 비보유국 독일의 슈미트 총리였다. 4인은 나토 이중 결정 아이디어를 만들었다. 핵무기를 폐기하는 조치와 이에 연동된 핵무기 배치 문제였다. 미사일 배치에는 수년이 소요된다. 이를 협상에 활용하는 것이었다. 경우에 따라 새 시스템을 독일 땅에만 배치하지 않고 더 나아가 유럽에 확대 배치할 계획을 검토하였다. 그리하여 1979년 12월 12일 나토 회원국의 외교·국방장관들이 브뤼셀에서 이중 결정을 결의하였다. 그것은 만약 4년 후에도 군축과 관련한 소련과의 협상이 아무 성과 없이 끝날 경우 서유럽 동맹국은 맞대응으로 핵무기를 배치한다는 내용이었다. 결국 1983년 11월 22일 후임 총리 헬무트 콜이 실제로 퍼싱2 미사일을 배치하였다. 그로부터 4년 후 중거리 핵무기 폐기 협정(INF)이 체결되었다. INF 협정은 2차대전 후 최초로 국제법상 효력을 갖는 동서 양 진영 간의 군축 협정이었다.

슈미트는 원래 소련에서 브레즈네프나 그의 후임들이 독일을 서유럽 동맹국으로부터 분리시키기 위한 무력 체계를 갖출 것으로 생각하였고 실제로 세 개의 핵탄두를 실은 로켓이 쾰른이나 뒤셀도르프에 느닷없이 떨어질 수 있다고도 생각하였다. 그런 군사적 압박을 막는 효과적 수단이 나토의 이중 결정이라고 생각했다. 그러나 서방 국가의 군비 확장을 거부하는 평화 운동 진영에서는 슈미트를 전쟁광이라 비난하였다. 사민당 내에서도 히스테리에 가까운 감정적 저항이 있었지만, 후임 총리 콜이 슈미트의 이중 결정 정책을 승계하였고 슈미트는 이에 만족하였다. 결국 108개의 퍼싱2 미사일 발사대를 독일 땅에, 464개의 크루즈 미사일을 영국, 이탈리아, 벨기에 등에 배치하였다. 그 과정에 이를 반대하는 소위 평화 운동 집회가 격렬히 전개되었다. 150만 명이 참가하고 109킬로미터에 이르는 인간 띠 잇기 퍼포먼스 등 독일 역사상 가장 큰 집회·시위가 벌어졌다. 에플러 등 다수의 사민당 의원들이 시위에 동조하였다.

기사당 소속 프리드리히 치머만(Friedrich Zimmermann) 의원은 시위 주동자들이 미국의 무장에만 반대할 뿐 소련에 대하여는 관대한 태도를 보인다고 비난하고, 콜은 시위대들의 주장은 무력 균형을 포기하게 함으로써 독일을 위험에 빠뜨린다고 비판하였다. 자민당 원내대표 볼프강 미슈니크(Wolfgang Mischnick)는 우리는 평화 의지와 안보 의지를 함께 가져야 하되 달리 생각하는 사람들을 적으로 취급해서는 안 된다고 주장하였다. 슈미트는 평화 운동에 참여한 젊은이들 대다수는 분명히 나름대로 선량한 양심에 따라서 행동했다고 평가했다. 그러나 그것은 그릇된 양심, 즉 불충분한 정보에 근거한 착각에 의한 것이므로 비난할 수는 없다고 이해하였다. 그들에게 부족했던 것은 견문과 판단력이었다. 즉 반핵 운동 자체는 정당한 권리라고 하더라도 그들이 내세우는 "죽음보다 차라리 피를!"이라는 구호는 멍청하기 짝이 없다고 지적하였다. 즉 신념 윤리에 기반한 행위의 위험성을 지적하며 책임 윤리의 중요성을 강조하였다.

그러나 소련은 이중 결정에 따른 핵무기 배치 등의 압박으로 4년 후인 1987년 당초 슈미트의 의도대로 미국과 중거리 핵미사일 폐기 협정(INF)을 체결하였다. 콜 총리는 2009년 베를린 장벽 붕괴 20주년 기념 행사에서 "나토 이중 결정 전략이 없었다면 1989년 장벽 해체도 없었을 것이고 1990년 통일도 없었을 것"이라고 언급하였다. 물론 슈미트는 이중 결정이 집행되지 않고 문제가 해결되도록 1978년 5월까지 여러 번 브레즈네프에게 상황을 설명하고 설득하였다. 그러나 소용없었다. 슈미트의 눈에 늙고 병든 것으로 보인 브레즈네프는 분노로 대응했다. 그는 유럽에 힘의 균형이 존재한다고 생각했다. 3년 후 브레즈네프가 마지막으로 본을 방문했을 때 침울한 장면이 반복되었다.

특히 1979년 12월은 긴장 완화나 군축 회담의 측면에서 나쁜 달이었다. 크리스마스 날 소련은 아프가니스탄을 침공하였다. 미국의 체면은 손상되었다. 카터는 소련의 걸프 지역 침공을 우려하였고 2차대전 이후 최악의 평화 위협을 걱정하였다. 소련 대사는 귀국하였고 미국 상원은 SALT2 회담을 무산시켰다. 10여 년의 긴장 완화 노력은 물거품이 되었다. 사민당 안에서도 불만이 터져 나왔다. '동방 정책과 긴장 완화 정책이 잘못된 길이란 말인가' 하는 불만이었다. 총리가 동방 정책에 별반 가치를 두지 않았다는 불만에 따른 보복도 나타났다. 이중 결정은 사민당 원류 그리고 사민·자민 연정 안에도 갈등을 불러왔다. 총리와 당을 이어주는 브란트의 노력도 사라지고 오히려 브란트가 흔들리는 사민당의 새로운 희망으로 떠오르기도 하였다. 구관이 명관이라는 말과 함께. 슈미트는 어려워졌다. 소련의 아프가니스탄 침공에 대한 항의로 서방 65개국이 1980년 7월 모스크바에서 개최되는 하계 올림픽에 불참하였다. 서독도 마찬가지로 불참하였다.

1980년 총선, 계속되는 이중 결정 혼란

슈미트의 경제·재정 정책은 당내에서 환영받지 못했다. 그의 안보 정책, 특히 소련의 미사일 위험을 강조하는 정책도 마찬가지였다.

국방장관 한스 아펠과 일부 충직한 사람들만이 그를 따랐다. 그러나 1980년 가을 총선에서 당은 한데 뭉쳤다. 도전자 때문이었다. 기민·기사 연합의 총리 후보가 된 말 많고 다혈질인 슈트라우스는 영리하고 뛰어난 슈미트에 미치지 못했다. 사민당은 "슈트라우스 대신 평화를 선택하자"라는 구호를 내세웠다. 사민당은 42.9%, 유니언은 44.5% 득표하였으나 사민·자민 연정은 계속되어 슈미트는 총리로 재선출되었다.

슈미트 총리는 그의 외교 정책으로 높이 평가받았다. 그러나 불안 요소가 함께 존재했다. 1980년 여름 폴란드에서 위기 상황이 전개되었다. 파업과 데모로 수상 기에레크가 퇴진하였다. 그 때문에 슈미트는 예정된 동독 방문을 포기하였다. 폴란드의 자유화 분위기가 동구권에 퍼져나갔다. 모스크바는 정보를 통제하였다. 동독은 최저 환전 한도액을 증액하였다. 호네커는 다시 상주 대표 대신 동독의 국가 승인과 대사 관계 수립을 요구하였다. 소련이 사태를 진압하기 위하여 폴란드를 침공할 우려가 커졌다. 42.9%의 승리로 총리는 기뻐할 수 없었다. 그는 눈에 띄게 고립되었다. 브란트가 제동을 걸지 않았지만 슈미트에 대한 비판자로 에플러가 떠올랐다. 1980년 11월 24일 슈미트의 시정 연설 후 에플러는 정신적으로 황폐한 분위기가 이처럼 퍼진 적은 없다고 비판하였다. 사민당과 정부는 반미사일 운동 사이에서 혼란에 빠졌다. 에플러는 공공연히 이중 결정에 대해 반대를 표명했다. 그는 1981년 10월 10일

50명으로 구성된 이중 결정에 반대하는 사민당 의원 평화 운동 모임의 선두에 섰다. 30만 명이 모인 본 호프가르텐 집회에서 그는 이중 결정 반대 연설을 하였다. 브란트는 이를 저지하지 않았고 저지할 수도 없었다. 슈미트의 그동안 미국이나 소련과의 협상 능력, 1981년 11월 말 브레즈네프의 독일 방문 등 괜찮은 외교적 성과는 슈미트에게 별 도움이 되지 못했다.

슈미트의 동독 방문

슈미트와 호네커가 1975년 헬싱키에서 만난 후 6년이 지났다. 1980년 티토 장례식 때 잠깐 다시 만났다. 소련의 아프가니스탄 침공과 폴란드의 국내 위기로 인해 동독 방문은 두 번이나 무산되었다. 마침내 슈미트는 1981년 10월 11일부터 13일까지 동독을 방문하였다. 눈 덮인 후베르투스토크(Hubertusstock am Werbellinsee)에서 수많은 대화를 나누었다. 인도적 문제, 이중 결정, 유럽에서 독일 역할, 경제 협력 등에 관해서였다. 슈미트는 호네커에게 "나는 국제사회에서 당신의 자존감을 높이고 동독의 저평가를 막기 위하여 당신을 돕겠다. 그리하여 동독 지도부가 국민에게 위신을 갖도록 하겠다"라고 말했다. 슈미트는 접근을 통한 변화와 안정화를 통한 자유화를 소망하였다. 쉽지 않은 주제였지만 달리 방법이 없

헬무트 슈미트와 에리히 호네커

었다. 슈미트는 호네커와 결정적 타개책을 도출할 수 없음을 알았다. 호네커는 양독 수뇌 회담을 개인적 성공이나 이미지 개선에 활용하기를 원하였기 때문이다. 무상 차관의 연장, 무역 관계나 우편 교통 등 자그마한 개선이 고작이었다. 그러나 뒷맛을 남기는 사태가 발생했다. 12월 13일 야루젤스키 장군이 폴란드에 비상사태를 선포했다. 그럼에도 슈미트는 여행을 계속했다. 그가 좋아하는 표현주의 조각가 에른스트 발라흐(Ernst Barlach)의 생가까지 방문하였다. 그의 동독 방문은 국내 정치에 아무런 도움을 주지 못했다.

이중 결정과 연정 분열로 인한 불신임 퇴진

실업률은 오르고 재정 적자도 늘어났다. 사민당이나 연정 내부에서 분열이 심해졌다. 사민당 내에서는 이중 결정이, 자민당과의 관계에서는 경제 정책과 관련하여 이견이 많아졌다. 슈미트는 비상한 탈출구를 모색하였다. 의회에 신임안을 제출하였다. 1982년 2월 5일 신임안 표결에서 연정파 의원들은 슈미트의 당당함에 밀려 269:224로 신임하였다. 슈미트는 문제는 주로 사민당 내부에 있다고 생각했다. 당 지도부와 연정파 내에 여러 시나리오를 상정하였다. 1982년 여당은 집권 능력을 보여주어야 했다. 아니면 집권 10여 년 후 야당으로 돌아가야 했다. 브란트의 판단은 당이 먼저이고 다음이 정부였다. 이 때문에 브란트는 슈미트를 형식상으로 지원하였다. 미사일 배치에 대한 당의 결정은 1983년 11월 특별 당대회로 미루어두었다. 그래서 1982년 4월 뮌헨 당대회에서는 총리나 정부의 신임을 논의하지 않았다. 6월 10일에는 나토 정상 회의가 최초로 서독에서 개최되었고, 동시에 대규모 평화 운동 집회는 계속되었다.

사민당은 다시 소란스러워졌다. 자르브뤼켄(Saarbrüecken) 시장이자 자를란트주 사민당 대표인 오스카 라퐁텐(Oskar Lafontaine)이 슈미트를 거칠게 공격하고 나섰다. "슈미트는 의무감, 예견성, 확실함 등을 말하지만 그것들은 부차적인 것일 뿐 사실상 강제 수용소를 운영하는 것이나 마찬가지"라며 비난하였다. 슈미트는 그의 무례를 용서할 수 없었다. 라퐁텐의 이탈 계기는 양당의 1983년의 예산안이었다. 그것이 양당 간의 마지막 결정이 되었다. 연정은 흔들렸다. 양당 간의 공통된 경제·재정 정책은 사라졌다. 두 번째 석유 위기가 닥쳐와 경제를 불황으로 몰아갔다. 모든 것이 얼어붙었다. 슈미트의 오랜 친구인 국방장관 한스 아펠은 "우리의 별이 빛을 바랬다"고 인정했다. 자민당 대표 외교장관 겐셔는 기민당에 손을 뻗쳤다. 변화가 필요하다는 것이 겐셔의 생각이었다. 1981년에 이미 콜과 겐셔 사이에 연정 구성을 위한 접촉이 있었던 것으로 보인다. 슈미트는 무기력증을 앓았고 심장 발작으로 1981년 10월 중순 코프렌즈 군 병원에서 심장 박동기를 달았다. 다시 일어나 위기 극복의 다음 단계로 나아갔다. 그러나 1982년 불경기가 불안하게 만들었다. 1983년 예산안이 사민당과 자민당 간의 골을 깊게 만들었다. "왜 수십억 마르크가 드는 무력 증강을 해야 하는가"는 미사일 배치 반대 운동가들의 목소리만이 아니었다.

자민당 소속의 경제장관 오토 그라프 람프스도르프(Otto Graf Lambsdorf)는 사회보장 정책을 재검토해야 한다고 생각했다. 아울러 노동 시장 정책과 관련하여 노조 중심이 아닌 기업 중심으로 가야 한다고 주장하였다. 그는 1982년 9월 구체적으로 사민당에 자유경제 정책으로의 확실한 전환을 제안하였다. 그것은 사민당과 자민당 간의 '이혼 요구서'로 간주되었다. 그 요구의 근본은 경제개혁과 사회 정책의 변화였다. 라퐁텐이 그 위에 불을 질렀다. "사민당은 정권을 내놓아야 한다. 그럼으로써 사민당은 야당으로 돌아가야 재건될 수 있다"라고까지 막말을 하였다. 슈미트는 마지막이 다가옴을 느꼈다. 그는 연정 붕괴의 책임은 자민당에 있고 그 책임을 자민당과 겐셔에게 지우기 위해 마지막까지 컨트롤할 필요가 있었다. 그는 총리직에 연연하지 않았다. 연정 붕괴가 예상되자 그는 능력을 발휘했다. 위기가 닥치면 항상 그러했다. 1982년 9월 17일 그는 하원에서 폭탄선언을 하였다. 사민·자민 연정은 민주주의 발전 과정에 전환점이 될 만한 역할을 하였으나 이제 그 사명은 끝났으며 특히 사민당은 명백히 정치적 침체에 빠졌다고 선언하였다. 겐셔는 그날 아침 이미 외교장관직에서 물러났고 이어서 3명의 자민당 각료가 사퇴하였다. 그렇게 하지 않았다면 슈미트는 그들을 해임했을 것이다. 외교장관은 총리가 겸임하고 나머지 세 자리는 사민당이 인수하였다. 단명의 소수 정부 내각이 구성되었다. 슈미트의 계획은 헌법에 따르는 것이었다. 먼저 신임안을 제출하여 이것이 통과되면 의회를 해산하고 60일 내인 11월 중순에 선거를 치르는 계획이었다. 그러나 슈미트의 뜻대로 진행되지 않았다.

콜과 겐셔는 오랫동안 무대 뒤에서 은밀히 보수 자유 연정 논의를 진행하였다. 그들이 주도권을 쥐었다. 슈미트는 불신임안의 덫에 걸렸다. 새 총리가 떠올랐다. 기다리고 지켜보는 수밖에 없었다. 물론 자민당에서도 게르하르트 바움(Gerhart Baum), 귄터 베어호이겐(Günter Verheugen), 잉그리드 마테우스 마이어(Ingrid Matthaeus-Maier) 의원 등은 사민·자유 연정 지속을 주장하였다. 1982년 10월 1일 하원에서 기민·기사당과 자민당의 안건, 즉 "연방 하원은 총리를 불신임하고 그 후임으로 하원의원 헬무트 콜을 선출한다"는 안건이 처리되었다. 최초의 건설적 불신임안 처리였다. 슈미트 총리는 자신의 말을 의사록에 남길 수 있었다. 그의 마지막 말은 "우리는 지속성을 유지해야 한다"였다. 이는 콜 총리가 이중 결정을 실현시켜줄 것을 당부하는 말이었다. 물론 많은 사민당 의원들에게는 못마땅하게 받아들여졌다. 콜은 그의 이중 결정 정책을 완벽하게 따라주었다.

12시 15분 슈튀켈른(Stüeckeln) 하원 의장은 결과를 발표하였다. 459명 가운데 256명이 찬성하였다. "헬무트 콜 의원이 독일 총리로 선출되었음을 선언합니다." 순간 슈미트는 소금 기둥처럼 굳어버렸다. 몇 분 후 그는 정신을 가다듬고 무겁게 몸을 일으켜 환호에 쌓인 후임자에 다가가 절제하는 박수로 축하해주었다. 그 후 그는 살짝 홀을 빠져나갔다. 패배는 그를 외롭게 하였다. 그의 패배의 절반은 사민당에서 만들었고 나머지는 자민당에서 온 것이라고 나중에 술회했다. 그는 브란트가 도와주지 않았음을 원망하였으나, 브란트가 죽기 얼마 전 그 서운함을 풀었다고 회고하였다.

당연한 귀결로 그는 모든 당직에서 물러났다. 1983년 3월 헤르베르트 베너는 병으로 원내대표에서 물러났다. 전설적인 3인 트로이카 시대가 저물었다. 브란트만이 남았다. 사민당은 구심력을 잃었다. 그 때문에 1982년 이후 네 번의 선거에서 사민당은 거푸 실패하였다. 그러나 그것은 사민당 탓만은 아니었다. 기민당에 헬무트 콜이 있었기 때문이다.

정계 은퇴 이후

슈미트는 의무 이행과 냉철함을 평생에 걸친 삶의 원칙으로 삼았다. 15세 때 읽은 마르쿠스 아우렐리우스의 『명상록』에서 얻은 교훈이었다. 냉철함은 흥분이나 신경과민으로 인한 섣부른 결정에서 벗어나 이성의 목소리에 귀를 기울일 수 있게 한다. 슈미트는 모가디슈 사건에서 냉철함을 유지하여 소기의 목적을 달성했다. 이중 결정에 대한 극심한 반대 시위 때도 심리적 냉철함을 유지하면서 의무를 충실히 수행하였다.

그의 이런 삶의 태도는 때로는 주변 사람들에게 차갑게 느껴지기도 했다. 그는 이성적으로 사고하고 논리적으로 말하고 생각을 집필로 정리하는 완벽한 지식인이었다. 1987년 하원의원에서 물러난 뒤에는 고급 시사 주간지 《디 자이트(Die Zeit)》의 공동 발행인으로 활동하며 세계 및 독일 문제를 분석하고 나아가야 할 방향을 제시하였다. 독일 시민들도 그를 '독일의 현자'라고 추앙하며 이슈가 생기면 그의 견해를 듣고자 하였다. 그는 줄담배를 피우는 습관이 있어 방송 중에도 흡연이 허용될 정도였다.

가정적으로도 행복하였다. 그와 아내 로키는 68년을 해로하였다. 열 살 때 학교 친구로 처음 만났으니 알고 지낸 것은 무려 82년이다. 이혼하거나 일찍이 사별하여 가정적 어려움을 겪었던 다른 총리들과 달리 해로한 기간만으로도 참으로 행복한 부부였다. 그

헬무트 슈미트 부부

헬무트 슈미트 서재

는 아내의 내조를 잘 받았다. 슈미트 스스로 자신은 친하지 않은 사람들에게는 오만하고 냉혹한 사람으로 통하는 결점이 있었지만, 아내는 다른 사람에게 아량이 넓고 마음이 따뜻하여 그의 부족함을 메워주었으며, 자신에게 쏟아진 찬사는 아내의 덕분이라고 말하기도 하였다. 그러한 슈미트가 한 번 다른 여자와 바람을 피웠다. 로키는 이혼하자고 하였고, 슈미트는 절대 헤어질 수 없다고 버텼다. 로키는 슈미트의 단호함에 남편을 용서함으로써 일생 단 한 번의 위기를 극복하였다. 이런 사실까지도 솔직히 공개하였다. 슈미트는 정치인을 넘어선 위대한 인간 모델이라 할 만하다. 로키는 2010년 작고하였고 슈미트는 그때 자신은 무너져내렸다고 술회하였고 그로부터 5년 후 2015년 97세에 작고하였다.

2장

헬무트 콜(1982-1998)

뛰어난 판단과 결단으로 독일 통일을 완성하다

헬무트 슈미트의 불신임으로 총리가 된 헬무트 콜

1982년 10월 1일 헬무트 슈미트 총리가 의회에서 불신임됨과 동시에 헬무트 콜이 새 총리로 선출되었다. 총리의 불신임이 후임 총리 선출과 함께 이루어지는 이른바 건설적 불신임제에 따른 것이다. 이는 총리를 먼저 해임해놓고 후임 총리를 선출하지 못하여 총리 공백이 생기지 않도록 하기 위한 제도이다. 총선 결과에 따른 것은 아니지만 헬무트 콜은 당당히 총리가 되었다. 브란트와 슈미트, 두 선임 총리는 그를 축하해주었다.

그는 오래전부터 승리를 확신하고 있었다. 이제는 총리직을 지키는 일만 남았다. 그러나 콜 자신이나 다른 사람들은 그의 할아버지뻘 모델인 아데나워의 14년 재임 기록까지 깨게 될 줄은 몰랐

뛰어난 판단과 결단으로 독일 통일을 달성한 헬무트 콜

을 것이다. 콜은 16년 동안 총리로 재직하였다. 비스마르크 이후 가장 긴 재임 기간이었다. 다른 나라들과 비교해보아도 민주적인 투표로 선출된 정부 수반 중 그보다 오래 재임한 사람은 없을 정도이다. 나중에 그의 정치적 양녀라고 할 수 있는 앙겔라 메르켈이 16년 재직하였다. 그는 재임 중 냉전 시대의 종말을 관리하며 독일 통일을 이끌었고 이어서 통일 독일의 초대 총리가 되는 영광을 누렸다. 그는 독일 통일의 아버지로 불린다. 역사의 흐름 속에 찾아온 독일 통일의 기회에 그가 없었더라면 통일은 어려웠을 것이라고 생각하는 사람이 많다. 아니, 그는 독일 통일의 기회를 만들어낸 인물이기도 하다. 통일이 인간의 계획으로 이루어지지 않을 것이라는 겸손한 마음으로 가능한 한도 내에서 노력을 다하다가 기회가 오자 이를 포착하여 통일을 이루어낸 것이다.

또한, 프랑스 프랑수아 미테랑 대통령과 함께 마스트리흐트 조약[1]을 발판으로 유럽연합(EU)을 만들었다. 그래서 유럽연합의 아버지로도 불린다.

------

1 1991년 12월 10일 네덜란드 소도시 마스트리히트에서 EC 정상 간 합의되고 1992년 2월 7일 EC 외무장관 회의에서 정식으로 조인된 조약으로, 유럽의 정치 통합과 경제 및 통화 통합을 위한 유럽 통합 조약이다. 유럽중앙은행 창설과 단일 통화 사용의 경제 통화 동맹, 노동 조건 통일의 사회 부문, 공동 방위 정책, 유럽 시민 규정 등을 내용으로 한다.

그러나 그의 재임 기간이 순탄했던 것만은 아니었다. 국내적으로는 위기 극복을 위해 노력을 기울이는 것은 물론 이상스럽게도 많은 개인적 비난과 조롱을 견뎌야 했고, 국외적으로는 독일 통일과 유럽연합을 위하여 전범 국가의 이미지가 남아 있는 독일을 신뢰할 파트너로 인식시키는 일을 감당해야 했다. 콜은 이를 해냈다. 역사에 남을 공헌임이 틀림없다. 미국 전 대통령 조지 H. W. 부시(George H. W. Bush)와 빌 클린턴(Bill Clinton)은 콜을 "20세기 중·후반의 가장 위대한 유럽 지도자"라고 칭송하였다. 이제 살피는 콜의 행적과 성취에 비추어보면 이 찬사는 결코 과장이 아니다.

헬무트 콜 총리의 성장 배경과 정치 경력

헬무트 콜은 1930년 4월 3일 독일의 루트비히스하펜(Ludwigshafen)에서 태어났다. 그의 집안은 보수 성향의 가톨릭이었고, 모두 가톨릭중앙당에 가입하였다. 콜이 열 살이 되었을 때 당시 여느 독일 아이들과 마찬가지로 히틀러가 만든 독일소년단(Deutsches Jungvolk)의 일원이 되도록 강요받았다. 그는 또한 전쟁 말기인 1945년에 징병되었으나 전투에는 참전하지 않았다. 콜은 프랑크푸르트대학에서 법학을, 하이델베르크대학에서 역사와 정치를 공부하였다. 1958년에 「팔츠주(州)의 정치적 발전과

1945년 이후 정당들의 복원」이라는 논문으로 박사 학위를 취득했다. 1960년 댄스 수업에서 만나 사귀었던 하넬로레 레너(Hannelore Renner)와 결혼했다. 콜은 1946년 기민당에 입당하여 당원 활동을 시작하여 1959년 4월 19일, 라인란트-팔츠 주의회의 최연소 의원으로 당선되었다. 1966년 3월 라인란트-팔츠주의 기민당 대표로, 1969년 5월 1일 주 총리로 당선되었다. 당시 39세로 최연소 주 총리였다.

콜은 1973년 6월 12일 자르브뤼켄에서 열린 전당대회에서 기민당 대표로 당선되었다. 그는 이 직위를 1998년까지 유지했다. 1976년 독일 총선에서 콜은 CDU·CSU(기민·기사 연합, 이하 '유니언'이라고 함)의 총리 후보가 되었다. 그해 총선에서 유니언은 48.6%의 득표율을 기록하며 성공적인 선거를 치렀다. 그러나 사민·자민 연정이 계속되어 유니언은 야당으로 남았다. 콜은 결국 라인란트-팔츠 총리직을 내려놓고 정권 교체를 위해 수도 본으로 올라와 국회에서 유니언의 리더로 활약하였다. 1980년 전당대회에서 기사당(CSU)의 지도자 프란츠 요제프 슈트라우스가 유니언의 총리 후보로 선출되자 콜은 후일을 기약할 수밖에 없었다.

그러나 슈트라우스는 총선에서 사민·자민 연합에 패했고, 바이에른주의 총리로 복귀했다. 이후 콜은 슈미트 총리의 재임 기간 동안 유니언의 대표로 선거전을 치렀다. 그러나 앞서 본 대로 사민당

내에서 핵무기 관련 이중 결정 때문에 갈등이 생겼다. 또한, 사민당과 연정 파트너인 자민당과의 사이에 1982년 9월 경제 정책 관련 갈등도 생겼다. 자민당은 노동 시장 정책을 기업 중심의 자유화 정책으로 이끌기를 원했지만, 사민당은 노조 중심의 안정된 노동 시장 정책을 선호했다. 결국 자민당은 콜의 주도 아래 부분적인 개혁 노선을 걷던 유니언과 차기 정권 창출을 위한 양당 실무 협상을 시작하기에 이르렀다. 그리하여 1982년 10월 1일 유니언은 자민당의 지지에 힘입어 슈미트 총리에 대한 불신임 투표에서 승리하여 콜이 총리가 되었다.

콜은 라인란트-팔츠에서 정치를 하면서 1950년대의 가치인 가족, 전통, 종교, 권위, 고향, 조국 등을 강조하고 그 바탕 위에 정치적 입장을 확립해나갔다. 콜은 언론과의 관계가 원만하지 못했다. 제일 나쁠 때는 70%의 언론이 그에게 반대했다. 그는 이에 대하여 단순하게 생각하며 강력하게 맞섰다. 일부 언론에 대해서는 접촉을 기피하였다. 자기에게 우호적이지 않은 자는 자기를 반대하는 자일 것이고, 따라서 그들을 멀리하고 배제하여 입을 다물게 하는 것이 상책이라 생각하였다. 그는 권력을 어떻게 얻고 유지하는지 잘 알았다. 권력에 대한 그의 본능적 감각은 전설적이었다. 그것은 일생 내내 콜을 강하게 밀고 나가게 만들었다. 그는 패배, 타격, 조롱, 비난 따위를 개의치 않고 무시해버렸다. 이른바 '멘탈 갑'이었다. 정글 같은 정치권에서 정치인에게 필요한 덕목일 수 있는데 콜은 이를 가졌다.

권력은 인간관계에서 나온다고 생각하고 멀리할 사람은 멀리하고 필요한 사람은 잘 관리하며 활용하였다. 인간관계를 이해하고 활용하는 재능이 있었다. 자신이나 조직의 목적을 위해 자기 쪽으로 잘 이끌어 관리할 줄 아는 재능이 있었다. 그는 책을 통해 인간을 이해하였다. 정치가, 군대 지휘관, 고위 성직자의 자서전을 많이 읽었다. 슈미트와 달리 기민당을 확실하게 장악하였다. 그는 기억력이 좋아 자기에게 필요한 사람이나 접촉한 사람들의 이름이나 전화번호를 잘 기억하였다. 물론 노력이 필요한 대목이다. 이를 통해 광범한 인적 네트워크를 구축하였다. 이는 정치인이나 공직자에게 중요한 덕목이자 힘이고 권력의 원천이다. 콜은 이를 잘 알고 실천하였다.

중도 지향과 정책의 연속성 추구, 그러나 저평가되는 어려움

취임 3일 후 새 내각을 선보였다. 슈미트가 불신임되기 3주 전 퇴임하였던 3인의 자민당 각료들은 그대로 컴백하였다. 콜은 그들을 잊지 않고 품어 안았다. 역동적인 겐셔는 희망대로 다시 외교장관 겸 부총리에 올랐다. 람프스도르프 경제장관, 에트르(Etrl) 농업장관, 게르하르트 슈톨텐베르크 재무장관, 노르베르트 블럼(Norbert Blüm) 노동·사회정책장관(콜 내각에서 유일하게 16년 근무), 만프레트 뵈르너(Manfred Wörner) 국방장관, 하이너 가이슬러(Heiner Geißler) 기민당 사무총장으로 청소년·가족·보건장관, 라이너 바르첼(Rainer Barzel) 내독문제장관(1972년 브란트에 대한 불신임 때 매표된 두 표 때문에 총리가 되지 못했으며 1983년 3월 하원의장이 됨) 등이 주요 각료였다.

콜은 10월 13일 최초 시정 연설을 하였다. 모든 정권 교체 시에 언급되는 대로 내부 상황을 잿빛으로 묘사하였다. 좋은 시절은 이미 지나갔다. 독일 건국 이후 최대 경제 위기에 빠져 있었다. 콜은 우선 실업률과 싸워야 했다. 1982년 가을 실업자 수가 180만 명이었는데 이는 기민당 정부가 정권을 잃은 1969년 10월에 비하면 10배에 이르렀다. 콜은 사회 안전망을 확충하고 흔들리는 재정을 안정시킬 것을 다짐하였다. '갱신의 정책(Politik der Erneuerung)', '중도의 연합(Koalition der Mitte)'이라는 슬로건이 사용되었다. 브란트도 이미 '새로운 중도(neue Mitte)'라는 슬로건을 사용하였지만, 뜻은 좀 달랐다. 새 총리는 독일인의 머릿속에 경제나 재정 위기의 근본 원인이 있다고 생각하였다. 많은 이를 놀라게 할 '권력과 도덕'이라는 추상적 테마를 들고나왔다.

정신적 지도자라는 개념을 거부하고 국민 교육자이기를 원하지 않았던 슈미트와는 달리 콜은 가치와 정치와 사회의 기본적 의미를 강조하며 접근하였다. 정신적·도덕적 전환이 이루어지면 경제적 어려움은 저절로 해결된다고 보았다. 내용이 무엇인지 불분명하기도 했지만 그럴듯했다. 그 구체적 내용은 시간을 기다려야 했고 그사이 그 구호는 잊혀갔다. 그 후에 반대자들에 의하여 조롱조로, 즉 콜 시대가 시작부터 얼마나 지적으로나 윤리적으로 빈약하였는지를 증명하는 목적으로 인용되었다.[2] 그러나 실제로 신정부가 재정 적자를 축소하기 위해 사회보장 축소와 임금 삭감 정책을 추진하자 이에 항의하여 수십만 명의 노동자들이 항의 시위를 벌였다. 1983년 1월부터 자녀 수당이 줄어들고 실업 보험금이 인상된 반면 실업 수당과 사회보장이 줄어들었다. 보수 정권으로서의 면모를 보여준 것이다.

한편 콜은 사민당의 불확실한 정책이 남긴 상처에 소금을 뿌리는 일을 게을리하지 않았다. 또한, 대외 및 안보 정책에서 자기네 총리까지 날려버린 사민당의 문제점을 파고들었다. 콜의 생각에는 미국과의 연대는 독일의 핵심 국시였다. 콜은 좌파나 평화 운동가에 반대하며 미국의 새 대통령 레이건(Ronald Reagon)에 확실한 신뢰를 보냈다. 브란트와 슈미트 시대의 독일과 미국 간의 애매한 관

---

2 Arnulf Baring, 앞의 책(E-Book), Location 2405-2411.

계에서 벗어나 친선 관계를 강화하고 이를 안정화시키는 데 노력하였다. 그러면서도 콜은 사민당에서 시작한 동방 정책의 지속성을 유지하였다. 알바니아 공산당, 이탈리아 뉴파시스트 당과 함께 헬싱키 선언에 대해 반대했던 기민당 대표 입장에서 쉬운 일은 아니었다. 그러나 콜은 "우리는 이 조약에 찬동하며 평화 정책의 도구로써 이 조약을 활용할 것입니다"라고 천명하였다. 브란트와 슈미트가 시도한 전환을 기꺼이 받아들였다. 정권 교체에도 불구하고 전 정부의 정책을 계승·발전시키는 그의 자세 때문에 독일 통일의 길도 열렸다고 평가해도 좋을 것이고, 이 점이 콜과 독일 정치의 위대함이라고 할 것이다. 이런 정책의 연속성은 대외 관계에 있어서도 신뢰와 안정을 가져옴은 말할 나위가 없다.

그러나 한편, 그는 다양한 비난과 조롱에 시달렸다. 역사 연구자들도 마찬가지로 '과도기 총리', 곧 물러날 '겨울 총리'라고 저평가하였다. 이유는 무엇일까? 콜의 슈미트와는 다른 성격과 스타일 때문이었다. 슈미트는 냉정하고 민첩한 관리자, 세계적 시야를 가진 정치가, 유창한 영어 구사자, 사실과 데이터를 활용한 완벽한 문장을 구사하는 명연설가에 철학자 칸트(Kant), 칼 포퍼, 에른스트 블로흐(Ernst Bloch)에도 막힘이 없는 지식인의 면모를 갖추었다. 그는 세계 시민으로 미디어 스타였다. 그러나 콜은 달랐다. 실제는 지적이고 교육을 잘 받았지만, 거구 탓인지 지적으로 보이지 않고 촌스럽고 답답하게 비쳤다. 영어 구사 능력도 부족했고 달변도 아니었다. 그렇기에 그는 국내·국외 정책 반대자로부터 시대에 뒤떨어지고 저급한 계층처럼 보이는 것으로 심히 저평가되었다. 콜을 주제로 한 우리나라의 '사오정 시리즈' 같은 유머집이 유행하기도 하였다(예를 들면, 콜과 대처 수상이 포커 게임을 하는데 대처가 '5파운드' 하며 배팅하자 콜은 파운드가 영국 화폐 단위인 줄 모르고 무게 단위로 알고 '1톤' 하고 맞배팅을 하였다). 별명도 과일 배를 의미하는 비르네(Birne)였다. 중간 부분만이 불룩한 서양 배의 모양에서 따온 것이다. 그러나 그는 이런 것에 괘념치 않았다.

5개월 만의 새 선거로 권력 기반을 확충

1982년 10월 콜의 총리 선출은 기본법에 따라 진행되었으나 선거에 의한 집권이 아니었기 때문에 콜을 중심으로 한 새 정부가 과연 다수 국민의 지지를 받고 있는가에 대해서 논란이 야기되었다. 그리하여 이러한 문제를 해소하고자 콜 총리가 주도하는 새 정부는 총리 신임안 부결을 통하여 의회를 해산하고 새 선거를 하기로 하였다. 총리로서 정통성에 흠이 가는 것은 막아야 국정 운영 동력을 확보할 수 있다고 보았기 때문일 것이다. 콜은 그의 연정 멤버들이 기권한 상태에서 신임 투표를 진행함으로써 신임안을 일부러 부결시켰다. 이렇게 하여 선거일은 1983년 3월 6일로 정해졌다. 선거에서 콜은 큰 표 차이로 재선에 성공하였다. 기민·기사 연합은 48.8%, 자민당은 7%를 득표하였다. 선거를 통하여 권력 기반을 튼튼히 한 콜의 두 번째 내각은 나토의 중거리 미사일 배치 등 논란이 많은 몇 가지 계획을 실행하였다.

한편 새 선거 과정에서 사민당 슈미트는 건강상 이유를 들어 총리 출마를 사양하였다. 그러나 실제로는 슈미트가 자신이 당시 상황에 맞지 않음을 알고 있었기 때문에 물러섰다. 상황을 정확히 판단하고 진퇴를 분명히 하는 것도 정치인의 중요한 덕목이다. 당도 그를 지지하지 않았다. 그가 신임했던 정부 대변인이자 측근인 클라우스 뵐링(Klaus Bölling)도 슈미트를 외면하였다. 더 많은 사민주의자는 슈미트보다 브란트를 높이 평가하였다.

장기 집권 정당은 말기에 유능한 후계자를 배출하는 것이 쉽지 않다. 슈미트 이후의 사민당도 예외가 아니었다. 슈미트는 다시 총리를 할 생각이 없었고, 노르트라인베스트팔렌주 총리 요하네스 라우(Johannes Rau)는 사양하였고, 브란트와 슈미트 사이에 갈등도 존재했다. 결국 한스-요헨 포겔(Hans-Jochen Vogel)이 총리 후보로 나섰다. 그는 1960년 3월 34세에 64% 득표로 바이에른 주도(州都) 뮌헨 시장이 되어 사민당의 세력 신장에 희망적인 흐름

(Genossen Trend)을 만들어내었다. 그는 브란트 내각에서 건설장관, 슈미트 내각에서 법무장관을 지내고 1981년 베를린시장이 된 인물로 대안으로 떠올랐다. 분열을 치유하여 통합하고 사민당의 얽힌 실타래를 풀기에 적합한 인물로 평가되었다. 그러나 그에겐 브란트나 슈미트와 같은 카리스마가 없었다. 관료적이고 소심한 성격의 법률가이기 때문에 '국가의 공증인'이라는 비아냥을 듣기도 하였다.

선거의 가장 큰 이슈는 핵미사일 배치 관련 이중 결정이었다. 사민당은 "콜을 뽑으면 자동적으로 핵무기가 배치된다"라고 하며 핵무기 불배치를 주장하였다. 사회당 출신인 프랑스 미테랑 대통령이 1983년 1월 독일 하원에서 사민당에 불리하게 배치에 찬동하는 연설을 하였다. 미테랑은 세계관에서는 사민당에 가까웠지만 프랑스의 국가 정책은 달랐다. 콜과 미테랑은 스타일은 달랐지만 서로 궁합이 맞았다. 양국 관계를 아데나워와 드골, 슈미트와 지스카르 데스탱의 관계처럼 좋게 유지하였다. 유니언은 자신들의 경제·재정 정책의 우월성을 강조하며 "번영을 선택하자"라는 선거 구호를 내세웠다. 이것이 효과적으로 적중하였다. 1983년 3월 선거에서 48.8%를 득표하여 절대 과반에 근접하였다. 사민당은 38.2%를 득표하였고. 녹색당은 5.6%를 득표하여 연방 정치에 진출한 이후 처음으로 5% 허들을 넘어 의회에 진출하였다. 전후 처음으로 정치 운동 단체가 새로운 방식으로 기존 정당과 어깨를 겨

루게 되었다.

녹색당은 1978년 7월 13일 수도 본에서 '미래를 위한 녹색 행동(Grüne Aktion Zukunft)'이라는 이름으로 처음으로 조직되었다. 녹색당은 1979년 10월 브레멘 주의회에 처음으로 진출하였고 1980년 1월 12일 카를스루에에서 녹색당이라는 전국 규모의 정당으로 조직되었다. 녹색당이 내세우는 주요 이념은 환경 보호, 사회주의, 기초 민주주의, 그리고 비폭력이다. 또한, 환경 보호를 강조하고 자연 자원의 파괴나 핵발전소 건설을 반대하였다. 녹색당이 국회 운영에 잘 적응할지 의문이었다. 1세대 녹색당 의원들은 자신들을 외관상 부각하기 위해 수염을 기르고, 해바라기 등 요란한 무늬가 있는 스웨터를 입고 회의장에 등원하였다. 그들은 의사당 좌편에 자리 잡고자 하였으나 그곳은 전통적으로 사민당 자리인지라 그 우편에 앉았다. 녹색당은 잘 적응하며 겉모양이 아닌 핵 폐기 등 당장 실현이 어렵더라도 장차 추구해야 할 미래에 초점을 맞춘 꾸준한 정책적 노력을 통해 지지를 넓혀나가 마침내 1998년과 2021년 연정 파트너로 정권을 담당하기에 이른다.

우리나라의 정의당 등 군소 정당들이 참고해야 할 대목이다. 당장 집권은 어렵더라도 미래 가치 지향의 목소리를 꾸준히 내며 기존 거대 정당과는 다른 참신하고 바른 자세로 밀고 나가면 분명히 큰 역할을 할 기회가 올 것이고 이것이 국가에도 도움이 될 것이다.

아무튼 사민당 지지 세력 가운데 일부는 녹색당으로 넘어가고 사민당에 가까웠지만 핵미사일 배치를 찬성하는 중도층은 보수 쪽인 유니언으로 넘어가 사민당이 타격을 입었다.

평범한 속에 비범한 콜, 개선되는 상황들

어쨌든 콜은 성공하였다. 지식인들, 예술가들, 만화가들은 그를 비꼬고 헐뜯고 풍자하였지만 평범한 유권자는 그를 선택하였다. 그는 어려운 시기에 안정감을 회복하였다. 불안정하고 근본이 흔들리는 1980년대에 1950년대 아데나워 시대의 안정감을 이식해온 셈이 되었다. 그러나 시대적 고민 과제는 많았다. 핵전쟁, 환경 파괴, 불경기, 범죄율, 실업률, 사회적 침체 등이었다.

  콜은 모든 상황이 그렇게 나쁜 것만은 아니라며 헤쳐나갈 수 있다는 자신감을 가졌다. 오랫동안 지켜온 보수적 가치와 덕목을 숙고하며 새롭게 해나가면 바로잡지 못할 것이 없다고 생각했다. 콜은 전임자 슈미트처럼 피와 땀과 눈물을 말하지 않았다. 1983년 독일 상황은 1940년대의 영국과는 다르다고 생각했다. 위기가 닥쳐와도 건강한 상식, 즉 인간의 오성으로 접근하여 해결할 수 있다고 생각했다. 가정을 꾸리는 데 필요한 평범하고 사소한 원리가 국가 운영이나 내외 정책에 마찬가지로 적용되리라는 것이다. 이것이 콜의 신조였다. 이 논리는 독일인들에게 분명하고 냉정한 슈미트의 분석보다 더 위로가 되었고 편안하게 느껴졌다.[3] 콜은 헬무트 슈미트와 달리 케이블 위성 방송 도입에도 적극적인 태도를 보여 1984년 1월 1일부터 방송을 시작하였다.

비판적 관찰자들은 콜 특유의 평범한 듯한 비범함을 파악하지 못했다. 지극히 평범한 것이 오히려 성공의 비결이었다. 콜은 비판자들이나 언론의 생트집 궤변에 대꾸하지 않았다. 경제지표가 말해주었다. 점진적 호경기가 나타났다. 1983년 5월 초 두 번째 시정 연설에서 경기 내리막은 끝났다며 이는 중도 정부의 공이라고 선언하였다. 에르하르트의 사회적 시장경제의 추억이 되살아났다. 콜은 제1의 과제는 대량 실업 문제의 해결이며 이는 경제 문제에 그치지 않고 함께 살아가기 위한 사회 통합의 기초라고 밝혔다.

총리의 외교 정책에 관한 텍스트는 슈미트의 그것과 같았다. 신의를 지키고 계약을 따르며 예견 가능한 정책을 펼친다는 것이다. 정권 교체에 불구하고 정책의 연속성을 지키는 것이 국익에 도움이 되기 때문이다. "우리는 동서 사이의 방랑자가 아니다"라고 말하며 흔들리지 않는 원칙을 고수하였다. 그리고 원대한 목표를 유

---

3 Arnulf Baring, 앞의 책(E-Book), Location 2495.

럽에 두었다. "하나의 유럽을 향해 힘차게 나아가는 것, 그것이 우리의 역사적 사명이다. 하나의 유럽을 만드는 것이 우리의 과업이다." 이는 결코 입에 바른 소리가 아니었다. 그의 생애의 경험에서 나온 절실함이 그 바탕이었다. 그의 고향은 프랑스와 가까운 라인강변 루트비히스하펜이었다. 전쟁이 끝난 1945년에 그는 15세에 불과했지만 전쟁의 트라우마를 경험하기에는 충분한 나이였다. 그의 형은 종전 전해에 전사하였다. 고향은 폐허가 되었다. 전쟁은 유럽이 단일화될 때에 방지될 수 있다는 것이 그의 신념이었다. 그것은 이미 청소년기에 시작되었다. 전후 그는 학교 친구들과 독불 국경에 투입되어 말뚝을 뽑는 일을 하였다. 그러므로 그가 총리로서 처음 외국 여행을 미테랑을 만나러 파리를 방문한 것으로 시작한 것은 결코 우연이 아니다. 단순한 제스처도 아니다.

일찍이 콜은 역사관에 기인한 의욕적인 프로젝트 두 개를 계획하였다. 하나는 베를린에 독일 역사 박물관을, 다른 하나는 본에 1945년 이후의 역사 자료를 모은 박물관을 만드는 것이었다. 그는 늘 '유럽의 집'을 강조하고 그 안에 있는 '독일의 집'을 이야기기하였다. 그는 역사를 잊지 않으며 역사에서 배우고자 하였다. 전쟁으로 점철된 유럽의 역사를 뒤로하고 평화와 단합의 유럽을 만드는 것이 그의 꿈이었다. 유럽연합이 그의 주도로 탄생한 것은 결코 우연이 아니었다.

1983년 선거 후 사민당은 콜이 잠시의 총리가 아니라 굳건히 자리 잡을 것이라고 생각하였다. 사민당의 헤르베르트 베너는 적어도 사민당이 15년 동안 야당 생활을 해야 할 것이라고 보았다. 결과적으로 베너의 예견은 옳았다. 그는 콜에게서 정치인으로서 비범함을 보았을 것이다. 물론 당시 사민당의 약함이 유니언·자민 연정의 강함을 만들어준 것도 사실이었다. 집권 초기에는 전 정부 때의 난제들, 즉 나토 이중 결정, 국가 채무, 불경기, 인플레이션 등이 그대로 남아 있었다. 다행히 실업자 수는 250만 명에서 더 나빠지지 않았다. 콜의 주도하에 단호한 개혁이 행해지지는 않았지만, 작은 시도와 노력만으로도 경제는 제 궤도로 진입하였다. 슈톨텐베르크 재무장관은 온건한 조세 개혁을 단행하였다. 실업 수당과 아동 수당을 줄이고 공무원 급여와 연금을 줄이고 부가가치세를 증세하자 국가 재정이 호전되기 시작했다. 적자인 무역도 70억 마르크 흑자로 돌아섰다. 재정 적자는 줄어들고 물가 상승률은 1982년 초반 6%에서 1983년 여름 3.5% 아래로 떨어졌다.

경제 전문가들은 하나같이 밝은 성장률 전망을 내놓았고 실제로 그렇게 되었다. 그것은 우선 세계 경제가 두 번째 석유 위기에서 벗어나 깊은 골짜기에서 탈출한 것에 기인하였다. 수출 의존형의 독일 산업에 주문이 넘쳤다. 경제적 실패에 대해 역대 총리들은 국제적 사정에 책임을 돌리는 경향이 있지만, 이는 맞는 말이기도 했다. 반면 경제 호황은 당연히 자신의 공으로 돌리곤 하였으나 때로

154

는 틀린 말이었다. 그것이 정치나 정치인의 속성인 것을 어찌하겠는가, 그러려니 할 수밖에.

핵미사일 관련 이중 결정의 의회 통과

격렬한 선거 운동이 끝나자마자 마땅치 않은 핵미사일 배치 문제가 다시 떠올랐다. 사민당은 이에 반대하고 슈미트를 무시하였다. 에곤 바는 1983년 여름, 반대를 명백히 하였다. 1983년 11월 쾰른 특별 전당대회에서 충직한 13인만이 슈미트를 따라 이중 결정에 찬성하였다. 그 가운데 전 국방장관 게오르크 레버(Georg Leber)와 한스 아펠이 포함된 것이 슈미트에게는 작은 위로가 되었을 것이다. 거의 400명에 이르는 대의원이 브란트와 함께 반대하였다. 1983년 11월 22일 하원 표결 시 반핵 운동가들이 의사당을 둘러싸고 경찰이 이를 경비하는 가운데, 집권 연정 여당은 중거리 미사일을 독일에 배치할 것을 286:226으로 통과시켰다. 콜은 이 일을 전 임기 동안, 통일 이전에 직면했던 가장 중요한 외교적 도전으로 보았다.

그리고 슈미트와 콜이 옳았음은 이후에 전개된 역사가 증명하였다. 당연한 일이지만, 큰 목소리라고 옳은 것은 아님을 정치인은 늘 명심해야 할 이유이다. "고맙게도 다음 콜 정부가 포기하지 않고 잘 버텨주었다." 이는 다름 아닌 사민당 출신의 전임 총리 슈미트의 코멘트였다. 훗날 콜은 슈미트의 용기 있는 결정을 치하하고 그것이 베를린 장벽 붕괴로까지 이어졌다고 평가하였다. 진영을 넘는 아름다운 교감이었다.

콜의 몇 가지 실수

이처럼 성공적인 출발을 한 콜이지만 몇 개의 실수를 저지른다. 첫 번째가 독일 연방군의 사성(四星) 장군이자 나토 최고사령부 부사령관인 귄터 키실링(Günter Kießling) 사건이었다. 귄터는 쾰른의 동성애자 클럽에 출입하였고 이는 안보 위협에 연결되는 문제라 하여 문책 퇴직당했다. 그런데 잘못된 증언에 의한 결과였다. 콜 정부로서도 부담이었다. 그 스캔들은 국방장관 만프레트 뵈르너가 책임져야 할 문제였다. 이 사건의 처리 과정에서 콜은 나름의 위기 관리 방식과 인사 정책을 보여주었다. 콜은 사건의 신속한 처리를 미루고 장관을 문책하지 않고 붙잡아두었다. 되도록 개각을 피하고자 하였다. 귄터는 무고함이 밝혀져 일단 복권되었다. 뵈르너 장관은 전적으로 콜의 도움을 받았다. 콜은 나중에 그를 브뤼셀 나토 사무총장으로 보냈다. 미숙한 업무 처리 방식이라는 비난을 피할 수 없었다. 그러나 다행히도 뵈르너와 키실링 사건은 빠른 속도로 잊혀갔다.

또 다른 사건은 이른바 정치 기부금 관련 사건이었다. 본 정당 민주주의의 민낯이 드러난 사건이었다. 콜이 자주 관여되었고 마지막에는 그의 정치적·개인적 평판을 훼손시킬 문제였다. 1983년 플리크(Flick) 재벌이 당과 유력 정치인들에게 정치자금을 제공했다는 것인데, 불법에 관여한 사람들이 누구인지, 금액은 얼마이며 어떤 자금 세탁 과정을 거쳐 당의 계좌나 스위스 등 의심스러운 계좌에 입금되었는지 불분명하였다. 자민당 정치인이자 경제장관인 람프스도르프가 정치자금을 가짜 회사나 자금 세탁을 거쳐 현금으로 끌어오는 데 능숙하였다. 람프스도르프의 위장 회사는 기부금 영수증을 발급하므로 세액 공제를 받을 수 있어 기부자들은 당에 직접 기부하는 것보다 이를 선호하였다. 콜도 기부 대상자로 세무 당국에 포착되었다. 람프스도르프는 1984년 여름 퇴임하였고 1987년에 거액의 벌금형을 선고받았다. 콜은 주 총리 시절 부정으로 정치자금을 수령하였다는 혐의를 받았으나 콜에 충직했던 보좌관 가이슬러(Geissler)의 진술에 의하여 1986년 선서하지 않은 위증을 이유로 조사는 중지되었다. 그러나 이 사건은 1999년 말 콜과 사이가 틀어진 가이슬러의 폭로로 다시금 되살아나게 된다.

콜은 임기 초반 몇 건의 외교적 실수도 저질렀다. 슈미트나 그 전임 총리들과는 달리 콜은 임기 첫해 국내에서의 실패를 대외 관계의 성과에서 만회하지는 못했다. 그 반대였다. 1984년 1월 이스라엘 방문도 그랬다. 콜이 언급하지 않았어야 하는, 지나가는 말로 언급한 한 문장이 화근이었다. 늦게 태어난 덕분에 나치의 짐을 짊어지지 않게 되었다는 취지의 표현이 시빗거리가 되었다. 태어난 시기를 갖고 행운 운운할 수 있는지, 반대자들은 그 표현이 제3제국 시대에 군대에 끌려가지 않은 것이 사실상 행운이었다는 정도인 것을 인정하지 않았다. 어쩌면 비난을 위한 비난이었다. 그러나 그런 경우까지도 예상하여 조심해야 하는 것이 정치인의 의무라 할 것이다. 콜을 비난하는 비슷한 언급들이 뒤따랐고 콜 총리로서는 새롭고 정당한 돌파구를 마련하여 대꾸하고자 하였다. 그때 오해된 '늦게 태어난 행운'은 사민주의자 출판인인 귄터 가우스(Günter Gaus)가 콜보다 먼저 사용했던 말이기도 했다. 외교 정책가로서 콜은 아직 탄생 전인 셈이었다. 브란트와 슈미트가 성과를 거두어 높은 경지에 이른 것과는 달랐던 탓이다. 게다가 옛 동료이자 경쟁자인 바이츠제커가 슈미트 이후 독일을 대표하는 세계적 지도자의 위상을 차지하고 있었다. 1984년 7월 대통령이 된 그는 기품 있게 처신하였지만 콜에게는 그런 점이 부족했다. 바이츠제커는 사람들이 콜로부터 들어야 할 연설을 대신 하였다. 두 사람 간의 의견 합치는 잘 이루어지지 않았다.

콜의 첫 번째 반쯤의 성공은 기대치 않았던 껄끄러운 국제무대에서 나왔다. 프랑스 미테랑 대통령 덕이었다. 그는 이미 1983년 1월 독일 하원 연설에서 독일의 무장 정책을 옹호하며 도와주었다. 1984년 9월 미테랑은 콜을 추모와 화해의 뜻으로 2차대전 격전지 베르(verdun)로 초청하였다. 그곳의 두오몽(Douamont) 군인 묘지에서 두 사람이 손을 맞잡는 장면은 잘 계획된 것이었다. 그것은 브란트의 1970년 바르샤바의 무릎 꿇기에 비견할 장면이었다. 그러나 그렇게 되지는 않았다. 서로 다른 모습, 즉 콜의 거인처럼 뚱뚱한 모습과 미테랑의 가냘픈 모습은 부조화스러워 그리 인상적인 장면이 되지 못했다.

그다음 화해 장면의 역사적 연출은 레이건 미국 대통령과 함께 하였다. 그 아이디어는 총리실에서 나왔다. 두 수뇌는 전후 40년을 기념하는 만남의 장소를 비트부르크(Bitburg) 전몰자 묘지로 정했다. 그러나 이곳에 무장 친위대 SS 소속 48명이 함께 묻혀 있다는 사실이 간과되었다. 좀 과장하면 마치 한국 대통령이 야스쿠니 신사를 참배하는 격이었다. 계획이 세상에 알려져 뒤집을 수 없었다. 레이건도 이미 강제 수용소 방문 일정을 거절한 바 있어 초청자의 뜻대로 그 일정을 수용하였다. 두 사람은 굳어진 얼굴로 묘역을 참배하였다. 국내외에서 참배의 적절성을 두고 논란이 되었다. 미국 의회도 불참을 권고하기도 하였다. 과거 문제를 청산하고자 하는 콜의 의도와 목적은 퇴색되었다. 아무튼 '비트부르크 논쟁'은 콜을 당황케 했다. 3일 후 5월 8일 바이츠제커 대통령이 종전 40주년 기념 연설을 하였다. 비트부르크 논쟁의 파고(波高)를 잠재우는 역할을 한 연설이었다. 상반되는 경험과 감정을 두루 고려하면서 독일의 반성과 사죄를 명확히 밝힌 역사적인 명연설이었다.[4]

고르바초프의 등장과 혼란스러워진 독일

그 후 1년 반 동안 더 많은 급박한 일을 겪었다. 1982년 11월 소련에서 오랜 투병 끝 브레즈네프가 사망하였고 그를 이은 안드로포프(Yuri Andropov)가 1984년 2월에, 또 그를 이은 체르넨코(Tschernenko)가 1985년 3월에 각각 병으로 사망하였다. 24시간이 채 안 되어 소련 정치국은 지금까지와는 다른 지도자를 선출하였다. 1985년 3월 11일 선출된 54세의 미하일 고르바초프(Michail Gorbatschow, 이하 '고르비'라 함)였다. 소련 최고 지도자로서는 젊은 축에 속하는 법률가 출신인 그를 서기장으로 선출한 것이다. 그는 '새로운 사고'를 요구하였다. 페레스트로이카(Perestroika, 사회·경제·정치 시스템의 개혁)와 글라스노스트(Glasnost, 투명한 국가 운영)였다.

　많은 사람이 당황하였다. '민주주의적 공산주의', 그것은 마치

---

4 Arnulf Baring, 앞의 책(E-Book), Location 2569~2600.

'구워진 눈덩이'와 같은 말로서 폴란드 철학자 레셰크 코와코프스키(Leszek Kolakowski)가 사용한 표현이었다. 과연 고르비가 눈덩이를 구울 수 있을까? 그가 할 것인가? 큰 의문이었다. 그는 비정통적인 방식의 협상 제안과 매력적인 공격으로 서방측을 부드럽게 압박하였다. 콜은 고르비를 일단 선전술의 귀재로 보았다. 콜도 당황하였으나 역사적 화해를 생각하였다. 그는 한 인터뷰에서 나치의 괴벨스(Joseph Goebbels)도 대민 홍보술의 대가였다고 언급하였다.[5] 물론 오프 더 레코드로 한 언급이었지만 언론이 참을 리 없었다. 이 말이 보도되었다. 언론과의 대화는 어느 경우라도 공개될 것을 각오해야 하는데, 콜의 명백한 실수였다. 크렘린은 1987년 1월 독일 총선 결과가 나올 때까지 독일 수뇌들과의 접촉을 중단하였다. 콜 총리가 외교 무대에서 이처럼 불운을 반복하는 동안 반대자들은 주가를 올렸다. 바이츠제커 대통령은 1985년 10월 이스라엘을 방문하여 콜이 남겼던 상처를 싸매었다. 그리고 1987년 7월에는 겐서 외교장관을 대동하고 모스크바를 방문하여 비슷한 성과를 거두었다. 라이벌 관계에 있는 정치 지도자들의 보완적 역할이 국익에는 도움이 되는 것이다. 비권위적·실용적 정부이기 때문에 가능한 것이다.

---

5 Arnulf Baring, 앞의 책(E-Book), Location 2602~2611.

바이에른의 슈트라우스는 콜의 반대자 중에서도 특별한 인물이었다. 그는 총리가 만들어낸 외교적 공백을 그다운 방식으로 파고들었다. 콜에 앞서서 고르비와 면담을 약정하고 1987년 12월 스포츠 경비행기를 몰고 모스크바를 방문하였다. 그 1년 전 그는 놀랍게도 동방 정책에 속할 일을 벌였다. 1983년 여름 그는 그를 골수 반공산주의자로 평가하는 동료들을 아연실색하게 하는 일을 벌인다. 동독에 차관을 제공한 것이다. 동독 사회통일당의 불투명한 경제통 골로트코브스키(Aexander Schalck Golodkowski)와 교섭하여 10억 마르크를 궁핍한 동베를린 계좌에 입금하였다. 다음 해에 10억 마르크를 추가로 지급하였다. 독일이 연방 국가이고 바이에른주 차원에서 이루어졌기에 가능한 일이었다. 나중에 밝혀졌지만, 이는 사실상 파산 상태에 있는 동독을 구한 셈이었다. 동베를린은 신용 회복을 할 수 있었다.

슈트라우스는 그것으로 총리실의 계획을 헤집어놓고 라이벌 콜을 곤경에 빠뜨렸다. 그 차관에는 따로 구체적인 조건이 붙어 있지 않았다. 동독 측은 다만 국경에 따라 배치된 자동 발사 총기를 제거하였다. 슈트라우스의 호의에 대한 제스처였고 그것이 전부였다. 콜은 다급해졌다. 마치 줄이 손에서 빠져나가는 것처럼 느껴졌다. 그동안 성과로서는 이중 결정의 관철 외에는 다른 것이 없었다. 유니언 내부에서 새로운 비판자들이 가세하여 반대 그룹이 형성되었다. 바이츠제커, 슈트라우스 외에 기민당 전 사무총장 쿠르트 비덴코프(Kurt Biedenkopf), 바덴-뷔르템베르크주 총리 로타르 슈패트(Lothar Späth)가 이에 속했다. 두 사람은 지적으로 총리보다 낫다고 생각했다. 콜과 당은 위기에 빠졌다. 당 지지자들이 이탈할 위험에 처했다. 한편 1986년 4월 26일 우크라이나 체르노빌에서 원자력 발전소가 폭발하는 사고가 발생하여 원전에 대한 우려와 함께 환경 운동의 수용성이 높아지는 계기가 되었다.

1987년 총선, 콜의 세 번째 총리 취임과 핵미사일 폐기

이런 상황 속에 1987년 총선이 다가왔다. 콜은 그의 선거에서의 특장점을 살려 큰 틀에서 움직였다. 우선 잘할 수 있는 것에 집중하였다. 안보를 내세웠다. 경제지표도 그리 나쁘지 않았다. 250만 명의 실업자가 있었지만 그래도 대다수의 독일인이 일자리를 가졌고, 독일인은 콜의 슬로건 "독일, 이대로 해나갑시다(weiter so, Deutschland)"에 귀를 기울였다. 1987년 1월 25일 선거 결과 유니언은 아쉽게도 44.3% 득표로 1983년에 비해 4.5%p를 잃었다. 콜에겐 나쁜 성적표였다. 그러나 사민당은 37% 득표로 훨씬 뒤처졌다. 양대 정당의 손실은 작은 정당들의 이득으로 돌아갔다. 자민당은 9.1%, 녹색당은 8.3%를 득표하였다. 그래도 총리는 다행히 큰 화는 모면한 셈이다. 더 강해진 자민당과의 연정 협상은 힘들게 진행되었다. 개인 신상 정보 공개, 연금 및 조세 개혁, 동방·독일 정책, 환경·경제·재정 정책 등 모든 부문에서 그러했다. 외교장관 겐셔는 다보스경제포럼에서 고르비를 진지하게 받아들일 것을, 특히 주저하는 총리에게 요구하였다. 1987년 3월 11일 콜은 253:225 표결로 세 번째 총리로 선출되었다. 이어진 시정 연설에서 겐셔 외교장관의 권고를 따라 고르비가 동·서방 관계 개선에 노력하는 한 그에게 접근하겠노라고 약속하였다. 그 밖에 시정 연설에서 주목할 만한 대목은 "모든 자연을 창조물로 보존한다. 미래를 준비한다"라는 표현이었다. 이로써 유니언은 '환경'이라는 개념을 끌어들여 녹색당의 정책에도 관심을 보였다. 1986년 이미 체르노빌 핵발전소 사고에 대한 대응으로 '환경 자연보호 핵발전 안전부처'가 설치되었다. 녹색당의 테마와 구호가 기존 정당의 정책 틀 안으로 스며든 것이다.

콜의 승리는 상당 부분 사민당의 주저하거나 분열된 행태에 힘입은 것이었다. 당원들은 총리 후보자인 요하네스 라우와 함께 산뜻한 출발을 못 했다. 그들은 '분열 대신 화해'를 모토로 내세웠으나 실제는 소극적이었다. 자기 지지층을 결집하지 못했다. 라우는 녹색당과는 연정할 의사가 전혀 없었기에 과반 확보는 어려운 형편이었다. 이에 반하여 당 대표인 브란트는 40% 득표 정도면 좋은 성적이고 녹색당과의 연정도 나쁘지는 않다는 생각이었다. 안보 정책과 독일 정책에 있어서 두 사민주의, 세 의견도 있을 수 있다는

생각이었다.[6]

　사민당 총리 후보자는 에곤 바가 입안한 특별 외교 정책에 관심을 두었다. 이는 1987년 여름 동독 사회통일당과 협의하여 작성한 「이데올로기 대립과 안전 보장」에 관한 것이었다. 사민당의 평화 운동 쪽으로의 전환은 득표에 도움이 되지 못했다. 이중 결정의 실천으로 핵 반대자들은 대중적 지지를 잃었다. 겉보기와는 다른 결과였다. 다수 독일인은 달리 생각하였다. 잘 설득된 일반 중도층은 경제 정책 등에서 유니언의 경쟁력을 인정하였다. 콜은 언제나 그러하듯 이런 상황에 그의 특장점을 발휘하였다. 걱정하는 친구들과 김칫국 마시는 적들을 놀라게 하였다.

　그러나 유니언·자민 연정은 1987년 여름 안보 정책 때문에 어려움을 겪었다. 독일에 배치된 미군 수중의 72개의 퍼싱1A가 분쟁의 원인이었다. 이와 관련하여 소련은 계속 배치되면 진행 중인 핵 폐기 협상(Doppelte Lösung)을 파기하겠다고 협박하였다. 겐셔는 고르비가 약속한 바를 실행시키기 위한 의도로 그 폐기를 주장하였다. 콜은 이를 받아들이지 않았고 국방부나 유니언 측에서도 반대가 심하였다. 핵 위협에 대한 여전한 걱정 때문이었다. '사정거리가 짧아지면 독일 희생자는 늘어난다'고 생각하였다. 콜 총리는 이 같

6　Arnulf Baring, 앞의 책(E-Book), Location 2651~2655.

1987년 베를린 장벽 앞에서 연설하는 레이건 미국 대통령

은 보수주의자와 겐셔 사이의 견해 대립 가운데 결단을 내려야 했다. 콜은 드디어 1987년 8월 말 결단을 내려 어려운 매듭을 풀었다. 콜이 퍼싱1A와 작별을 고함으로써 레이건과 고르비 사이를 이어 워싱턴에서 1987년 12월 8일 INF 조약이 탄생하도록 도왔다. 이로써 중거리 지대지 미사일은 폐기되었다. 이는 예견력 있는 슈미트 정책의 승리였다. 그는 10년 전 런던에서 처음으로 공개적으로 문제를 제기하였고 그 후 이중 결정의 길을 열었고 1991년 5월 마침내 소련의 SS-20이 소각장 신세가 되었다.

다른 한편 1987년은 동서 간 새 역사의 출발점이 되는 시기였다. 1987년 5월 28일 19세의 한 서독 청년이 소련의 방공망을 뚫고 스포츠 경비행기로 붉은 광장에 착륙했다. 소련 몰락의 수치스러운 징조이자 망신이었다. 겐셔는 분위기를 깨서는 안 된다고 걱정하고 바이츠제커와 함께 소련을 방문했다. 세계 정치를 논의하는 가운데 독일 문제도 포함되었다. 고르비는 접근이 어려웠던 전임자들과는 달리 놀랍게도 말이 통하는 소련 지도자였다. 한편 레이건 미국 대통령은 1987년 6월 12일 베를린을 방문하여 브란덴부르크 문 앞에서 베를린 장벽을 바라보며 "고르바초프 씨, 이 장벽을 허물어 버리세요!"라고 연설하였다. 앞으로 얼마나 숨 가쁜 역사가 전개될지 아무도 몰랐다.

호네커의 서독 방문과 흔들리는 기민당

1987년 가을 호네커는 동독 및 사회통일당(SED)의 수뇌로는 최초로 서독을 방문하였다. 수년간의 시도 끝에 이루어진 일이다. 초청은 슈미트가 1981년 동독을 방문했을 때 이미 하였었다. 1984년 8월 본 방문을 시도하였으나 소련의 체르넨코가 반대하였었다. 두 독일의 지나친 결속을 우려하였기 때문이다. 이제야 호네커는 뜻을 이루어 1,500명의 기자를 만나고 5일간의 순방을 함으로써 그의 정치 역정에서 최고의 순간을 경험하게 되었다. 본, 쾰른, 뒤셀도르프, 에센, 트리어, 뮌헨 그리고 그의 고향 자를란트 비벨스키르헨(Wiebelskirchen) 등지를 방문하고 바이츠제커, 슈트라우스, 브란트, 포겔, 엥홀름, 라퐁텐 등 본의 유명 정치인들과 대담하였다. 비벨스키르헨 고향 마을에서는 그곳에 살고 있는 다섯 살 아래 여동생을 만나기도 하였다.

그러나 서독 측의 감정은 혼란스러웠다. 콜 총리도 마찬가지였다. 동독의 국가(國歌)를 듣는 것은 귀에 거슬리는 일이었다. 콜은 "나를 조금이라도 아는 자는 내가 얼마나 힘들었는지 잘 알 것"이라고 나중에 술회했다. 그래도 동독 주민들이 콜 총리의 연설을 실황으로 듣는다는 사실에 콜은 만족하였다. 그의 주장이 관철되었기 때문이다. 콜 총리는 동독 주민의 자유로운 여행을 실현시키기 위해 노력하였으나 관철하지는 못했다. 서명된 협정은 학술, 기술,

환경, 방사능 등에 관한 것으로 실제로 독일인을 흥분시키는 것은 못 되었다. 독일 문제에 대해 콜은 가능성을 열어둔 상태이고 당장 해결해야 할 관심사는 아니었다. 물론 동독과의 대화는 동독 주민을 위하여 계속해야 한다고 생각하였다. 그럼에도 불구하고 콜의 신념은 장벽, 발포 명령, 철조망 등은 결코 용납할 수 없다는 것을 전제로 하였다. 문제를 안고 있는 상태의 무작정 평화는 의미가 없다는 생각이었다.

호네커의 앵무새 같은 거듭된 주장은 안전과 평화 정착이었다. 그것은 동독의 강화된 지위 확보를 위한 수단이었다. 호네커는 사회주의와 자본주의는 물과 기름처럼 상용할 수 없는 것이라고 생각하였다. 그러므로 호네커는 동서 분단과 두 나라의 존재를 확실히 하고자 하였다. 이와 뜻을 달리하는 서독과의 관계는 큰 변화가 있을 수 없었다. 그러나 호네커의 서독 방문은 서독과 동독의 관계를 안정시키고 각종 상호 교류를 발전시키는 계기가 된 것은 사실이었다.

1987~1988년 사이에 본 연정 정부에 위기 징조들이 쌓였다. 콜의 별은 지기 시작하였다. 여론조사에서 기민당은 하향 추세이고 슈트라우스는 여전히 비협조적인 태도를 취했다. 내부적으로 실수와 스캔들이 터졌다. 맘먹고 행한 조세 개혁은 존재감이 없었고 기민당 집권 주에서 선거 실패가 거듭되었다. 본 정부의 실수와 그에

따른 역풍이 주에도 영향을 미친 것이다. 슐레스비히홀슈타인주에서 주 총리 우베 바르셸(Uwe Barschel)이 미스테리한 사건에 휘말렸다. 경쟁자인 사민당 비요른 엥홀름(Bjoern Engholm)에 대한 불법 사찰 사건에 휘말리고 그 조사 과정에서 거짓 진술로 신뢰를 잃고 제네바에서 자살함으로써 생을 마감하였다. 1988년 5월 8일 엥홀름은 주 선거에서 승리하여 주 총리로 취임하였다.

기민당은 그 실패를 점차 콜에게 전가하기 시작하였다. 콜은 1973년 이래 당 대표직에 있었다. 총리 교체의 움직임이 시작되었다. 첫 번째 신호는 1987년 가을 본의 기민당 전당대회에서 나왔다. 재직 중 가장 나쁜 결과가 나왔기 때문이다.

어려움에 처한 콜, 개각과 EU 선거로 활로 모색

콜은 국내 정치적으로 어려운 상황을 종결시킬 수 없었지만 다른 한편 외교적 성과로 극복할 수 있었다. 예컨대 콜의 비호자인 미테랑과 함께 만들어낸 독불 관계의 진전이 그것이었다. 1988년 1월 22일 엘리제 조약 25주년을 맞아 양국은 경제·재정·군사 안보 협의체를 가동시켰다. 앞서 몇 개의 상징적 또는 구체적 조치도 있었다. 그 가운데 핫라인의 개설, 핵 문제 상호 협의 및 군사 협력 방안, 공동 여단 편성 등이 들어 있었다. 이는 유럽 군대의 전 단계로 냉전후 유럽군의 중추가 될 조직이었다.

그럼에도 콜의 성과에 대한 당내 비판자들의 평가는 인색하였다. 1988년 6월 중순 비스바덴 당대회 직전 일부 비판자가 공개적으로 반기를 들었다. 대표적 인물이 하이너 가이슬러였다. 그는 까칠하고 저돌적인 법률가로서 콜과 같은 1930년생이었다. 1977년 쿠르트 비덴코프를 기민당 사무총장직에서 몰아내고 자신이 당에 필요하고 충직한 사람이라고 스스로 평가하고 그 자리를 차지했다. 비덴코프와 마찬가지로 그도 콜과 갈등 관계였다. 콜은 직감적으로 그를 잠재적 라이벌로 보았다. 그에게서 위험과 도발을 느꼈다. 전에는 심복이었으나 변절한 그를 당직에서 축출하려는 시도는 번번이 실패하였다. 마지막 카드는 "사무총장은 당 대표의 추천에 따라야 한다"는 당규였다. 당내 권력 투쟁의 불씨는 꺼지지 않은 상태로 잠복해 있었다.

1990년은 슈퍼 선거의 해였다. 총선, EU 선거, 몇 군데 주 선거 및 지역 선거가 예정되어 있었으나 당내 분위기는 비관적이었다. 1989년 국내적 어려움은 증가하는 상태였고 당과 총리의 인기는 하강 국면이었다. 1989년 1월 베를린시의 기민당은 야당의 길로 들어섰고 정권은 발터 몸퍼(Walter Momper) 주도의 사민·녹색 연정으로 넘어갔다. 게다가 독일 정치가 새로운 현상을 맞게 되었다. 다름 아닌 극우주의가 창궐하기 시작한 것이다. 그 지지자는 대부분 기민당 쪽에서 나왔다. 콜은 전통적인 방식으로 출구 전략을 마련하였다. 즉 전임자들이 어려운 국면에서 즐겨 쓰고 성공을 거둔 개각을 단행하였다. 숨은 의도는 배반자 가이슬러에게 내무장관을 맡겨 그를 내각의 틀 안에 묶어두는 것이었다. 그러나 가이슬러가 이를 눈치채고 거부하자, 그를 대신하여 콜에 충직한 총리실장 볼프강 쇼이블레(Wolfgang Schäuble)를 임명하였다. 그리고 테오 바이겔(Theo Waigel)이 재무장관, 게르하르트 슈톨텐베르크(Gerhard Stoltenberg)가 국방장관에 임명되었다. 그러나 개각의 직접적 효과는 미미하였다. 1989년 6월 18일 유럽의회 선거에서 그래도 유니언은 재앙은 면하였다. 사민당이 37.3% 득표하였으나 유니언은 37.8%를 득표하였다.

승리자는 오히려 1983년 기사당(CSU)에서 나온 당원들이 창당한 극우 성향의 정당 레푸브리카너(Republikaner)였다. 7.1% 득표로 처음으로 유럽의회에 진출하였다. 바이에른에서는 15%나 득표하였다. 사민당은 콜에 대항할 인물을 내지 못하여 어려움에 처한 유니언을 다시 한번 구해준 셈이 되었다. 유니언은 이로써 가장 강한 정치 세력으로서 침체의 골짜기를 건넜으며 다시금 용기를 갖고 해나갈 것을 선언할 수 있게 되었다. 고민 많은 콜도 마찬가지로 여유를 갖게 되었다.

부시 미국 대통령과 고르바초프 소련 서기장의 서독 방문

1989년 1월 취임한 부시 미국 대통령의 5월 서독 방문은 독일과 콜 총리의 위상을 높여주었다. 그는 서독의 서방에의 편입 40주년을 기념하는 연설에서 서독이 동맹의 일원일 뿐 아니라 리딩 파트너라고 선언하였다. 그것은 제한된 주권을 넘어 안보상 미성숙한 동독을 뛰어넘는 국가로서의 평가였다. 서독은 특히 동유럽에서 정치적 동요가 벌어지는 상황에서 영향력이 있는 나라라는 것이다. 부시의 방문에 더하여 동서 간에 새로운 변화의 조짐이 나타나고 있었다. 고르바초프의 갑작스러운 군축 공세는 구르는 돌과 같아 산을 뒤집고 마침내 소련, 사회주의 그리고 자칫하면 고르비 자신까지 묻어버릴 만했다.

1989년 6월 12일 고르비의 서독 방문은 콜 총리에게도 대단히 의미 있는 일이었다. 왜냐하면 고르비는 과거를 묻어두고 양국 관계의 새로운 장을 열어가자고 주장하며 자신은 그런 준비가 되어 있음을 밝혔기 때문이다. 고르비의 "서방 선진국들 가운데 우리 경제 넘버원 파트너는 독일"이라는 찬사는 우연히 나온 립서비스가 아니었다. 독일인은 카리스마 넘치는 고르비를 열정적으로 환영하였다. 미국에서는 서독에서 고르비 팬(Gorbomania)이 형성되어 열광하는 것을 두고 '독일인이 이성을 잃은 것인가' 하는 걱정을 하였다. 흐루쇼프 이래 크렘린의 주인은 당과 국가의 뒷받침 아래 오로지 서구를 넘어서기 위한 경쟁을 해왔는데, 이 사실을 독일인들은 잊었단 말인가? 미국의 걱정이었다. 콜도 고르비의 매력적 공세에 저항감을 느꼈다. 콜이 고르비를 괴벨스에 비유한 부적절한 언급이 독소 양국 간에 나쁜 영향으로 남아 있어 이를 해결할 필요가 있고 다른 한편 신뢰할 수 있는 동맹이라는 독일의 명성이 미국 등에 손상되지 않게 할 필요가 있는 콜로서는 신중히 처신했다. 이와 달리 겐셔 장관의 더 적극적인 동방 정책은 서방에 혼란을 야기하고 의구심을 자아냈다. 그리하여 그 무렵 라팔로 조약(Rapallo Treaty, 1922년 유럽에 충격을 주었던 전범국 독일과 공산국 소련 사이에 외교적 고립을 벗어나기 위해 체결한 조약)과 겐셔에 대한 불신으로 겐셔이즘이라는 용어가 등장하였다.

시스템 개혁 시도가 무산되고 산업적으로 능력 있는 체하는 동구권은 전망이 없음을 알고 고르비는 서구 쪽, 특히 서독으로 눈을 돌렸다. 브레즈네프 시대 이래 소련이 소망했던 것과 같이 고르비가 희망한 백일몽 같은 거대한 공동 프로젝트에 대하여 콜은 분단 현실에 근거하여 냉정하게 응대하였다.

그러나 그때 기억할 만한 한 장면이 연출되었다. 양 수뇌는 회담 마지막 날 회담을 마치고 자정 무렵 통역만을 대동하고 산책을 하다가 라인강 언덕에 나란히 앉아 역사의 흐름에 관해 이야기를 나누었다. 그리고 가족, 고향, 어린 시절, 전쟁 기억, 인생에 관해 대화하고 유럽 국가들은 서로 두려워하지 않고 함께 살아나가야 한다는 데 공감하며 인간적 유대감을 키웠다. 강 언덕 아래 산책을 나온 사람들이 고르비를 알아보고는 깜짝 놀랐고 고르비는 붙임성 있게 젊은이들과 이야기를 나누며 농담까지 했다. 그들이 여러 가지로 경의를 표하자 고르비는 매우 즐거워하는 표정이었다.

콜은 부시 대통령에게 고르비의 생각을 전해주었다. 그때 콜은 흐르는 강물을 독일 통일과 비교하면서 둘 다 멈출 수 없을 것이라고 말하였다.[7] 콜은 다수의 독일 국민을 염두에 두고 한 말은 아니었다. 여론조사에 의하면 1%의 서독인만이 독일 통일을 일상적 관심사로 취급했을 뿐이다. 1950~1960년 대에는 이 비율이 35~45%에 이르렀다. 인기 있는 고르비의 방문에 힘입은 콜은 9월의 기민당 브레멘 전당대회를 기대할 수 있게 되었다. 유니언 안에서는 참새들이 설치기 시작했다. 콜 반대자들이 "지금이 아니면 기회 없어"라는 구호 아래 계획을 밀고 나갔다. 그 주도자는 가이슬러였다. 그는 방방곡곡에서 사람들을 규합했다. 바덴뷔르템베르크 주 총리 로타르 슈패트, 하원 의장 리타 쉬스무트, 노베르트 블륌,

---

7 헬무트 콜(김주일 옮김), 『헬무트 콜 총리 회고록』, 해냄, 42쪽.

게르하르트 슈톨텐베르크, 비덴코프, 바이츠제커 등이었다. 그러
나 바이츠제커는 대통령으로서 자제하는 자세를 취했다. 콜은 다
른 한편 가이슬러를 더 이상 사무총장으로 인준하지 않고 퇴진시
키고 후임자로 충직한 폴커 뤼헤(Volker Rühe)를 임명하였다. 사람
대 사람 사이의 권력 투쟁에서 콜은 늘 실력을 발휘했다. 그 후 진
행된 당대회는 형식적이었다. 잠재적 후계자들은 용기를 잃고 물
러났다. 슈패트는 당 부대표로도 재선출될 수 없었고 콜은 압도적
지지로 대표로 재추대되었다. 총리는 이로써 라이벌들을 제거하였
다. 콜에겐 성공이었다. 하지만 당에겐 당이 총리 선출 기관에 지나
지 않는다는 아데나워 시대를 연상시키는 상처를 남겼다.

　　당원들에겐 브레멘 당대회의 승리자인 콜에게 건강상 문제가
있었고 큰 고통과 싸워야 했던 사실은 숨겨졌었다. 당대회 전날 콜
은 전립선 질환 진단을 받았지만 수술을 당대회 후로 연기하였다.
콜은 주치의를 대동하고 당대회에 참여하여 당대회를 무사히 성
공적으로 치렀다. 만약 총리의 건강 상태가 알려졌다면 많은 사람
이 콜은 정점을 지났고 그의 종말이 다가왔다고 간주하면서 콜의
정치 운명을 1990년 총선 전에 끝내려 했을 것이다.[8]

8　Arnulf Baring, 앞의 책(E-Book), Location 2786~2810.

1989년 격동하는 역사의 시작, 동구권의 변혁

콜은 당 대표로 재선출되고 그의 주도로 다음 총선을 준비하게 되었으나, 여러 가지 상황이 좋은 것만은 아니었다. 그런 가운데 1989년 가을 경천동지할 사건이 일어났다. 인간이 계획하지 않은 드라마가 시작된 것이다. 역사는 콜을 그 드라마의 주인공으로 만들었다. 호네커는 1989년 1월, 장벽은 그 설치 원인인 분단이 제거되지 않는 한 50년이고 100년이고 존속할 것이라고 선언했다. 놀랍게도 그의 입에서 동독에서 사용하는 미화적 표현인 '반파시스트 보호 장벽' 대신에 '장벽'이라는 말이 무심코 흘러나왔다. 1961년 8월 동독 측에 의해 설치된 장벽은 냉전, 즉 미소의 대치와 동서 유럽의 분할과 대립 속에서 비민주적·비합법적인 동독의 권력자가 소련의 무력적 비호에 힘입어 자기 국민을 옭아매기 위해 설치한 것이다. 주민의 의사에 의하지 않고 만들어져, 오로지 사회통일당에 의하여 지배되는 나라인 동독과 사회통일당 지도부가 주민들을 통제하기 위한 수단으로 세운 명백한 강제 조치가 장벽이며, 이것이 수십 년 그대로 남아 있었던 것이다.

1989년, 자국민을 막고 선 괴물 같은 장벽은 병든 76세의 동독 지도자인 호네커와 사회통일당 수뇌들에 의하여 더 이상 유지될 수 없게 되었다. 고르비의 개혁에의 열정, 동독 주민의 대규모 시위와 대량 탈출, 번영하는 서독 자본주의의 매력이 그렇게 만든 것이다. 거기에다 고르비가 결정적 역할을 하였다. 고르비는 바르샤바 조약국들의 주권은 소련의 지도적 역할이 제한되지 않는 범위에서만 행사하도록 하는 '브레즈네프 독트린'을 깨고 각자 제 갈 길을 가도록 하는 '시나트라 독트린(마이 웨이)'으로 변화시켰다. 즉 브레즈네프 독트린은 1989년 7월 7일 부쿠레슈티에서 열린 바르샤바 조약 기구 회의에서 공식적으로 폐기되었다. 동유럽 국가들도 국내 문제에 관해 소련의 간섭 없이 자유롭게 결정을 내릴 수 있게 되었다. 그 가운데 헝가리와 폴란드는 앞서서 개혁 개방의 길로 나섰다. 동구권 내 다른 국가들도 조심스럽게 그러나 원하는 바에 따라 제 갈 길을 가고 있었다.

특히 헝가리의 정책은 동독에 큰 영향을 미쳤다. 1989년 5월 2일 헝가리는 오스트리아와의 사이에 있는 국경 군사 시설을 폐쇄하기 시작하였다. 6월 말에는 양국 외교 장관들이 세계가 보는 가운데 철의 장막에 구멍을 내었다. 헝가리 정부 지도자들은 동독 사회통일당 정부의 도우미 역할을 하거나 동독인들의 서쪽으로의 여행을 힘으로 막을 생각이 없었다. 헝가리 총리 네메트 미클로시(Németh Miklós)와 외교장관 줄러 호른(Gyula Horn)은 8월 25일에 서독을 비밀리에 방문하여 헝가리에 체재하고 있는 동독 주민의 오스트리아로의 탈출 문제 등을 논의하였다. 헝가리로서도 동독 주민들의 탈출을 허용하는 것은 동독과의 협정에 위반하는 일이고 동독이나 루마니아가 불만을 품고 헝가리에 위협을 가할 상황이었기에 부담이 되었다. 그럼에도 네메트 총리는 국경을 개방하여 동독 난민들의 출국을 허용할 것이라고 다짐하였다. 콜은 고마워서 어떤 지원을 원하는지 물었지만 네메트 총리는 "헝가리는 사람을 놓고 장사를 하지 않는다"라며 사양하였다. 그러나 서독은 5억 마르크의 차관, 비자 면제와 헝가리의 EU 가입 지원을 약속하였다. 콜은 고르비에게 헝가리와의 회담 내용을 알려주었다. 고르비의 반응이 궁금하였다. 고르비가 "헝가리인들은 좋은 사람입니다"라고 대답하자 콜은 크게 안도하였다.[9] 헝가리는 약속대로 9월 10일 국경을 전면 개방하였다. 동독은 어쩔 도리가 없었다. 수천여 명의 동독 주민이 오스트리아를 넘어 서독으로 탈출하기 위하여 헝가리로 향해 갔다. 그러나 동독 정부의 요청에 따라 체코가 체코와 헝가리 사이의 국경을 폐쇄하는 바람에 수천 명의 동독 탈출인이 헝가리로 가지 못하고 프라하 소재 서독 대사관으로 밀려들어 갔다. 동베를린의 서독 상주 대표부와 바르샤바 서독 대사관에도 동독 탈출인이 밀려들었다.

뜻을 이루지 못한 사람들은 고향으로 돌아가 거리로 나가 데모를 벌였다. 처음에는 사회주의의 개혁을, 다음에는 자유 선거와 사회통일당 독재 폐지를 주장하였다. 장벽 붕괴 후에는 독일 통일을

---

9 헬무트 콜, 앞의 책, 69쪽.

주장하였다. 동독인은 처음에는 "우리가 국민(주인)이다"라고 주장하였으나 나중에는 "우리는 한 민족이다"로 구호가 변화되었다. 오거스하임병원에 입원해 있던 콜은 끌려나오는 상황이 되었다. 6,000여 명이 좁은 대사관에 몰려 형언할 수 없는 상황의 프라하 대사관 문제를 급히 해결해야 했다. 안타깝게도 겐셔도 건강이 나쁜 상태였다. 여름에 심장 발작을 겪었고 지병이 계속되는 상태였다. 콜을 위해 박차고 일어나야 하는 상황이었지만 실은 유니언·자민 연정의 아버지인 두 사람의 동지적 연대는 흔들리는 상황이었다. 겐셔는 당시 유엔총회 중 뉴욕에서 동독 외상 오스카 피셔(Oscar Fischer)와 협상하여 사회통일당 지도부로부터 해결책을 얻어내었다. 대사관 난민들이 기차를 타고 일단 동독 땅으로 들어갔다가 다시 서독으로 가는 것을 조건으로 서독행을 허용하였다. 소련 외상 셰바르나제도 뉴욕에서 겐셔를 만나 이 결정에 도움을 주었다. 뉴욕의 한 호텔에서 겐셔가 셰바르나제를 만나 협조를 구하자 셰바르나제는 "대사관 난민 중 여자와 어린이는 몇 명이나 됩니까?" 하고 물었다. 도와줄 명분을 만들기 위한 질문임을 눈치챈 겐셔는 750여 명 정도라고 대답하였다. 셰바르나제는 "심각하군요"라고 대꾸하며 돕겠다고 약속하였다. 회담을 마치고 나오며 겐셔의 보좌관이 "장관님, 750명은 어디에서 나온 숫자입니까?"라고 묻자, 겐셔는 "훌륭한 외교관은 평소에 그 정도는 알고 있었야지"라고 답하며 웃었다. 인간미 넘치는 외교 고수들의 선문답이었다.

9월 30일 겐셔는 프라하로 날아가 대사관 발코니에서 "우리는 여러분에게 소식을 전하기 위해 왔습니다"라고 말하기 시작하였다. 그러나 이어진 나머지 말은 환호 속에 파묻혀버렸다. 겐셔는 후에 이 장면을 자신의 정치 일생에서 가장 감동적인 순간이었다고 술회했다. 기자들은 타결 소식을 전하려고 빠져나갔으며 "가장 짧지만 감동적인 연설"이었다고 보도하였다. 그러나 겐셔의 연설은 계속되었다. "여러분은 기차를 타고 동독을 거쳐 서독으로 가게 될 것입니다." 이제는 난민들의 항의의 목소리가 연설을 중단시켰다. 동독을 거쳐 서독으로 간다니, 난민들로서는 받아들일 수 없는 불안한 조건이었다. 겐셔는 다시 자기 보좌관들도 기차에 동행할 것이라며 설득하였다. 굳이 동독 땅을 거쳐 서독으로 가게 하는 이유는 무엇일까? 아마 동독의 입장에서 자신의 주권 행사로 망명을 허용하는 모양새를 갖추어 자존심을 지키기 위한 것으로 보인다. 기차가 동독 땅으로 들어갔을 때 동독 방송은 계속하여 조국을 배반하고 서독으로 망명하고자 하는 주민들을 인도적 견지에서 추방하는 것이라고 말하였기 때문이다. 그러나 방송으로 인하여 동독 주민들이 이 사건을 알게 되어 결국 이어지는 데모에 대거 참가하는 계기를 만들어주었다. 동독 정부의 헛된 자존심과 무능한 대처로 사태를 악화시키는 결과가 되었다.

한편 사회통일당 수뇌부의 망명 허용 결정은 10월 7일 동독 정부 수립 40주년 기념식에서 정상 국가로서 그럴듯한 모습을 보여주기 위한 계산에서 이루어진 점도 있었다. 그러나 결과적으로 내부 붕괴의 대가를 치르고 말았다. 동독 경제는 이미 파탄 지경이었다. 본이나 뮌헨으로부터 차관 제공 가능성도 없었다. 이 기념식에서 호네커는 동독이 지난 40년간 유지해온 사회주의가 성공적이었다고 평가하였다. 궤변이었다. 고르비는 이 음산한 분위기의 행사에서 양로원 모임 같은 정치국을 상대로 개혁을 주문하였다. "정치적 결정이 외부로부터 강요받던 시대는 이미 지나갔으며 동독에서 일어난 문제는 모스크바가 아닌 베를린에서 결정되어야 한다"라고 말하고 그 유명한 말을 남겼다. "Wer zu spät kommt, den bestraft das Leben(인생은 늦게 오는 자에게 벌을 내린다)."

호네커는 사태의 심각성을 깨닫지 못했다. 그의 머릿속에는 그해 6월 3일 중국 천안문 사태가 진압된 것이 자리 잡고 있었다. 모든 것이 오판이었다. 10월 18일 서기장 호네커는 퇴진할 수밖에 없었다. 소련의 의사가 반영된 결과였다. 후임은 우직하고 소심한 에곤 크렌츠(Egon Krenz)였다. 11월 7일 빌리 슈토프(Willi Stoph) 총리도 퇴진하였다. 동베를린, 라이프치히, 드레스덴 등 여러 도시에서 '집회의 자유', '자유 선거', '여행 자유화' 등 정치 개혁을 요구하는 시위가 계속되었다. 특히 라이프치히시 니콜라이교회의 월요 기도회에 이어진 시위가 대표적이었으나 동독은 이를 저지할 힘을 잃었고 소련군은 모스크바의 지침에 따라 개입하지 않았다. 그 때문에 피를 흘리지 않는 평화적인 혁명의 길로 들어서게 되었다. 동독의 이러한 평화 혁명 과정에서 화가, 의사, 변호사, 학자 등 다양한 사람들로 구성된 시민운동 단체인 노이에스 포럼(Neues Forum)이 9월 11일 출범하여 동독 민주화 및 독일 통일 과정에 큰 역할을 하였다.

베를린 장벽의 붕괴

주민들의 시위가 계속되고 서독으로 넘어가는 사람들이 늘어나자 동독 지도부는 획기적인 개혁 조치를 취하여 국민의 요구를 일부라도 받아들이기로 하였다. 그 가운데 하나가 여행 자유화 조치였다. 그러나 그 과정에서 동독 정부가 얼마나 무능한가를 잘 보여주었다. 정치국원 귄터 샤보브스키(Günter Schabowski)의 여행법에 관한 기자 회견에서였다. 그는 원래 11월 9일 저녁, 새로운 여행법을 소개하려 하였다. 그러나 전망할 수 없는 상황에서 과도한 요구에 시달리고 지친 나머지 잘못을 저질렀다. 서독으로의 사적 여행은 누구에게나 가능하다는 것을 설명하면서 '곧, 지체없이'를 잘못 덧붙인 실수였다. 이탈리아 안사(ANSA)통신의 리카르도 어만(Ricardo Ehrman) 특파원의 짜증 섞인 추궁에 당황한 결과이기도 했다. 이로써 호기심에 찬 동베를린 시민들이 서베를린으로 통하는 국경 통제소로 몰려갔다. 23시 14분 상황은 종료되었다. 위로부터 아무 지시를 받지 못하고 정보도 없는 동독 국경 경비대는 차단기를 열 수밖에 없었다. 동서 베를린 시민들은 서로 껴안았다. 우연한 사건이 28년간의 장벽을 붕괴시킨 것이다. 언론은 샤보브스키의 기자 회견에서의 실수를 '역사상 가장 아름다운 실수'라고 평가하였으며 어만 기자는 훗날 독일 통일에 기여한 공으로 훈장을 받았다. 즐거운 코미디 같은 역사의 한 장면이었다. 어쨌든 사회통일당 독재가 끝날 날이 머지않았다. 장벽은 동독 없이는 생각할 수 없었고 특히 동독은 장벽 없이 생각할 수 없었다. 그러나 콜은 운이 없는 편이었다. 우선 병환 때문에 겐셔가 무대에 올라 각광을 받게 할 수밖에 없었고 또 장벽 붕괴라는 역사적 순간에 그는 바르샤바 첫 국빈 방문을 하고 있었다. 역사의 현장에서 떠나 있었던 것이다.

콜은 장벽 붕괴 소식에 경악하였다. 본의 모든 기관 책임자들과 마찬가지로 그는 평생 독일 통일을 경험하지 못하리라 생각했다. 브란트도 통일을 이야기하는 것을 희대의 사기로 보았다. 사민당 명예총재인 브란트는 붕괴 소식을 듣고 침대에서 일어나 영국 군용기를 타고 베를린으로 날아갔다. 콜의 베를린행은 어려운 과정이었다. 폴란드 방문을 중단하고 스웨덴을 거쳐 함부르크로, 거기서 다시 미국 군용기를 갈아타고 베를린에 힘들게 도착하였다. 당

1989년 베를린 장벽 붕괴

시 연합국 통제 규정은 독일 군용기는 동독 상공 비행이나 베를린 착륙이 금지되어 있었기 때문이다. 지친 상태로 뒤늦게 쇠네베르크(Schöneberg) 서베를린 시청 앞 군중 대회장에 도착했다. 1953년 케네디 대통령이 베를린을 방문하여 그 유명한 "나는 베를린 시민입니다"라는 연설을 했던 바로 그곳이었다. 발코니에 브란트, 포겔, 몸페르, 겐셔가 자리잡고 있었다. 아래쪽에는 군중이 바다를 이루고 있었다. 그들은 사민당의 저명인사들에게 경의를 표하면서도 콜의 뒤늦은 연설에는 휘파람과 '우우' 하는 소리로 훼방을 놓았다. 베를린시는 사민당이 집권하고 있었으므로 청중 중에는 사민당 지지자들이 다수였고, 기민당이 이에 대처하지 못한 탓도 있었다. 뒤늦게 총리는 세계의 미디어에 노출된 것으로 생각하고 이들에 지지 않고 연설을 이어나갔다. 실은 카메라는 꺼져 있었다. 그날의 인상적인 연설 대목은 단연 브란트의 "이제 우리는 우리에 속한 것을 함께 성장시켜나가야 한다(Jetzt sind wir in einer Situation, in der zusammenwächst, was zusammengehört)"였다. 행사 마무리로 함께 부른 독일 국가는 불협화음이었다. 기민당과 사민당이 앞으로의 통일 과정에서 공통의 기조를 유지할 수 없음을 암시하는 것 같았다.

베를린에서의 이 장면은 장벽 붕괴 후 콜에게 직접적 영향을 미쳤다. 그는 제때 제자리에 없었고 연설도 어설펐다. 브란트, 겐셔, 몸페르까지 그의 빛을 가려버렸다. 화를 품은 채 그는 바르샤바로 돌아갔다. 우선 겐셔의 그늘에서 벗어나야 했다. 겐셔는 영국, 프랑스 등 동맹의 부담을 덜어주려고 독일 통일이라는 깨어난 사자를 다시 잠재우려 하였다. 미국 부시 대통령은 다른 신호를 보냈다. 독일 통일에 문제가 없다는 입장이었다. 소련에서는 헷갈리는 반응들이 감지되었다. 1989년 11월 21일 소련 특사 니콜라이 포르투갈로프(Nikolai Portugalow)가 본에 나타나 콜의 보좌관 호르스트 텔츠치크(Horst Teltschik)를 만나 독일 문제에 대해 논의하였는데 이때 '국가 연합'이라는 애매한 표현을 쓴 것이다. 텔츠치크는 이번 사태와 관련하여 소련에 퍼지고 있는 소련 측의 약한 의지를 감지하고 전율을 느꼈다. 기본적으로 독일 통일을 독일의 국내 문제로 보는 듯한 느낌이 감지된 것이다. 그사이 동독인들의 개혁 요구가 나날이 거세지고 서독으로의 탈출 이주가 계속되자 크렌츠 서기장 등 구시대 인물들은 자리를 유지하기 어려웠다. 12월 3일 동독 공산당 정치국이 해체하고 크렌츠는 퇴진하였고, 11월 13일 빌리 슈토프 총리에 이어 총리에 취임했던 한스 모드로(Hans Modrow)가 사실상 동독의 최고 책임자가 되었다. 그는 양독 간의 계약 공동체(Vertragsgemeinschaft)를 구상하였다. 그것은 포르투갈로프의 생각과는 조금 달랐다. 곳곳에 애매함이 지배했다. 명백한 내용과 행동의 정립이 필요했다.

기민하게 움직이는 콜, 10개 항 프로젝트와 동독의 민주화

장벽 붕괴 후의 동서독 관계와 관련하여 모드로가 제안한 계약 공동체, 여기에서 한발 더 나아간 두 개의 독립 국가를 전제로 한 국가 연합안과 한 개 국가인 연방 국가안 등 다양한 논의가 진행될 분위기가 조성되었다.

콜로서도 당연히 이 기회를 잘 활용하여야 할 시기였다. 다음 총선에서의 승리가 보장되지 않는 상황이어서 더욱 그러하였다. 그는 텔츠치크를 단장으로 한 스태프들로 하여금 비밀리에 향후의 독일 계획을 작성케 하였다. 숄츠(Rupert Scholz) 국방장관은 전화로 조언하였고 신임이 두터운 3인의 당 출신 심복과 콜의 지인인 람슈테터 형제 2인(한 사람은 학교 교감 출신의 은퇴자이고 다른 한 사람은 루트비히스하펜의 시 교구 수석 사제인 성직자)이 함께 모여 작성하였다. 아내 하넬로레(Hannelore Kohl)도 도왔다. 겐셔 측은 이 작업을 전혀 몰랐다. 콜과 겐셔 사이의 미묘한 갈등 구조의 결과였다. 그래도 연정 파트너인 겐셔에게 귀띔조차 하지 않은 것은 너무 심했다는 생각이 든다. 정치의 비정함일까? 아내는 콜에게 조언하며 용기를 북돋아주었고 문서를 타이핑하였다. 11월 28일 콜은 하원 예산 심의에서 이례적 문서인 「독일과 유럽의 분단 극복을 위한 10개 항(Zehn Punkte-Programm zur Überwindung der Teilung Deutschlands und Europa)」을 발표하였다. 그 내용 대강은 다음과 같다.

첫째, 인도적 분야와 의료 분야의 즉각적인 지원 조치.

둘째, 경제·과학·기술·문화·환경 분야에서 동독과의 협력을 확대함.

셋째, 헌법 개정과 새로운 선거법 개정 등 동독의 정치와 경제 제도의 근본적 개혁을 전제 조건으로 서독이 경제 원조와 협력을 확대함.

넷째, 동독 모드로 총리가 제안한 조약 공동체를 고려해볼 용의가 있음. 경제·교통·환경·과학·기술·보건·문화 분야의 협력을 위한 공동 위원회를 구성함.

다섯째, 독일 연방국 건설을 목표로 한 동서독 간 국가 연합적 조직(die Konföderative Struktur)으로 발전시킴. 이를 위해 동독에서 민주적 정통성이 있는 정부가 구성되어야 함.

여섯째, 동서독 관계의 발전은 전 유럽의 통합 과정·동서 관계에 맞도록 함.

일곱째, 유럽경제공동체(EC)는 전 유럽 발전의 핵심으로 동독도 포함되어야 함.

여덟째, 유럽안보협력회의(CSCE)는 전 유럽의 핵심 조직으로 이를 더욱 발전시키고, 동서 경제 협력 조정을 위한 공동 기구와 전 유럽의 환경 보호를 위한 기구를 실시함.

아홉째, 유럽의 분단과 독일의 분단을 극복하기 위해 광범위한 군비 축소와 군비 통제를 시행함.

열째, 이러한 광범위한 정책을 통해 유럽에 평화를 달성하고 이를 토대로 독일 민족은 자유로운 자결권을 행사하여 통일을 이룩함. 통일 독일은 연방 정부의 변함없는 정치적 목표임.[10]

콜 총리의 방안은 결국 동독의 정치·경제와 사회 개혁이 이루어지고 난 뒤에 동서독이 협력하여 '국가 연합적 조직'으로 발전시키고 마지막에 통일을 이룩한다는 3단계 방안이라 할 수 있다. 그 과정은 우려의 시각을 가진 국제사회를 배려하며 신중하게 진행할 계획이었으며 통일이 되기까지는 적어도 5~10년이 걸릴 것으로 보았다.

콜은 이로써 센세이션을 일으켰다. 무엇보다 겐셔를 제자리로 돌아가게 하고 자신이 주역으로 올라섰다. 야당인 사민당도 한 방 먹은 셈이 되었다. 당 대표 포겔도 비슷한 계획을 준비할 요량이었다. 콜은 대담한 이니셔티브로 독일 문제에 대한 주도권을 확보하였다. 처음에는 반대자나 비판자들이 저평가하고 시비를 걸었지만 이것이 별 영향을 주지 못했다. 독일 통일을 향한 단계적 계획인 10개 항은 1992년 말로 예정된 유럽의 단일 시장화가 완료되기 전

---

10 손선홍, 『분단과 통일의 독일 현대사』, 소나무, 316쪽.

에는 통일이 이루어지지 않을 것임을 전제로 한 것이었다. 핵심인 5항에서 그는 양국 간의 연합 구조를 중간 목표로 제시하였다. 다만 그것은 동독이 민주적 합법 정부로 변화하는 것을 전제로 한 것이었다. 계획에는 폴란드와의 국경 문제는 언급되지 않았다. 정치적 발화력이 큰 문제였기 때문이다.

세계 여론은 깜짝 놀라 콜을 주목하였다. 머뭇거리고 주저하는 것이 지금까지 콜의 스타일이라면 이번에는 달랐다. 콜은 본능적으로 행동하기 시작하였고 시대의 정점에 오른 것처럼 보였다. 그런 모습을 동독 방문에서도 보여주었다. 12월 19일과 20일 양일간 동독 지역인 드레스덴을 방문하여 동독 총리 한스 모드로(Hans Modrow)를 만났다. 미테랑 프랑스 대통령이 동베를린을 방문할 예정이었으므로 그보다 먼저 방문해야 한다고 생각하였다. 동독은 파산 상태로 사실상 지불 능력이 없었다. 콜은 막 헝가리 방문에서 돌아온 길이었기에 양독 회담에 대해 준비가 덜 된 상태였다. 그가 비행기에 내렸을 때 수많은 사람이 몰려나와 환영하였다. 순간 번쩍하고 그의 머리를 스쳐 지나가는 생각이 있었다. '이 체제는 끝나가는구나, 통일은 문밖에 와 있네.' "루디, 일이 이렇게 끝나가는군." 콜은 수행한 총리실 실장 루돌프 자이터스(Rudolf Seiters)를 돌아보며 이렇게 말했다.

그는 역사의 깊고 거대한 흐름 속에 휩싸여 들어갔음을 느꼈다. 전쟁 중 영국군 포격으로 폐허가 된 성모교회(Frauen Kirche) 앞에서 짧은 연설을 차분한 어조로 하였다. 수많은 드레스덴 시민들은 그의 입을 주시하며 열광하였다. 독일 통일과 연관될 수 있는 말 한 마디에 그들은 엄청 환호하였다. 준비된 연설문이 없었다. 지금까지 수십 번 해왔던 것과 비슷한 내용이었다. "나의 목표는 역사가 우리에게 통일의 시간을 허용한다면 이를 위하여 노력할 것이다"라는 정도였다. 하원이나 기민당 전당대회에 이런 연설을 했다면 겨우 밋밋한 박수를 받았을 것이다. 그러나 드레스덴에서의 그 말은 기폭제 같았고, 콜에게 큰 과제와 사명감을 발견하였다는 확신을 느끼게 해주었다. 콜은 동독 주민의 반응이 너무 뜨겁고 당장 통일의 길로 달려갈 것 같은 분위기가 형성되면 독일 통일을 두려워하는 국가들에 불필요한 자극을 줄 염려가 있다고 생각하고 분위기가 들뜨지 않도록 자제시켰다. 예컨대 참가자들이 국수주의적으로 들릴 수 있는 "독일, 모든 것 위에 있는 독일"이 첫 소절인 노래 「도이칠란트」를 부르면 차분한 성가로 유도하도록 당부해놓기까지 하였다.[11]

모드로는 150억 마르크의 엄청난 지원금을 요구하였다. 콜의 지원은 우선 필요한 최소한에 한정되었다. 그 대신 예컨대 베를린 브

---

11 헬무트 콜, 앞의 책, 162쪽.

란덴부르크 문을 도보자들에게 크리스마스를 앞둔 12월 23일 공식적으로 개방할 것을 요구하였다. 양 정상은 동서독 조약 공동체 결성 이외에도 경제, 환경, 교통, 통신 등 모든 분야에서 협력하기로 하였다. 그리고 12월 24일부터 서독인의 동독 방문 제한 규정을 폐지하기로 하였다. 모드로 총리는 민주적 절차에 따라 자유 선거를 실시하고 경제 정책도 시장경제 원리에 따르도록 전환하며 정치범을 석방하고 형법을 국제 기준에 맞게 고치며 헌법도 개정하겠다고 약속하였다. 서독도 우편, 통신 등 교류를 촉진시키기 위하여 지원을 강화하기로 하였다. 경제 개혁을 통해 동독 주민의 이주를 막고 경제를 안정시켜 사회주의 국가로 남기 위한 동독의 고육지책이었다. 동독은 당장의 통일을 생각하지 않았다. 소련의 고르비, 영국의 대처 수상, 프랑스의 미테랑 대통령은 독일 통일 움직임에 반대하고 나섰다. 미국은 통일된 독일이 나토의 일원으로 잔류할 것을 조건부로 하여 독일 통일을 찬성하였다. 소련이 이를 받아들이기 어려운 조건이고 동독 모드로 총리도 동서독이 각자의 군사 기구에서 탈퇴한 후 총선을 실시한 다음에 중립화된 연방국으로 통일하자고 제안하였기 때문에 서독이 의도하는 통일 방안은 사실상 불가능하였다.

이를 타개하기 위한 콜 총리와 겐셔 외무장관의 헌신적인 노력이 필요해졌다. 콜 총리는 1990년 2월 10일 고르비를 찾아갔다. 고르비는 콜 총리에게 "소련은 한 나라로 살고자 하는 독일인들의 결정을 존중할 것이며, 독일 통일 문제는 독일인 스스로가 결정해야할 일이다"라는 진전된 의견을 내놓았다. 원칙적 입장의 표명이었지만 희망을 갖게 하는 언급이었다. 그러나 앞길은 험로임이 분명했다.

동독의 민주화 과정

통일에 대한 관심이 고조되는 가운데 동독 인민의회 총선이 다가왔다. 콜은 대외 정책과 통일 문제를 선거에 유리한 이슈로 부각시켰다. 그리고 서방 3개국과 소련을 상대로 통일을 위한 설득 작업을 시작하였다. 관찰자들은 의구심을 갖고 콜을 바라보는 분위기였으나 그는 잘 헤쳐나갔다.

모드로는 동독 최초의 자유 선거일을 1990년 5월 6일로 정했다. 동독에서 돌아가는 숨가쁜 상황에 비추어보면 너무 느슨한 일정이었다. 동독 주민, 특히 젊은 엘리트나 생산성 높은 인력들의 서독이주가 계속 증가하였다. 동독에서는 행정 등 공무, 상거래, 배급이나 교통 체제 등도 사실상 붕괴되었다. 동독인에게는 통일이 구원의 언덕이었다. 서독의 매력, 튼튼한 경제와 번영, 빠른 자동차, 세계로의 여행, 서독의 높은 국제적 위상 등이 동독 주민들을 가만히 묶어놓지 않았다. 한편 서독으로서도 동독 이주민을 난민처럼 관리해야 하는 부담이 생겼다. 동독 주민의 서독 이주를 막는 길은 동독 주민들이 동독에 머물러도 서독 수준의 생활 여건을 누릴 수 있게 만들어주는 것이었다. 한시가 급했다. 그리고 궁극적 해결책은 통일이었다.

그리하여 1990년 1월 말 동독 정부에 갈음하여 민주적 임시 기구 역할을 하는 정부·정당·교회·노동자로 구성된 원탁 회의(Runder Tisch, 1989년 12월 7일 구성됨)는 선거일을 3월 18일로 앞당겼다. 2월 4일 기존 동독 사회통일당(SED)은 그 이름을 민주사회당(Partei des Demokratischen Sozialismus, PDS)으로 바꾸었다. 모스크바에서는 고르비가 독일 통일을 피할 수 없을 것으로 생각하고 불만스럽지만 대비를 시작하였다. 영국 대처 수상이나 프랑스 미테랑 대통령에게는 실망스러운 분위기였다. 미테랑은 1989년 12월 동베를린 방문을 단행하였다. 동독의 존속을 바라며 이와 관련하여 주의를 끌기 위함이었다. 그러나 성과는 별로였다. 미테랑은 급변하는 상황이 고르비를 궁지에 몰아 그를 실각시키는 결과가 오는 것을 막아야 한다는 생각으로 콜에게 그 점을 당부하기도 하였다. 고르비는 독일 통일로 나아가는 추세를 막거나 되돌릴 수 없을 것으로 보았다. 그가 서 있는 기반도 흔들리는 형국이었다. 그는 불가피하게 독일 통일에 동의하면서 그 동의에 대해 좋은 대가를 얻어내는 것이 상책이라고 생각하였다. 1990년 2월 10일 고르비는 콜에게 좋은 소식을 전했다. 독일 통일의 시기나 방안은 독일이 자주적으로 정할 수 있다는 것이다. 역사적 순간이었다. 콜은 좋은 소식을 기자단에게 전하기 전 옆에 있는 겐셔에게 속삭였다. "우리 이제 실컷 취해도 좋겠네." 그러나 고르비는, 뒤에 명백히 밝혀졌지만, 세 가지 요구 사항을 내걸었다. 기존 국경의 불가침성, 경제적 지원, 통일 독일의 나토 미가입이었다. 앞 두 가지는 비교적 단순한 문제였지만 세 번째 문제는 소련이 크게 치고 나온 어려운 문제였다.

선거 운동에는 귀신인 콜은 이 무렵 전속력으로 달렸다. 동독 선거의 승리를 위하여 동독 기민당(Ost-CDU), 독일새출발(Demokratischer Aufbruch, DA), 독일사회연합(Deutsche Soziale Union, DSU) 등으로 '독일을 위한 연대(Allianz für Deutschland)'를 구성하였다. 이들은 3월 18일 선거 후에는 불필요하게 될 정치적 하루살이에 불과했다. 콜은 강력한 통일 노선을 바탕으로 선거전을 이끌었다. 서독 기본법 제23조에 의하여 동독을 서독 기본법 적용 영역으로 끌어들이고 경제적·사회적으로도 마찬가지로 포섭함으로써 불안해하는 동독인들에게 기적을 만들어줄 사람으로 콜을 인식시켰다. 그리하여 "헬무트, 우리는 당신을 사랑합니다"라는 플래카드가 등장할 정도였다. 그러나 동독 사민당(SPD)과 민사당(PDS)은 서독 기본법 제146조에 의한 점진적 통일(헌법을 제정하여 정부를 구성하는 방법)을 주장하였는데, 동독 주민들의 다급한 마음을 얻을 수 없었다.

　콜과 연대한 동독 측 기독민주계의 총리 후보자 로타르 데메지에르(Lothar De Maizière) 일파가 서독식 모델에 따른 선거 운동을 통해 승리를 얻고 동독 최초 자유 선거에서 48%를 득표하였다. 기대 밖의 성과였다. 반면 성급하게 자찬하며 자신감을 보인 사민당은 21.9%의 저조한 득표를 보였고 뒤이어 사회통일당(공산당)에서 이름을 바꾼 민주사회당(PDS)이 16.4%, 자유민주연맹(Bund Freier Demokraten, BfD)이 5.3%를 득표하였다. 이 모든 것은 조속한 통일 실현을 바라는 국민투표 성격의 결과이며 콜 총리만이 이를 담당할 수 있음을 인정한 결과였다. 나머지 절차는 계획에 따라 잘 진행되었다. 데메지에르는 4월 12일 인민의회에서 최초이자 마지막 민주적 선출 동독 총리가 되었다. CDU, SPD, DSU, DA, BfD로 구성된 대연정의 수뇌 자격으로 그가 해야 할 일은 예정된 6개월 존속 기간 내에 동독의 질서 있는 청산과 서독에의 빠른 흡수였다. 이 작업은 어려웠고 시간은 촉박하였다. 원래 계획은 1990년 12월까지 마치는 것이었으나 전망이 불투명하였다. 여름에 연정이 흔들렸다. 연정은 처음부터 강한 원심력에 의해 영향을 받을 수밖에 없었다. 이러한 과정에 이탈리아에서 열린 월드컵 축구 대회에서 독일팀이 7월 8일 세 번째 우승을 차지하였다. 독일 통일 작업에 대한 격려이자 축하인 셈이었다.

마침내 통일을 이루다

통화, 경제 및 사회 동맹에 관한 국가 계약

콜은 통일 작업 과정에서 사소한 문제에는 관여하지 않고 구체적 내용을 내무장관 볼프강 쇼이블레에게 위임하여 처리하도록 하였다. 콜은 쇼이블레를 전적으로 신임하였다. 5월 18일 서독 재무장관 테오 바이겔(Theo Waigel)과 동독 재무장관 발터 롬베르크(Walter Romberg)는 본 샤움부르크 궁(宮)에서 '통화, 경제와 사회 동맹에 관한 국가 계약(Staatsvertrag zur Wirtschafts, Währung- und Sozialunion)'에 서명하였고, 이들은 7월 1일부터 발효하였다. 화폐와 경제 통합은 서독의 마르크가 동독에서 통용되고, 동독은 서독의 사회적 시장경제 체제를 받아들이는 것이다. 사회 동맹은 결사의 자유, 임금 협상의 독립 등 시장경제에 맞는 경제 원칙을 채택하고 각종 보험 등 서독의 사회복지 제도를 도입하는 것이다. 이는 동독 주민의 서독 이주를 억제하고 동독을 정치적으로나 경제적으로 안정시키기 위한 조치였다. 당초 계획했던 단계적인 통합보다는 조속한 통일을 추진하는 방향으로의 전환이었다. 동독의 신임 총리 데메지에르는 4월 19일 인민의회에서 서독 기본법 제23조에 의해 통일을 가능한 빨리 이룩하는 것이 신정부의 주요 정책이며 통일된 독일이 나토에 잔류해야 한다는 입장을 밝혀 사실상 서독에의 흡수를 용인하였다.

마침내 460톤의 지폐, 600톤의 주화 합계 280억 독일 마르크가 동독으로 보내졌다. 동독 주민이 수개월간 "도이치 마르크가 이곳으로 오지 않으면 우리가 그곳으로 간다"라고 부르짖었던 결과였다. 그들은 그렇게 바라던 화폐를 손에 넣게 되었다. 경제 통화 부문 전문가들과 연방 중앙은행 총재 카를 오토 푈(Karl Otto Pöhl)의 일치된 의견에 반하여 순수 임금, 보수, 장학금, 임차료와 연금 등은 1:1로 교환하기로 했다. 개인 저축은 처음에 1인당 4,000동독마르크까지 1:1로 교환해주기로 하였으나 나이에 따라 차등을 두기로 했다. 즉 14세 미만은 2,000동독마르크까지, 15세 이상 59세 미만은 4,000동독마르크까지, 그리고 60세 이상은 6,000동독마르크까지 1:1로, 그 초과액은 1:2로 교환해주었다.

동독을 위한 이 기막힌 조치의 결과는 정치인들 사이에서도 쉽게 납득되지 않았다. 경제 원칙에 맞지 않았다. 그 결과로 그렇지 않아도 세계 시장에서 경쟁력을 잃고 있었던 동독의 조악한 생산품은 더욱 가격 경쟁력을 잃어 동구권에서도 팔리지 않게 되었다. 축제 기분에 사로잡힌 정치인들은 이런 결과를 생각하기 어려웠을지도 모른다. 시간이 지나면 사람은 영리해진다. 지금 생각하면 불

합리하기 짝이 없으나 1990년 초반 당시에 정치적·심리적으로 다른 대안이 있었겠는가? 아무리 동독 화폐 가치가 서독 화폐의 3분의 1에 지나지 않는다 하더라도 어떻게 동독 주민에게 "당신네들 삶이 서독의 3분의 1의 가치일 뿐"이라고 설득할 수 있겠는가? 콜은 그렇게 자문하였다.[12] 그래서 콜은 경제적 원칙을 넘어 정치적 결단을 하였던 것이 아닐까? 이외에도 콜 총리와 데메지에르 총리는 통일 비용을 마련하기 위하여 1994년까지 1,150억 마르크의 통일 기금을 조성하기로 합의하였다.

통일 조약과 동독 인민의회의 동독의 서독 편입 의결

8월 31일 쇼이블레와 동독 국무장관 귄터 크라우스(Günther Krause)가 통일 조약(Einigungsvertrag, 정식 명칭은 '독일 통일 완수에 관한 독일연방공화국과 독일민주공화국 간의 조약')에 서명하였다. 통일 조약은 통일과 관련된 동독의 서독과의 모든 실무적 문제를 규정한 것이다. 즉 베를린을 수도로 정할 것이냐의 문제(통일 조약은 "통일된 독일의 수도는 베를린이다. 의회와 연방 정부의 소재지는 통일 후 결정한다"라고 규정하였다. 결국 소재지는 1991년 6월 20일 연방 하원에서 결정되었다. 표결에 앞서 콜 총리를 비롯하여 107명의 의원이 장장 11시간에 걸쳐 자신들의 입장을 밝혔다. 표결 결과는 337:320의 근소한 차이였다. 콜 총

---

12 Arnulf Baring, 앞의 책(E-Book), Location 2973.

리와 빌리 브란트 전 총리는 베를린 이전에 찬성하였다), 동독 지역에 갖고 있던 토지나 건물 등 재산을 몰수당한 서독인들의 재산권 회복 문제, 동서독 사이에 차이가 있는 낙태 처벌에 관한 문제 등 통일에 따른 여러 문제를 해결하기 위한 조약이었다. 회담은 1990년 7월 6일 동베를린에서 시작되어 본을 오가며 수차의 논의를 거쳐 체결된 것이다.

한편 통일 후의 총선 방식과 관련해서도 동서독 사이에 의견 대립이 있어 이를 조정해야 했다. 주된 쟁점은 연방 하원의 의석을 배정받기 위해서 최소한 5%의 득표율을 얻어야 하는 '5% 조항'의 도입 여부였다. 동독 지역에 기반을 둔 정당들은 서독 지역에서 득표가 어렵기 때문에 동독 지역만을 기준으로 하여 '5% 조항'을 적용해야 하는 것이 옳다는 문제가 대두되었다. 일단 전 독일 지역을 기준으로 '5% 조항'을 적용하기로 하는 선거 조약이 체결되었으나 동독 지역 정당들이 연방 헌법재판소에 위헌 제소를 하여, 헌법재판소는 9월 29일 선거 조약이 기본법에 위반된다고 판결하면서 서독과 동독을 따로 나누어 동독 정당들은 동독 유권자들의 5% 지지만 얻어도 의석을 배분해주는 방안을 제시하여 이것이 선거법에 반영되었다.

한편 8월 23일 동독 인민의회는 길고 복잡한 논의 끝에 두 번째 중요 결정을, PDS와 Bündnis 90/Die Grünen에서 나온 62표의 반대 속에서 내렸다. 동독의 서독에의 편입을 기본법 23조에 따라 10월 3일자로 단행하기로 결의한 것이다. 기본법 제23조를 적용하기 위해서 동독 공산 정권이 지배 체제를 강화하기 위하여 1952년에 폐지하였던 메클렌부르크-포어포메른, 브란덴부르크, 작센-안할트, 작센, 튀링겐 등 5개 주를 부활시켜 각 주가 서독에의 편입을 결의하는 절차를 취하였다. 각 주가 연방에 편입하는 결의를 함으로써 독일은 간편한 절차에 의해 통일된 것이다. 만약 기본법 제146조에 따라 제헌의회를 구성하여 통일 절차를 밟았다면 통일은 훨씬 늦어져 혼란스러웠을 것이거나 불가능했을 것이다. 독일 통일에 우호적이었던 고르비가 1991년 실각하였기 때문이다. 역사의 조그만 틈새를 잘 활용한 콜의 리더십에 감탄할 수밖에 없다. 아무튼 앞서 본 신속한 절차에 따라 10월 3일 통일은 완성되었고 그날은 새로운 국경일이 되었다.

2+4 회담, 대외 문제의 해결

독일 통일에는 분단 당사국인 서독과 동독의 합의 외에 미국·영국·프랑스·소련의 동의가 필요했다. 이들 4개국은 1945년 8월의 포츠담 협정에 의해 '베를린과 전 독일에 대한 권한과 책임'을 갖고 있기 때문이었다. 또한, 독일 통일이 유럽의 안보나 평화 문제와 관련이 있기 때문에 통일된 독일의 군사 동맹 문제와 국경선 문

독일 통일에 관한 마지막 타결, 코커서스에서의 콜과 고르바초프

제 등이 해결되어야 했다. 따라서 통일에 앞서 이러한 문제를 해결할 기구가 필요했다. 그리하여 1990년 2월 13일, 캐나다 오타와에서 열린 유럽 안보협력회의 외무장관 회담에서 동서독과 4개국을 포함한 '2+4 회담'이 구성되었다. 동서독이 과거와 달리 당당하게 당사자로서 참여하게 된 것은 큰 의미가 있었다. 특히 '4+2'가 아닌 '2+4'인 것은 동서독이 주도한다는 상징적 의미가 있었다. 1차 회담은 1990년 5월 5일 본에서 시작되어 마지막 4차 회담이 9월 12일 모스크바에서 열렸다. 그동안 세 차례의 회담과 콜 총리의 7월 소련 방문으로 대외적 문제가 모두 해결되어 '독일과 관련한 종료 규정에 관한 조약'이 서명되었다. 독일 통일과 완전한 주권 인정, 독일과 폴란드 사이의 현재 국경 인정, 독일의 핵무기 및 생화학 무기 제조 보유의 금지, 군 병력을 37만 명으로 감축, 동독 지역 주둔 소련군의 체류 및 철수와 그 조건, 통일된 독일의 동맹에 가담할 권한, 4개국의 '베를린과 전 독일에 대한 권한과 책임'의 종료 등이 그 내용이었다. 이로써 통일을 가로막는 대외적 장애물이 모두 제거되어 독일은 대내외적으로 완전한 주권을 회복하게 되었다.

워싱턴·파리·런던·모스크바는 이 시점에 독일에 대한 의구심을 떨쳐내었다. 콜이 독일이 다시 제4제국이 되어 공포의 대상이 될지 모른다는 다른 나라들의 걱정이나 공포를 누그러뜨리고 안심케 하는 노력을 다하였기 때문이었다. 콜은 이런 신뢰를 얻기에 적합한 최고의 인물이었다. 그의 의도적 연약함, 촌스럽고 우직하고 어리숙함은 강함으로 작용하였다. 그의 걱정스럽게 비대해지는 몸매에도 불구하고 콜에게서 누구도 범 독일의 과대망상적 행동을 걱정하지 않게 되었다. 콜이 보여준 신뢰는 동맹국에도 좋은 영향을 미쳤다. 무조건적 찬동 입장인 미국 덕에 오랫동안 흔들리던 영국과 프랑스 정부를 통일에 동의하게 만들었다. 고르비조차 콜의 부드러운 매력에서 벗어날 수 없었다. 독일 통일에는 찬동하면서도 통일 독일이 나토 회원국으로 잔류하는 것에는 반대했던 고르비는 그 문제를 뒤로 미루자고 일보 양보하였으나, 콜은 독일의 완전한 주권을 주장하며 나토 잔류를 관철시켰다. 즉 7월 16일 콜은 고르비의 고향 코카서스에서 고르비로부터 독일이 나토 회원국이 되는 게 무방하다는 인정을 받아내었다. 코카서스로 가기 전 모스크바에서 고르비가 유보적인 태도를 보이자 콜은 나토 잔류를 허용하지 않으면 독일로 돌아가겠다고 배수의 진을 쳤다. 고르비는 코카서스의 맑은 공기를 마시며 더 좋은 방안을 강구하자고 제안하여 콜은 자기 뜻이 관철될 것으로 알고 코카서스로 갔던 것이다. 두 사람 사이의 그동안의 인간적 교류나 교감이 영향을 주었을 것이다. 물론 소련도 당시 독일의 경제적 지원이 필요한 상황이었다. 이미 5월 말 고르비는 이 거대한 양보를 캠프데이비드에서 부시 대통령에게 밝혔다.

그러나 당시 이것이 불가역적인 것인지 확실치는 않았다. 어쨌든 독일군을 37만 명으로 제한하고, 핵무기 및 생화학 무기는 생산·소지·처분하지 않으며, 핵 확산 금지 조약에 잔류하며, 소련 군대의 동독에서의 철수 절차 등을 돕기 위해 50억 마르크 차관을 제공하며 추가적 지원을 예정하면서 나토 잔류를 결정지었다. 전체적으로 본 정부는 이 과정에 소련에 제공할 금액이 350억 마르크 상당이 될 것으로 보았다. 그래도 독일 입장에서는 남는 장사였다. 어떻게 금전으로 평가할 수 있겠는가? 콜에게는 결코 타격이 아니었지만, 고르비에게는 달랐다. 1년 반 후 퇴임해야 했고 1991년 12월 31일 소련연방은 해체되었다. 헨리 키신저는 민주주의가 냉전에서 마침내 승리하였다고 평가하였다. 콜의 코카서스 미션은 고집스러운 회의론자들을 제압하였다.

"총리, 행운을 빕니다." 콜의 반대자였던 노언론인 루돌프 아우그슈타인(Rudolf Augstein)이 축하를 보냈다. 곧이어서 4개국과 양독 외무장관 사이의 2+4회담이 성공적으로 진행되어 종결되었다. 9월 12일, 6개국은 모스크바에서 역사적 문서에 서명하였다. 이것은 아직 성립하지 않았던 승전국과 독일 사이의 평화 조약의 역할을 하는 것이었다. 베를린과 독일에 관한 4개국의 권한은 이로써 종료되었다. 계약의 효력 발생일은 다음 해 3월 중순이었지만 통일 독일은 반세기 후 처음으로 완전한 주권 국가가 되었다.

콜은 폴란드와의 오데르-나이세 국경 문제는 오랫동안 덮어두었다. 왜냐하면 이 문제는 독일 문제 전체의 만족스러운 해결과 맞물려 하원을 통과할 수 있으리라는 확신 때문이었다. 콜과의 구두 합의에 반하여 폴란드 총리 타데우시 마조비에츠키(Tadeusz Mazowiecki)는 1990년 2월 기자 회견에서 오데르-나이세 경계의 즉각적인 인정을 요구하였다. 그것은 통일 절차 진행에 있어서 여름까지 부담이 되었으나 크게는 아니었다. 콜이 보여준 신뢰는 컸고 그의 순수성도 국내외에서 인정받았기 때문이었다. 10월 1일 콜은 새롭게 통합된 함부르크 당대회에서 전설 같은 98.5% 득표로 당 대표로 재선출되었다. 콜은 당원들로부터 거의 성인처럼 보였고 존경을 받았다. 아데나워의 전성시대에 아데나워가 누렸던 인기와 같았다. 콜은 함부르크에서 베를린으로 갔다. 10월 2일 동독 인민의회는 마지막 회의를 열어 동독 정부를 해산하고 동독의 소멸을 선언하였다. 데메지에르는 마지막 연설에서 "우리는 하나의 민족이며, 이제 하나의 국가가 된다. 지금은 기쁨의 순간이자 눈물 없는 이별의 시간이다"라고 말했다. 동독은 역사 속으로 사라졌지만, 동독 주민들은 기뻤다.

10월 2일 밤 11시 55분 제국 의사당 앞 무대에서 통일 기념 행사가 열렸다. 바이츠제커 대통령, 콜 총리, 데메지에르 총리 등을 비롯하여 약 100만 명의 시민이 참석했다. 깃발, 횃불, 불꽃, 실러의 시와 베토벤 교향곡 9번 「환희의 송가」, 정계·사회계·예술·문화계 거물 인사들, 번쩍거리는 카메라 플래시…. 수많은 TV 카메라가 이 장면을 세계에 방송하였다. 그 가운데 세계적 지도자로서 성공한 독일 총리가 그의 정치적 커리어 최고 순간을 즐기고 있었다. 당연했다. 이로써 독일은 1990년 10월 3일 0시를 기해 통일되었다. 10월 3일이 국경일이 되었다. 10월 4일 제국의회 의사당에서 인민의회 의원 144명을 포함한 통일된 독일의 첫 연방 하원 회의가 열렸다. 콜 총리는 이 회의에서 미국·영국·프랑스·소련 4국의 협력으로 통일을 할 수 있었다며, 특히 소련 고르비 대통령에게 고마움을 표시했다. 그는 또한 지난 20세기에 독일인들이 저지른 죄를 잊지 않으며 과거를 인정함으로써 자유와 통일을 얻을 수 있었다고 말했다. 이어서 독일의 죄악과 어두운 역사로 고통을 받았던 여러 국가의 국민, 특히 유대인에게 사죄하였다. 데메지에르 등 구동독 정치인 5명이 연방 정부의 무임소장관으로 입각하였다. 콜 정부는 12월 2일 총선까지 과도 정부가 되었다.[13]

독일은 소련과 11월 9일 '양국 간의 선린 관계, 파트너십과 상호 협력에 관한 조약'을 체결하였고, 폴란드와는 11월 14일 오데르-나이세강을 양국 간의 국경으로 하는 국경 조약을 체결하였다.

---

13 손선홍, 앞의 책, 349쪽.

독일 통일의 날. 베를린 제국의회 의사당 앞

통일 후 첫 총선

1990년 12월 2일 통일 독일의 총선은 집권 연정에게는 손쉬운 선거였다. 총리는 독일 통일을 자기의 작품이자 개인적 성공을 나타내는 것으로 자부했다. 독일 통일 과정에서 사민당과 녹색당은 통일에 대해 상대적으로 소극적 입장을 보였었다. 일부 좌파들은 심지어 동독 주민들이 동독 체제를 나름대로 선택한 체제로 보고 존중해야 한다는 생각을 가졌다. 그래서 통일 방안도 기본법 제23조가 아니라 제146조에 따라야 한다는 의견이었다. 사민당 총리 후보자 라퐁텐은 이처럼 시대의 흐름을 읽지 못하고 통일 비용 등 음울한 예견에만 집착하여 국민으로부터 고립되었다. 그는 1990년 4월 말 한 미친 자객에게 습격당하여 중상을 입었다. 육체적으로 힘들었을 뿐 아니라 정치적 감각도 흔들렸다. "라퐁텐은 선거에서 질 것이다. 그것은 당연하다"라고 슈미트는 예견하였다. 브란트는 내부를 향해 "전 국가적 테마에 대해 소홀하지 않기를" 요구하였다. 그러나 소용이 없었다. 콜은 통일은 적어도 1년에 1,000억 마르크가 소요될 것이라는 라퐁텐의 수준 낮은 평가에 대해 거칠게 몰아붙였다. 통일 비용은 자체적으로 해결될 것이라고 했다. 즉 콜이 약속한 '꽃피는 번영의 나라'를 만드는 데 증세는 필요 없다는 것이었다. 그의 동독인을 향한 기쁜 메시지는 아무에게도 나쁘지 않고 많은 이에게 좋은 일이었다. 라퐁텐이 제시한 쇼킹한 숫자가 오히려 독일 통일 작업의 사실상 비용에 미치지 못한다는 사실조차도 1990년 12월 선거에서 사민당 후보에게 도움이 되지 못했다.

선거에서는 옳다고 반드시 좋은 것은 아니었다. 유권자의 계산서는 따로 해석할 여지가 없었다. 43.8%가 유니언을 지지하였다. 콜 총리 업적에 비해서는 좋은 결과는 아니었다. 자민당은 11%의 놀라운 성적을 거두었다. 대책 없이 통일에 반대했던 녹색당은 서독 지역에서 5% 득표의 허들을 못 넘어 의회 진출에 실패했으나 동쪽에서는 Bündnis 90/Die Grünen과 연합하여 6% 득표로 8석을 확보하였고, PDS는 동쪽에서만 살아남아 17석을 확보하였다. 진정한 선거 패배자는 사민당이었다. 정신이 번쩍 드는 33.5% 득표는 새로이 1950년대의 30% 이하로 떨어질 위험을 보인 것이었다. 브란트를 제외한 사민주의자들이 시대 흐름을 읽지 못하고 독일 통일 열차를 흘려보낸 결과였다.

콜은 선거 승리에 기뻐할 수만은 없었다. 그의 가장 가깝고 없어서는 안 될 통일 작업 관리자인 볼프강 쇼이블레가 1990년 10월 12일 습격을 받아 하반신 불구의 중상을 입었기 때문이다. 콜은 쇼이블레를 그의 후계자로 염두에 두고 있었고 이제는 병상에 있는 그가 원내대표를 맡도록 설득할 계획이었다. 여전히 그를 후계자로 생각하고 있음을 쇼이블레가 알도록 애썼다. 콜은 전설적인 프랭클린 루스벨트(Franklin D. Roosevelt) 자서전을 병상에 전했다. 루스벨트가 소아마비 장애를 극복하여 성공을 거두는 책 내용에 손수 밑줄을 그어 전달하였다.1991년 11월 25일 습격 후 13개월 만에 휠체어를 탄 쇼이블레는 기민당 원내대표에 선출되었다.

연정 협상에서 겐셔는 놀라운 자민당 선거 승리를 기반으로 평범한 승리를 거둔 유니언에 대하여 다양한 주장을 하고 나왔다. 콜이 배제하였지만 실제로 피할 수 없는 것이 징세 문제였다. 연대 부담금이라고 이름을 붙였지만, 실은 위장된 통일세였다. 그래도 옛 서독인들은 감당할 준비가 되어 있었다.

드러나기 시작한 부실한 동독의 실태

통일 분위기의 황홀감에 휩싸인 가운데 여기저기에서 바람직하지 않은 일도 생겨났다. "통일이 있는 곳에 분열도 나타난다"라고 역사학자 토마스 니퍼다이(Thomas Nipperdey)가 1990년 10월 말 보훔(Bochum) 역사학자대회에서 우려를 나타냈는데, 이는 실제로 드러났다.[14] 동독 주민들의 번영의 꿈은 사라졌고 옛 동독 주들이 비상 상태에 있음이 드러났다. 아무도 옛 동독 지역이 사실상 심각한 상태였음을 알지 못했다. 예컨대 동독이 137개국과 맺은

---

14 Arnulf Baring, 앞의 책(E-Book), Location 3058.

2,600개의 계약 중 7%만이 동독 관보에 게재되어 있었다. 본 정부가 브뤼셀에 보고한 숫자나 지표가 결과적으로 거짓투성이었다. 서독은 동독의 실체를 파악하지 못하고 있었다. 동독 정부의 거짓이 기본적으로 문제였지만 서독 정보기관이나 학자들이 순진하게 동독을 믿어주었기 때문이기도 하다. 그것을 동족에 대한 예의로 생각했던 것일까?

그러나 서독 지역 정치권이나 국민은 당황스러운 상황을 신뢰 깊은 반응으로 대응하였다. 10월 3일 이후 역사 속으로 사라진 서독 지역은 변함없이 느긋한 일상이 계속되었고 크게 당황하지 않았다. 엘베강 동쪽의 산업은 해체되기 시작하였고 이는 실업률 증가를 가져왔다. 특히 많은 젊고 유능한 동독인들은 기반을 찾아 서쪽으로 갔다. 이에 반하여 서쪽에서는 소수 전문가만이 동쪽으로 갔고 또한 사기꾼과 투기꾼들이 일확천금을 꿈꾸고 동쪽으로 갔다. 국비를 투입하여 인프라 개조에 나섰으나 성과는 미미했다. 신탁청을 통한 동독 재산의 민영화는 성공적이지 못했다. 콜의 기대, 즉 아데나워의 50년대식 두 번째 경제 기적은 무리임이 명백해졌다. 그의 낙관적인 분석, 즉 양 독일이 동등한 상태에 이르는데 2~3년 아니면 5년이 걸릴 것이라는 애초 분석은 계속하여 미래로 미루는 수정이 가해졌다. 수년에서 수십 년으로까지 말이 변했다.

헬무트 콜과 앙겔라 메르켈

동독의 정치 그룹은 통일의 결과 대부분 퇴출되었다. 즉 소수의 동독 대표자만이 낯선 본의 정치계에서 기반을 잡고 나머지는 이방인이 되어 아무 역할도 하지 못했다. 콜의 각료 명단에 3명이 포함되어 있었다. 스캔들에 휩싸였던 교통장관 귄터 크라우제(Günther Krause), 교육장관 라이너 오틀렙(Rainer Ortleb), 여성청소년장관 앙겔라 메르켈(Angela Merkel)이었다. 메르켈은 1991년 12월부터는 기민당 부대표가 되었다. 권력 투쟁이 난무하는 속에서 동독의 초짜가 능수능란한 프로들에 맞서는 것은 쉬운 일이 아니었다.

서독은 통일 위기에는 준비되지 않았다. 본 정부는 동독 쪽으로 거대 자금이 투입되면 모든 문제는 잘 풀릴 것으로 생각했다. 그러나 독일은 극복하기 어려운 위기 징조들에 맞닥뜨렸다. 취약한 사회복지, 급증하는 국가 부채, 산업 구조 변화, 정체된 교육 시스템, 실업률 증가 등이었다. 통일 전에도 존재했지만 새롭게 생겨난 과제와 부담은 독일을 더욱 어렵게 만들었다. 콜이 내세웠던 경제적 호경기는 나타나지 않았다. 반대로 통일 독일은 구조적 위기에 빠져들었다. 서로 책임을 떠넘겼다. 그러나 의회 운영에 변화는 없었다.

통일 후 대외·대내 사정의 변화, 콜의 내리막

콜은 1991년 1월 17일 378:257로 총리에 재선출되었다. 역사적 가장 많은 득표였고 네 번째이자 통일 독일 최초의 총리였다. 그의 마인츠에서의 네 번의 지방정부 조각을 포함하면 여덟 번째의 조각을 하게 되었다. 이제 그와 함께 일하지 않은 고위급 기민당 정치인은 없을 정도였다.

많은 문제를 앞에 두고 있었으나 대변혁의 움직임은 없었다. 반대로 사람들은 독일이 갑자기 과거로 돌아갈 것에 대하여 걱정하였다. 1990년대 초반 사회가 극심하게 외국인 혐오증에 시달렸기 때문이다. 이것은 사회적으로 차등화된 동독 지역에서 먼저 시작되었다. 1991년 9월 작센의 호이어스베르다(Hoyerswerda)에서, 1년 후 로스토크(Rostock)에서 발생한 소요는 부분적으로 국민 공감의 표현이었다. 비극의 정점은 1992년 11월과 1993년 5월 묄른(Mölln)과 졸링겐(Solingen)에서의 10명의 터키 출신에 대한 살인 공격이었다.

총리는 테러에 대해 어떻게 할 도리가 없었다. 대통령이나 나머지 정치적 그룹도 마찬가지였다. 관계 기관도 마찬가지였다. 그들이 무엇을 말해야 하고 말할 수 있단 말인가? 테러 장면들, 증가하는 신나치 깃발 등이 선정적인 언론에 의하여 시민들에게 음울한 역사적 사례와 걱정스러운 통일 독일을 상기시키는 모습으로 소개되었다. 기대 없이 빨리 통일을 이룬 독일은 국내에서만 시험대 앞에 놓인 것은 아니었다.

새 독일이 둘로 갈라진 첫 외교적 사건은 두 번째 걸프 전쟁이었다. 이라크 독재자 사담 후세인은 1990년 8월 2일 쿠웨이트를 병합하였고 유엔 안보리의 철수 요구를 무시하였다. 1991년 1월 17일 콜의 네 번째 총리 선출일에 미국 주도의 다국적군이 사막의 폭풍 작전을 시작하였다. 2+4 회담의 결과 1991년 3월 15일자로 외교적으로 완전한 주권 국가가 된 독일은 참전을 주저하였고, 부분적으로는 소수의 평화주의자의 목소리와 반미 구호가 훨씬 큰 소리를 내었다. 본은 군대를 보내지 않는 것을 자신이 과거 역사에서 잘못했던 것에 대한 반성으로 정당화하려 하였고 대신 상당한 전쟁 분담금으로 보상하고자 하였다. 170억 마르크가 1년 내에 지급되었다. 그 당시 다른 참전국들도 독일 전투군이 연합군에 참가하지 않는 것을 당연하게 여겼다. 독일로서도 무방했다. 특히 사민당과 녹색당은 모든 군사적 개입에 반대하였다. 독일 정부는 파견 부대를 터키로 보내 서방 작전을 엄호하거나 페르시아만에 지뢰 탐지선을 보내는 방식으로 지원하였다. 걸프 전쟁은 전쟁을 끝내거나 국제적으로 어려운 문제를 해결하기 위한 유용하고 용인할 수 있는 수단임은 분명했다.

나토 영역 밖의 발칸에서의 평화 관리 문제는 뮌헨에서 한 시간 이내의 거리이기 때문에 더욱 절박하였다. 유고슬라비아 붕괴는 그 지역을 온전히 인종적 화약고로 변화시켰다. 1991년 6월 25일 슬로베니아와 크로아티아의 독립 선언 이후 다양한 길이의 화약 심지가 위험스럽게 타올랐다. 독일 정부는 걸프 전쟁 시 서방 동맹에서 조금 떨어져 있었으나 1991년 12월 23일 양국에 대한 외교적 승인을 먼저 감행하였다. 소극적 자세에서 적극적 자세로의 갑작스러운 변화는 독일이 냉소적이거나 비판적인 나라가 아님을 증명하고 서방 동맹들에게 믿을 수 있는 국가임을 일깨웠다.

콜의 또 다른 집권 명분, 유럽의 통합과 겐셔의 퇴진

1990년 4월 3일 콜은 60세를 맞았다. 온 나라의 축하를 받았다. 무엇보다 통일의 위업을 이룬 총리였기 때문이다. 1992년 10월 1일 재임 10주년을 맞아 오랫동안 비판자였던 사람도 콜을 비스마르크에 비견하기도 하였다. 그의 정점이었다. 정점에 이르면 다음은 내리막이다. 자연의 순리다. 정점에서 그만두는 용기와 판단력을 가진 사람은 극히 드물다.

독일 통일을 위한 외교적 노력에 따르는 계속적 긴장과 부담으로 그는 지쳤다. 그럼에도 그는 피곤함과 퇴임의 생각을 멀리하였다. 이로써 명예롭게 퇴진하여 영광스러운 역사 속으로 들어갈 기회를 놓쳤다. 콜은 그가 현직에 머물러야 하는 이유에 거듭 집착하였다.

그는 독일 통일을 이룬 모범에 따라 온갖 에너지를 쏟아부어 유럽 통합을 이루어야 했다. 1992년 2월 7일 EU의 출발점이 되는 마스트리히트(Maastricht) 유럽 통합 조약이 서명되었다. 이 조약은 유럽중앙은행 창설과 단일 통화 사용의 경제·통화 동맹, 노동 조건 통일의 사회 동맹, 공동 방위 정책, 유럽 시민 규정 등을 내용으로 하고 있다. 그는 이로써 유럽공동체(EC)를 한층 단합된 유럽연합(EU)으로 만들고자 하였다.

독일 마르크의 유로화로의 변환은 미테랑이나 다른 지도자들이 노골적인 통일 승인에 대한 대가로서 요구함에 따라 이루어진 것이었다. 마르크가 가장 강력한 통화로서 독일을 강하게 만드는 현실적·상징적 존재이므로 마르크를 포기한다는 것은 독일의 큰 양보이자 유럽연합에 대한 애정의 표현이기 때문이다. 그러나 콜이 나중에 회고한 말이지만, 이미 1989년 유로 도입을 생각하고 있었으며 통일 과정에서 대가인 양 기꺼이 받아들였다는 것이다. 아무튼 마르크의 포기는 독일의 큰 양보임에 틀림이 없다. 그 과정에 콜의 진영 내부에서도 반대가 있었고 이를 극복해야 했다. 그러므로 마스트리히트 조약이 10개월이 늦어져 1993년 11월 1일 효력이 발생하게 된 것은 독일의 책임이었다. 이 문제를 제소받은 헌법재판소가 10월 12일 독일 비준 문서 기탁의 길을 열어줌으로써 문제가 해결되었다.

유로화 도입까지는 더 많은 장애의 제거가 필요했다. 이 거대한 프로젝트의 성공을 위해 그의 역할이 필수적이고 따라서 계속 총리직에 머물러야 한다고 확신하였다. 그러나 그의 파트너이면서 라이벌인 세계 최고참 외교장관 겐셔는 시대 상황과 그의 한계를 인식하였다. 유럽은 새로운 현실에 맞닥뜨렸고 겐셔는 부담을 느꼈다. 특히 폭발하는 발칸 문제에 그는 무력함을 느꼈다. 물러날 때를 아는 거물 정치인의 아름다운 퇴진이었다. 겐셔는 소수당인 자민당을 이끌면서 사민당과 유니언을 번갈아가며 연정 파트너로 삼아 20년 이상 장관직에 머물렀고, 그만큼 경험과 경륜이 뛰어난 총리급 정치인이었다. 그는 자민당 여성 정치인 이름가르트 아담 슈바에처(Irmgard Adam Schwaetzer)를 그의 후임자로 선호했지만, 당내에서의 논의를 거쳐 1992년 5월 18일 그의 오랜 보좌관인 클라우스 킹켈(Klaus Kinkel)이 외교장관이 되었다. 겐셔의 퇴진 후에 콜은 외교 정책을 지금까지보다 더 과감하게 해나갔다.

어려움 속에서도 1994년 선거를 승리로 이끈 콜, 사민당의 난맥상

콜은 통일 과정에서 날로 쌓이는 난제들을 처리하기가 쉽지 않았다. 그는 40년간 황폐된 동독의 유산을 물려받고, 직업적·개인적으로 일상이 완전한 뒤집힌 상태에서 힘겹게 싸워야 했던 좌절한 동독 주민들을 자주 만나게 되었다. 그의 모두를 위한 번영의 약속은 희미해졌다. 환호하는 사람들 대신 실망한 사람들의 달걀 세례가 날아들었다. 1991년 할레에서였다. 예전부터 콜의 특장점인 인사 문제에서조차 그의 예리한 칼날은 무디어졌다. 아데나워처럼 콜도 대통령 선출 과정에서 문제를 노출하였다. 콜은 1993년 8월 말 작센주 총리이자 그의 오랜 라이벌인 쿠르트 비덴코프(Kurt Biedenkopf)에게 사전 귀띔을 하지 않고서 작센주 법무장관 슈테펜 하이트만(Steffen Heitmann)을 대통령 후보로 추천하였다. 그러나 하이트만은 독일의 역사에 대한 잘못된 견해를 표명하여 1993년 11월 후보직을 포기해야 했다. 그러자 콜은 위험을 피하여 무난한 헌법재판소장 로만 헤어초크(Roman Herzog)를 추천하였다. 1987년 선거에서 콜에게 패배한 사민당 요하네스 라우(Johannes Rau)를 배제하기 위함이기도 했다.

이번에는 콜 계획대로 되었다. 1994년 5월 23일 헤르초크가 3차 투표에서 라우를 물리쳤다. 헤르초크가 통일 독일의 첫 대통령으로 선출된 것이다. 콜은 그의 처음 인사 관련 실수를 잘 만회하고 당을 다시금 장악하였다. 힘이 넘치는 당 원로인 콜에 대한 다른 대안은 없었다. 콜은 이를 잘 알고 적극적으로 많은 인적 네트워크 관리를 통해 전국적으로 신뢰를 구축하였다. 그러나 통일 영웅도 거친 정치적 일상의 늪에서 자유로울 수는 없었다. 신문·방송·텔레비전이 1980년대 말처럼 다시금 '지는 해'와 같은 은유를 말하기 시작하고 콜 시대의 종언을 예견하기 시작하였다.

1994년은 슈퍼 선거의 해였다. 대통령 선거, 총선거, 유럽 선거, 8개 주 선거, 10개 지자체 선거 등. 그것은 마라톤이었다. 콜로서도 일관성 있게 관리하기가 힘들었다.

그러나 정치 세계에서는 가끔 뜻밖의 사정이 도움을 주기도 한다. 이번에는 정치적으로 적인 사민당이 콜을 도와 다시 선거에 승리하고 아데나워의 재임 기간을 초과하게 만들어주었다. 사민당 대표이자 라인란트팔츠주 총리인 루돌프 샤르핑(Rudolf Scharping)은 당원들의 뜻을 받들어 콜을 물리쳐야 했다. 그는 1947년생 정치학자로서 소위 브란트의 손자 그룹에 속하였고, 브란트는 그에게 콜에 대항하는 큰 과제를 맡겼다. 슈미트가 1982년 패배한 이후 포겔(Hans-Jochen Vogel), 라우(Johannes Rau), 라퐁텐(Oskar Lafontaine), 엥홀름(Björn Engholm)에 이은 다섯 번째 도전자였다. 사실상 샤르핑은 임시변통용이었다. 1991년 5월 이후 사민당 대표이자 슐레스비히홀슈타인주 총리인 엥홀름이 1994년 콜에 도전할 것으로 예상되었다. 그러나 북부의 유망주인 그는 정치 스캔들 바르셸 사건(Barschel Affäre)에 연루되어 수렁에 빠졌다. 조사기관에서 위증하였음을 인정하고, 1993년 5월 3일 모든 직책에서 물러났다. 당연히 총리 후보직도 포기하고 정계에서 은퇴하였다.

6주 후 샤르핑은 예비 선거에서 그의 경쟁자 게르하르트 슈뢰더 등을 물리치고 사민당 역사상 가장 젊은 당 대표이자 총리 후보자가 되었다. 1990년 6월 이후 니더작센주 총리인 슈뢰더의 과감한 도전은 실패했다. 그는 1993년 초 총리 도전 의사를 밝혔었다. 그러나 당은 샤르핑을 선택하였다. 그러나 콜은 이미 1993년 "1998년에는 슈뢰더가 총리 후보가 될 것이다"라고 예견하였다. 콜은 국제적으로 주목받는 정치가로서의 이점을 살리고 작은 실수도 하지 않고 성공적인 정부 수반으로 선거에 나섰다. 그래도 그에게는 많은 반대자가 있었지만, 국민의 사랑을 받았고 특히 가난한 동독인에게 착실히 접근하였다. 동독인들은 콜에게 다시 신임을 보냈다. 꽃피는 번영의 나라? 모두를 위한 번영? 그동안 그는 잘못 계산하였다. 콜은 솔직히 많은 동독 시장터에서 이를 인정하였다. 동독 시대로부터 넘겨받은 짐이 무거웠다. 시간은 좀 걸릴 것이지만 차츰 나아질 것이다. 그렇게 설득하였다. 낙관주의는 시대의 명령이었다. 기민당은 선거 캠페인으로 동독 사회통합당(SED) 후신인 PDS

를 공격할 수 있었다. 수십 년 이래 반공주의는 인기 있는 선거 쟁점이었다. 이제 동쪽에서 바람직한 부작용이 나타났다. 새 젊은 유권자들은 유니언에 대한 항의로 PDS에 가담하였다. 사민당으로 갈 표가 PDS로 갔기에 결국 사민당의 손실이었고 기민당으로서는 밑지는 장사가 아니었다. 사민당은 동쪽에서 거점을 만드는 것이 힘들었다. 콜의 이러한 분리 이간책과 그 열매는 독일 내부 통합에 방해가 되는 것은 분명했다. 그러나 콜 총리 팀은 이에 괘념치 않았다. 선거에서는 승리보다 성공적인 것은 없었다. 콜은 모든 대가를 치르고라도 해내고자 했다. 여론조사에서 샤르핑과 사민당이 자신과 기민당을 앞서도 콜은 조금도 당황하지 않았다. 그의 뛰어남은 자기 암시 능력으로 먼저 동역자를, 다음에 유권자를 붙잡는 능력에 있었다. 그에겐 여론조사 전문가가 필요 없었다. 그는 삶에 대한 통찰을 다른 원천에서 끄집어내었다. 루트비히스하펜 사우나에서의 남자들의 대화에서, 라인하펜의 하역 인부들에게서 독일을 발전시킬 많은 영감을 얻어내었다.

물론 콜도 그를 홍보해줄 유능한 미디어 전문가가 필요했다. 사적 조력자들이 그를 각광받게 만들었다. 콜도 이제 놀랍게도 미디어 스타로 발전하였다. 반면 그의 도전자 샤르핑은 여론조사에서 좋은 평가를 받을수록 더욱 긴장하였다. 그의 TV 출연은 콜에 비해 주목을 받지 못했다. 무게감에서 경험 많은 콜에 뒤떨어졌다. 1994년 초 조금씩 나타나는 경제지표의 개선은 정부의 물레방아에 물을 대주는 꼴이 되었다. 1994년 5월 유럽 선거에서의 기민당의 승리도 마찬가지였다. 저울추는 서서히 콜 총리에게 기울기 시작하였다. 콜에 비판적인 저널리스트들도 "우리 모두가 그에게 익숙해졌나 봅니다"라고 평가하기에 이르렀다. 선거 운동 끝 무렵 총리는 퇴임 시기와 관련하여 1998년까지 총리직에 머물 것이라고 깜짝 발표하였다. 당연히 그의 후계자는 황태자 볼프강 쇼이블레였으나 콜의 승계 구상은 신문에서나 추측되는 것이어서 별 감흥을 주지 못했다.

1994년 10월 16일 통일 후 두 번째 총선에서 사민당은 다시금 36.4% 득표로 좌초하고 유니언은 41.5% 득표로 성공을 거두었다. 자민당은 7% 득표하여 유니언·자민 연합은 다시 한번 총리 선출을 위한 4표 차 우위를 점하였다. 슈퍼 선거의 해를 걱정했던 우파 진영은 조금은 안심이 되었다. 극우 정당은 이렇다 할 득표를 하지 못했다.

사민당은 선거 패배와 관련하여 샤르핑에 대한 비판을 포함한 논의에서 샤르핑이 후보자, 당 대표, 원내대표 등 3개 역할을 함께 감당한 것이 무리였다고 결론지었다. 그러나 게르하르트 슈뢰더는 사회민주당원들이 점점 더 그들의 '야당으로서의 능력'에 절망하기 시작했다고 주장하였다. 권력 투쟁이 막전 막후에서 진행되었다. 슈뢰더, 샤르핑, 라퐁텐은 선거전에서 '트로이카'로 칭송받았지만 반대 방향으로 갈라졌고 4년 후의 총선에서 유리한 지위를 차지하기 위한 싸움을 시작하였다. 가장 좋은 카드는 슈뢰더가 쥐고 있었다. 그는 아직 콜과 싸운 적이 없고 따라서 진 적도 없었다. 게다가 그의 성공적인 니더작센주의 사민당과 녹색당 간의 적녹 연정은 연방에서도 생각해볼 수 있는 연정 형태였다. 하지만 그는 당분간 당내에서 그 어떤 역할도 할 수 없었다. 심지어 1995년 8월 말 샤르핑은 라이벌 슈뢰더를 당 경제 정책 대변인에서 해촉하였다. 그 주된 이유는 경제 정책을 좌우 이념의 잣대로 가리는 것이 아니라 좋은 경제 정책이냐 나쁜 경제 정책이냐로 가려야 한다는 슈뢰더의 관점 때문이었다. 샤르핑은 이런 주장을 하는 사람은 사민당을 대표할 수 없다고 생각했다. 그러나 당 대표 투쟁을 위한 다음 단계에서 샤르핑은 1995년 11월 16일 만하임 당대회에서 대표직을 잃었다. 오스카 라퐁텐이 격분하고 즉흥적인 연설을 한 후 515명 중 321명의 지지를 얻어 당 대표로 선출되었다. 샤르핑은 190표를 얻는 데 그쳤다. 사민당 역사에서 당 대표가 2년 반 만에 수치스럽게 추락한 적은 없었다. 그래서 1998년 총리 후보에 오를 사람은 두 명만 남은 셈이 되었다. 이처럼 지리멸렬한 상태의 사민당은 헬무트 콜에게는 도움이 되었다.

콜 총리의 다섯 번째 취임, 쌓이는 국내외 난제들

1994년 11월 15일, 콜은 671표 중 338표를 얻어 적은 득표로 다섯 번째 총리로 선출되었다. 일주일 후 그는 시정 연설을 하였다. 그는 "모든 힘을 동원해서 독일 전체를 21세기에 적합하게 만들 것"과 "그러기 위해서는 미래의 동맹이 필요"함을 역설했다.

내정 목표로서는 실업과의 싸움 외에 국내외의 안전, 노동계의 가정 친화적인 변화, 복잡하게 얽힌 법제의 정비를 내세웠다. 그러면서 "우리는 슬림한 국가를 만들겠다"고 다짐하였다. 콜은 국가 세출 규모가 걱정스럽게도 국민총생산의 52%로 올라가고, 조세나 공과금을 소득 1마르크당 43페니 비율로 국가가 징수하는 것은 방대한 통일 비용 때문이라고 설명했다. 이런 비용은 절약이나 세출 조정으로 극복할 수 없다고 강조했다. 콜은 당연히 그 자신이 처음에 판단을 잘못하였음을 인정하지 않았다. 정부의 외교 정책 부분은 자신감에 차 있었다. "우리는 오늘날 우리 역사상 처음으로 워싱턴·파리·런던·모스크바와 동시에 좋은 관계를 맺고 있다. 우리는 모든 이웃 국가들과 협력하며 살고 있다. 우리는 이것이 자랑스럽다." 그는 자랑스럽게 주장하였다. 그의 외교 정책의 핵심은 유럽의 단일화를 계속하여 굳건히 하고 촉진시키는 것이었다. 이는 독일의 본질적 이해관계에 부합하게 하는 것이다. 콜이 생각하는 하나의 유럽의 주춧돌은 공동의 외교·안보 정책, 경제·통화 공동체였다. 이들은 마스트리히트 조약에 정해진 안정적 기준을 준수하는 것을 전제로 한다.

콜은 앞으로 몇 년 동안 지난 12년 동안처럼 계속되어야 한다고 자신 있게 말했다. 그러나 야당의 평가는 달랐다. 특히 샤르핑의 냉담한 결론이 핵심을 찔렀다. 어디를 보아도 국내 정책은 제자리걸음 상태이고 내부 통합은 더욱 시간을 기다려야 했다. 경제와 복지 국가의 구조적 위기는 계속되었다. 실업자 수를 2000년까지 반으로 줄이겠다는 콜의 약속과는 달리 실업률은 증가하였다. 구동독 지역의 실업률은 서독 지역의 두 배에 이르렀고 이것이 동서 지역 간의 계속적 격차를 분명하게 보여주었다. 국가 부채도, 조세나 공과금 부담도 증가하였다. 콜의 '슬림한 국가'는 비현실적이었다. 모든 면에서 제5차 콜 내각은 1987년의 선거 운동 모토를 반복했다. "계속해서 그대로 가자, 독일."

그사이 독일의 사정은 엄청난 속도로 변화하였다. 냉전 시대의 종결과 함께 글로벌화가 진행되어 무역과 시장 그리고 금융에서 제한과 국경이 없어지고 확장되고 또한 테러와 범죄는 그대로 지속되었다. 이에 수반되는 국가의 근본적인 문제들, 특히 복지 국가를 지향하는 과정에서 생기는 어려움, 전통적인 서구 대량 노동 사회에서 생기는 문제들에 관해 정치 엘리트들은 아주 천천히 문제를 인식하고 있었다. 높은 임금, 촘촘한 사회 관계망, 경직된 구조, 그리고 현상 유지 사고방식으로 독일은 여전히 경쟁력을 가질 수 있는가? 새로운 패션 언어처럼 다시 '밝은 미래의 가능성'이 있을까? 동쪽의 재건은 단지 서쪽 모델의 단순한 복사본일 뿐이며, 따라서 무의미하고 유용하지 않는 것은 아닐까? 많은 의문이 제기되었지만, 명확하고 구체적인 답변은 거의 없었다.

독일군이 처음으로 전투에 참여하다

대외 정책, 특히 안보 정책에 있어서 압박은 컸다. 발칸반도의 유혈 사태 증가는 독일 정부에게 걸프전에서의 소극적 정책을 지속할 수 없게 만들었다. 이제 독일은 동맹 파트너들에게 소신을 표명해야 했다. 역사는 새로운 독일의 특별한 역할을 정당화하는 기회를 제공하였다. 1993년 1월 부트로스갈리 유엔 사무총장은 본에서 "독일이 모든 세계 평화 유지 임무에 완전히 참여해야 한다"고 주장했고, 국제사회가 독일군의 무장을 두려워하거나 독일군이 개입할 수 있거나 역사적 이유로 개입하지 말아야 할 국가들을 구분하여 개입 여부를 정하도록 하는 것은 '잘못된 신념'이라고 말했다. 1993년 4월 초 독일 정부는 군에 명령하여 나토 'AWACS' 비행기를 함께 타고 유엔에 의하여 보스니아 헤르체고비나에 지정된 비행 금지 구역을 관리하게 하였다. 이는 독일군이 합법적으로 전투에 참여하는 것이 허용된 최초의 역사적 결정이었다. 사민당과 자민당이 이에 반대하여 헌법재판소에 제출한 헌법소원과 언론 및 지식층 엘리트 그룹의 반대 노력은 성공을 거두지 못했다. 1994년 7월 12일 헌법재판소는 나토 지역 외에서 독일군의 군사 개입이 헌법에 위배되지 않는다고 판단하였다. 1995년 6월 말 정부는 사민당, 녹색당, PDS(동독 사회통일당의 후신)의 반대에도 독일군의 보스니아 헤르체고비나 '신속 개입군(Schnell Eingreiftruppe)'에의 파견을 결정하였다. 9월에는 독일 '토나도스(Tornado)' 전투기가 세르비아에 대한 나토의 공격에 가담하였다.

콜의 20년 집권에의 도전, 그러나 실패

콜은 1997년에 다가오는 1998년 총선에서 총리 후보로 나설 것을 선언하였다. 그것은 모두를 놀랍게 하는 미래를 향한 탈출이었다. 이미 콜은 1996년 가을 아데나워의 장기 재임 기록을 넘어섰다. 1997년 10월 1일이 15년 재임 기념일이었다. 그런데 그가 앞으로 4~5년 더 잘할 수 있을까? 무리였다. 충분히 재임했음을 가장 잘 아는 사람은 콜 자신이었다. 그럼에도 그가 다시 한번 하고자 하는 것은 몇몇 친구들, 예컨대 룩셈부르크 총리 장클로드 융커(Jean-

Claude Juncker)의 압박 때문이었다. 콜이나 그들은 콜과 함께 유로화가 빛을 보게 될 것이라고 확신했다.

당내에서도 계속적인 총리직 도전에 대한 지지는 줄어들었다. 콜의 충직한 동료인 쇼이블레조차 총선 승리를 믿지 않았다. 그는 임기 중 적기에 총리 교체가 불가피하다고 생각했으나, 그는 자신이 유망한 후계자로 평가되었기 때문에 총리 교체를 공개적으로 요구하기는 어려웠다. 콜이 다시 출마 선언을 하자 두 사람의 관계는 깨지지는 않았지만 헝클어졌다. 당내 비판자나 라이벌들도 마땅치 않게 생각하였다. 특히 현직에 없거나 더 이상 당직이나 공직에 나갈 야망이 없는 사람들이 그러했다. 그 가운데 대표적인 고위직 인물이 바이츠제커였다. 1997년 여름 그가 콜 체제를 비판했을 때 누구도 이른바 '관종'이라며 그를 비난하지 않았다. 콜은 오로지 권력의 획득과 유지에 최선을 다했지만, 비판자들은 다른 모든 것이 침체해 있어 이대로 가는 것은 곤란하다며 콜 노선에 대한 반기를 들었다.

사민당은 그사이 내부적 분쟁이 정리되고 총리직에 대한 회전목마와 같은 게임이 멈추었다. 슈뢰더가 사민당을 이끌 것이라는 1993년의 콜의 예상이 사실로 드러났다. 니더작센주 총리인 그가 사민당의 좌절한 세대의 마지막 희망이었다. 베너가 1982년 예고한 것처럼 16년간의 끝 모를 지겨운 야당 생활이었다. 당내에는 계속적인 실패로 당이 각주(脚註) 취급을 받게 될 것이라는 두려움이 번졌다. 당 대표 라퐁텐도 희망했던 야망의 권력 복귀를 포기했다. 라퐁텐은 1998년 3월 1일 주 선거에서 압도적 승리를 거둔 슈뢰더에게 전화했다. 라퐁텐은 새 승리자에게 "안녕, 후보자님"이라고 인사를 건넸다. 슈뢰더는 니더작센 승리를 기반으로 콜을 물리치겠다고 나섰다.

콜이 1949년 그의 나이 19세 때 선거 보조원으로 전당대회에 참여해 처음으로 아데나워를 직접 만났을 때 머리를 스친 생각은 '훌륭하지만 너무 늙었다'였다. 사민당은 1998년 콜을 상대로 한 선거를 계획하고 자신의 후보자를 소개하면서 유권자들에게 널리 퍼진 이런 느낌을 이용하였다. 기민당은 자기도취적인 총리의 초상, '독일을 위한 월드 클래스'를 내세웠다. 말장난이었다. "콜을 지키자" 외에 더 내세울 것이 없었다. 1998년 9월 27일 저녁 판가름이 났다. 사민당이 40.9%, 유니언이 35.1%, 자민당이 6.2%, 녹색당이 6.7%. PDS가 5.1%를 각각 득표하였다. 선거 결과는 그동안 승리를 잊고 있었던 사민당의 깜짝 승리였다. 독일 역사상 최초로 현직 총리가 패배하여 물러나게 되는 선거였다. 빌리 브란트가 1982년 말 소망했던 유니언 밖의 세력이 의회와 정부를 장악하는 구체적 모양을 갖추게 되었다. 콜의 시대는 종언을 고했다.

그러나 콜은 분명히 역사에 남을 세계적 지도자였다. 독일 통일을 이루었고 유럽연합을 탄생시켰다. 역사의 흐름 속에서 찾아온 기회는 행운이었지만 그 기회를 활용하여 세계사에 기록될 업적을 남긴 것은 그의 준비된 역량에서 비롯되었다. 콜이 아니었으면, 연정 파트너로서 함께 일했던 겐셔 외교장관의 보좌가 없었다면 같은 성과를 거둘 수 있었을까? 아데나워가 서독의 초대 총리가 된 것처럼 1980년대 말 콜이 독일 총리였던 것은 독일의 행운이었다.

독일의 저명한 언론인인 테오 조머(Theo Sommer) 박사는 사민당에 가까운 사람이었지만 콜 총리에 대하여 다음과 같이 평가하였다. "나는 콜 총리의 팬은 아니지만 그가 통일을 위해 내린 결단을 지지합니다. 비스마르크가 '신이 역사 속을 지나갈 때 그 옷자락을 놓치지 않고 잡아채는 것이 정치가의 임무다'라고 한 말이 있어요. 콜은 그 말 그대로 눈앞에 전개된 기회를 놓치지 않고 주변국의 우려에도 불구하고 통일 정책을 밀어붙였어요. 일부에선 통일을 서두르지 말고 몇 년간의 과도기를 두자는 의견도 나왔지만 콜은 듣지 않았어요. 그의 판단은 옳았습니다." 그러면서 테오 조머는 "역사학도로서 나는 역사의 수레바퀴를 움직인 개인의 힘을 믿습니다. 그러나 어떤 정치인이 비범한지 평범한지는 역사적 순간이 닥쳐오기 전에는 판단하기 힘듭니다. 콜 총리 역시 독일 통일의 기회가 닥치기 전인 재임 초기엔 평범하고 감동을 주지 못한 정치인이었습니다. 하지만 그는 통일의 기회를 확실히 붙잡았고 그 후에는 아무도 그의 역량을 의심하지 않았습니다"라고 덧붙였다.

그러나 다른 한편 그가 1998년 선거에 나서지 않고 은퇴했더라면 하는 아쉬움이 든다. 정치인의 중요한 덕목 중 하나가 물러날 타이밍을 잘 잡는 것이다.

총리 퇴임 후의 콜

콜이 퇴임한 후 기민당이 불법 정치자금을 받고 이를 검은 계좌를 통해 관리했다는 사실이 드러났다. 콜도 당연히 그 책임에서 자유로울 수는 없었다. 콜은 이 사건으로 기민당 명예 당 대표 자리에서 물러났다. 이 사건 처리 과정에서 콜이 발탁하여 정치적으로 성장시킨 앙겔라 메르켈이 독하게 콜 총리를 몰아붙이며 책임을 추궁하였다. 인간적 배신이냐를 두고 논란을 남겼다.

콜은 2002년 연방 하원을 떠나면서 공식적으로 정치에서 은퇴했다. 그 후 몇 년 동안 콜은 기민당 내에서 명예를 회복하였다. 2001년 7월 5일, 그의 아내인 하넬로레가 수년간 피부광선염으로 고통받아 오다 견디지 못해 자살하는 비극을 겪어야 했다. 2008년

헬무트 콜의 묘소 앞의 나

5월 콜은 병환으로 입원 중 43세의 마이케 리히터(Maike Richter)와 결혼하였다.

그는 후임자인 메르켈 총리가 유럽 재정 위기 때 너무 엄격한 긴축 정책을 취하는 것에 대해 비판하기도 하고, 이후 2014년 우크라이나 위기 때 그가 총리로 부임했던 시절의 평화로운 유럽 통합 정책과 어긋나게 행동하는 러시아를 비난하기도 했다. 그는 자신의 후임자인 슈뢰더의 유로 정책을 공격하는 동시에 메르켈 총리에 대한 비판을 담고 있는『유럽에 대한 우려에서(Aus Sorge um Europa)』라는 책을 출간하기도 하였다.

2017년 6월 16일 87세의 나이로 오거스하임 자택에서 서거하였다. 장례식은 7월 1일 유럽의회가 있는 프랑스 동부의 독일과의 국경 도시 스트라스부르에서 거행되었다. 동서독 통일과 유럽 통합과 화해를 이룬 공적을 기려 유럽연합(EU)이 처음으로 장례식을 주관하였다. 고인의 뜻에 따라 독일 정부 국장은 행해지지 않고, 장례식은 장클로드 융커 유럽 위원장이 주도하였다. 융커는 "독일을 사랑하고, 동시에 유럽을 사랑하였다"라고 그 죽음을 애도하였다. 앙겔라 메르켈 독일 총리, 에마뉘엘 마크롱 프랑스 대통령 등이 참석하여 국가의 틀을 넘어 푸른 EU의 깃발에 휩싸인 관 앞에서 이별을 아쉬워하였다. 행사는 독일 국가와 함께 EU의 노래로 알려진 베토벤의「환희의 송가」연주로 마무리되었다.

나는 장례식 한 달 후 슈파이어시에 있는 아데나워 공원 한구석, 작은 교회 옆에 참으로 소박한 그의 묘소를 참배차 방문하였다. 독일 통일을 이루었고 유럽연합 조약 체결, 단일 화폐인 유로화 도입, 동구권 국가들의 과감한 회원 영입 등을 통해 유럽연합의 틀을 굳게 다진 위대한 정치가에 대한 대접으로 소홀한 것이 아닌가 하는 생각이 들었다. 그러나 그 공원이 그가 존경했던 선배 정치인의 이름을 딴 공원이고 인접한 교회는 1954년 갈등하던 독일인과 프랑스인이 함께 세운 '성베른하르트평화교회'이니 그가 안식하기에 적합한 곳이 아닌가 하고 생각하였다.

3장

게르하르트 슈뢰더(1998-2005)

신념과 희생으로 독일 재성장의 토대를 놓다

스타 탄생, 슈뢰더의 등장

1998년 9월 27일 선거 결과 사민당이 40.9%를 득표함으로써 35.1%를 득표한 유니언을 누르고 제1당이 되었다. 자민당이 6.2%, 녹색당이 6.7%, PDS가 5.1%를 각각 득표하였다. 니더작센에서 녹색당과의 연정으로 주 총리를 지낸 게르하르트 슈뢰더는 그 경험과 유대를 바탕으로 연방 총리로서 사민당과 녹색당의 소위 적녹연정을 이끌었다. 사민당은 1982년 정권을 잃은 후 16년 만에 정권을 탈환하였고, 녹색당은 연방 차원에서 처음으로 주니어 파트너로서 집권당이 되었다.

슈뢰더는 1944년 4월 7일 독일 북부 노르트라인베스트팔렌주

신념과 희생으로 독일 재성장의 토대를 놓은 게르하르트 슈뢰더

모센베르크(Mossenberg)에서 태어났다. 콜보다 14세 연하였다. 전형적인 흙수저 출신으로 성공 신화를 구현한 인물이었다. 그는 아주 낮은 곳에서 출발하여 점점 더 높은 곳으로 쟁취하며 올라갔다. 이런 점에서 통일 전 독일의 열혈 정치가들인 프란츠 요제프 슈트라우스나 빌리 브란트와 비슷한 타입이었다.

그는 아버지를 모르고 자랐다. 아버지는 그가 태어난 지 6개월 만에 루마니아 전선에서 전사하여 그곳에 묻혔다. 이 사실도 수십 년 후에야 밝혀졌다(슈뢰더는 2004년에야 아버지 무덤을 찾아갔다. 루마니아 정부 당국이 독일에의 이장을 주선하였으나 다른 전우들과 함께 묻혀 있다는 이유로 이장을 사양하였다).

어머니는 아이 여섯을 길러야 했다. 슈뢰더는 곤궁에서 벗어나 어머니에게 보답하리라고 다짐하였다. 벡스텐(Bexten), 탈레(Thale)를 거쳐 다시 괴팅겐(Göttingen)으로 이주하였다. 괴팅겐에서 낮에는 철물점 점원으로 일하고 밤에는 직업학교에서 공부하였다. 그때 일생을 가게에서 일하며 보내지 않을 것이라고 다짐하였다. 실업계 학교를 이수한 사람들을 위한 인문계 고등학교 상급 과정에 진학하여 대학 입학 자격 시험인 아비투어를 통과하여 괴팅겐대학에 들어갔고 마침내 변호사 자격을 취득하였다.

1963년 사민당에 입당하였고 1978년부터 1980년까지 청년사민당(Jusos) 대표가 되었다. 당시 그의 마음속 의문은 '나와 환경이 비슷한 사람들이 현실 사회에서 의미 있는 존재로 살아가도록 내가 기여할 수 있는 일은 무엇일까?'였다.[1] 1980년 처음 의회에 진출하였으며 1986년 하노버 주의회로 옮겼다. 1990년 니더작센주 선거에서 장기 집권 중인 기민당 지역 실력자인 에른스트 알브레히트(Ernst Albrecht)에게 승리하여 녹색당과 연정을 하며 역동적 총리로서 현대화 정책인 '독일을 위한 혁신'을 추진하였다. 산업계 인사들과의 접촉을 기피하지 않고 경제 전문가로서 이름을 날렸다. 실용주의적 사고에 터 잡아 활동하였다. 사민당은 그러한 슈뢰더를 의심스러운 눈으로 바라보고 심지어 기업인들의 친구로 보았다. 한편 슈뢰더도 이에 대응하여 기왕의 사민당을 '외양간 냄새'가 나는 사민당이라고 조롱하였다. 헬무트 슈미트와 마찬가지로 이념적으로 편향된 사회주의자가 아닌 발전 지향의 실용적 사회주의자였다. 그의 불우한 성장 과정에 비추어보면 의외라 할 수도 있을 것이다. 따라서 그의 성공은 그 자신이 만들어낸 것이지 당에 의지하여 얻어낸 것은 아니었다.

1998년 선거 승리로 모든 잡음은 사라졌다. 사민당은 슈뢰더 없이 야당이 되는 것보다 그와 함께 정권을 탈환하는 데 뜻을 두고 일치단결하였기 때문이다. 그는 시대적 상황을 잘 활용하는 기민함을 보여주었다. 즉 마침 도래한 전자 매체 시대에 맞는 미디어적 자질을 보여주었다. 슈뢰더와 TV 카메라는 서로 끌어당기는 것처

---

1 게르하르트 슈뢰더, 『게르하르트 슈뢰더 자서전』, 메디치, 39쪽.

럼 궁합이 맞았다. 콜은 그렇지 않았다. 도전자의 작전은 영리했다. 전략은 단순하였다. 콜이 말할 것도 없이 역사적 업적을 이룬 중요한 정치가임을 인정하고서, 그러나 그의 시대는 지났다고 주장하는 것이 슈뢰더의 선거 전략이었다. "고마워요, 콜. 그러나 이젠 다 되었습니다(Danke! Aber es reicht)"가 선거 구호였다.

헬무트 슈미트의 몰락 직전인 1982년 가을 콜은 "힘이 소진된 사람은 가고 힘을 가진 자가 온다"고 주장하였다. 이제는 이 말이 콜 본인에게 적용되었다. 1998년 10월 27일 하원은 슈뢰더에게 665표 중 351표를 주어 일곱 번째 총리로 선출하였다. 자파 연정 소속 의원 수보다 7표가 많았다. 그는 전임자들과는 달리, 선서를 하면서 "하느님이여, 나를 도우소서"라는 마지막 부분은 생략하였다. 그 대목은 선서자의 종교관에 따른 자유로운 의사에 맡겨지기 때문이다. 콜은 총리직을 내려놓는 순간 통 크고 의연한 모습을 보여주었다. 의자에서 일어나 박수로 새 총리를 축하하고 큰 두 손으로 슈뢰더를 껴안고 몸을 흔들었다. 그의 자연스러우면서도 품격 있는 제스처에 사민당과 녹색당 지도부는 기립하여 박수로 화답하였다. 16년이라는 긴 시간의 한 시대가 막을 내렸다. 콜은 그의 마지막 직무를 멋지게 처리하였다.

새로운 시도, 적녹 연정의 출발과 슈뢰더 스타일

새 정부의 승리와 무거운 짐은 서로 촘촘히 연결되었다. 적녹 연정 승리의 기쁨은 그들 사이에서도 빨리 사라졌다. "이제 책임감을 갖는다는 것이 어떤 의미인지 이미 느낄 수 있다"라고 요슈카 피셔 (Joschka Fischer)와 녹색당 지도자들은 말했다. 정권 밖에서 주장하는 것과 실제로 정권을 담당하는 것은 책임감이 다를 수밖에 없다. 20년 전 그들은 순전히 시민 운동가처럼 야당 정치권에 뛰어들었다. 마침내 그들은 집권할 기회를 갖게 되었다. 전에 거리의 투사이자 평화 운동가였던 피셔가 외교장관 겸 부총리로서 그가 전에 격렬하게 싸웠던 기성 정치권 안으로 들어선 것이다. 기이한 경력을 가진 다양한 녹색당 당원들이 내각에 참여하게 되었다. 그들은 유권자의 뜻을 혁신적 변화 요구로 인식하여 이를 반영하고자 하였다. "투표지를 통한 민주적 혁명, 그러한 대변혁은 지금까지 없었다. 그러나 이제부터는 변화할 것이다"라고 그들은 다짐하였다. 실제로 예전에 없던 변화의 바람이 거세게 불었다. 새 총리, 새 연정, 곧이어 새 의회와 정부 구성, 새 통화, 새천년 등 슈뢰더의 적녹 연정은 변화의 상징이었다. 나중에 사민당으로 옮겨간 옛 녹색당원 오토 쉴리(Otto Schily)가 내무장관이 되었다. 슈뢰더의 승리로 코너에 밀린 두 적수이자 파트너인 오스카 라퐁텐과 루돌프 샤르핑은 각각 재무장관과 국방장관에 기용되었다. 슈뢰더의 라이벌이었지만 나름의 전문성을 인정하고 당의 단합을 위해 품어 안았다. 큰 정치의 한 모습이다.

사람들은 새 내각 구성을 보고 탐탁지 않게 생각했다. '무엇을 하겠다는 거야? 어디로 끌고 가겠다는 거야?' '그들을 보면, 잘못된 그림으로 보인다.' 새로이 기민당 대표가 된 쇼이블레의 생각이었다. 야당의 시각에서 보면, 적녹 연정은 특히 국제적 무대의 관점에서 걱정스러웠다. 정권 교체기에 이처럼 많은 과제가 쌓인 적은 없었다. 450만 명의 실업자, 파탄 지경에 이른 재정 상태, 1조 마르크의 국가 부채, 병든 연금·건강보험·조세 시스템, 망가진 사회복지 국가, 고장 난 교육 제도, 과도한 관료주의 등이었다. 통일 독일이 안을 수밖에 없는 후유증일 수도 있다. 아무튼 크고 당당해진 통일 독일에 걸맞은 모습을 보여주지 못했다. 통일 후 10년이 지났지만, 동서 간의 내적 통합은 이루어지지 못했다. 동서 간의 격차를 줄이고 동질성을 확보하는 것이 시대적 과제였다. 선거전에서 슈뢰더는 수사적인 발언을 최대한 자제했다. 두 가지를 강조했다. 첫째, 모든 것을 지금과는 다르게 다하지는 못하지만, 훨씬 더 나아지게 할 것이다. 둘째, 만약 우리가 실업률을 현저하게 낮추지 못한다면 우리는 재집권을 할 자격이 없다. 실업자를 350만 명 미만으로 줄여야 한다. 슈뢰더는 짐짓 새 정부에 대한 과도한 기대를 억제시키며 겸손하고 낮은 자세로 접근하였다. 이 점은 선거에서 유리하게 작용하였다.

브란트의 "더 많은 민주주의" 같은 감상적 호소를 그는 하지 않았다. 그는 속으로 '더 많은 폭스바겐'을 농담조로 생각하였고 그것이 그의 진정한 생각이었다.

1998년 11월 10일 슈뢰더는 첫 번째 시정 연설을 하였다. "우리 앞에는 많은 문제가 놓여 있습니다"로 시작한 연설에서 결연한 통합 의지를 제시했다. 콜은 1994년 '중도 연정(Koalition der Mitte)'을 주창하였는데, 슈뢰더는 '새 중도의 정책(Politik der neuen Mitte)'을 주창하였다. 빌리 브란트가 1973년 주장했던 전환 정책과 유사한 개념이었다. 어쩌면 현대 정치에서 극우나 극좌로서는 사회 통합과 국가 발전은 이룰 수 없으므로 중도 지향의 정치는 당연한 것이다. 다만 실천이 문제일 뿐이다. 당시 가장 주요한 과제는 실업 문제 해결이었다. 슈뢰더는 사민당 옛 경쟁자를 향해 "우리는 경제 정책에서 좌우 정책을 가르지 않는다. 오로지 사회적 시장경제의 현대적 정책을 따를 것이다"라고 천명했다. 1995년 비슷한 표현으로 그는 사민당 경제 대변인직을 잃었었다. 이제 그는 그것을 자랑스럽게 다시 밝혔다.

또 다른 적녹 연정의 주요 프로젝트들은 빠른 시일 내에 원자력 발전소를 퇴출시키고 환경세를 도입하여 이를 임금 보조 비용을 절감하기 위한 재원으로 사용하는 것, 국적법 개정 등이었다. 환경세는 그 부과로 자원의 가격이 상승하면 자원을 절약하지 않을 수 없고 그리되면 자원을 보호하고 자연 그대로 삶의 터전을 보전할 수 있고 또 에너지 절약과 관련된 신기술이 개발되어 경제 발전에 도움이 된다는 취지에서 부과된 것이다(실제로 독일은 다른 지역에 비해 불리한 기후 조건임에도 재생 에너지원 시장에서 1위를 차지하고 있음).

국적법 개정은 귀화 절차를 간소화하고 이중 국적도 일정 기간 허용함으로써 외국 어린이와 젊은이들의 통합을 쉽게 하며 필요한 전문 인력을 확보하기 위한 것이다. 특히 독일은 소프트웨어 전문가가 부족한 기업 상황을 고려하여 개방된 이민 정책이 필요했다. 그러나 기민당이나 국민 정서는 이와 달랐다. 2000년 노르트라인베스트팔렌주 선거 유세에서 당시 기민당 후보이자 콜 내각에서 미래부 장관을 지낸 위르겐 뤼트거스(Jürgen Rüttgers)가 외친 "인도인(의 이민을 받는) 대신 아이를(낳자)"이라는 구호가 이를 상징적으로 말해준다.

그러나 큰 틀에서는 헬무트 콜과도 큰 차이가 없는 정책들이었다. 세금 개혁, 더 슬림한 정부, '새로운 시대의 시작', 교육 개혁, 복지 국가의 개편, 최우선 과제로서 동쪽의 재건, 외교 정책의 신뢰성 확보 등이었다. 다만 콜의 정책 과제는 행동이 결여된 채 실현되지 못하고 그대로 남아 있었다. 장기 집권에서 오는 매너리즘 탓이었는지도 모른다.

슈뢰더는 콜 시대의 '정체된 개혁'을 해결하겠다는 약속으로 승리하였다. 즉 나라에 부담을 주는 곰팡이병, 무기력증을 떨어내고 우선적으로 대량 실업 해소를 목표로 삼았다. 그러나 그런 좋은 의도의 실현은 예상대로 느린 속도로 진행되었다. 환경세를 부과하는 조세 개혁은 기업들의 저항에 부딪쳤다. 디터 훈트(Dieter Hundt) 고용주연합 회장은 "투자와 성장을 억제하는 프로그램"이라며 반발했다.

슈뢰더는 1998년 12월 초, '노동을 위한 동맹(Bündnis für Arbeit)'을 출범시켰다. 목표는 일자리를 창출하고 독일 기업의 경쟁력을 개선하려고 연방 정부와 노동조합, 고용자 대표들 사이에 일련의 합의를 이끌어내는 것이었다. 네덜란드에서 성공한 이른바 '간척지 모델'을 본보기로 삼은 것이다. 그러나 독일에서는 실패하였다. 유일한 성과는 계속 만나자는 것이었다. 연방 정부가 필요한 개혁을 단독으로 추진할 수밖에 없었다. 이렇게 하여 나온 것이 뒤에 보는 '어젠다 2010'이다. 슈뢰더는 1999년 2월 초 미흡하나마 '100일의 결산'을 내놓았다. 거창한 약속에 비하여 초라한 결과였다. 아동 수당의 소액 인상이나 콜이 개혁했던 병환 중 임금 계속 지급제의 재도입 등이 그나마 작은 성과였다.

그런 와중에 사민당 내부적 갈등이 신문에 보도되기 시작하였다. 사민당 대표이면서 재무장관인 라퐁텐은 슈뢰더의 야심 찬

계획의 파괴자로 나섰다. 그 계획은 미국·일본과 함께 새로운 금융 구조를 구축하는 것이었다. 라퐁텐의 행동은 워싱턴과 도쿄에서 이해되지 못했고 때로는 골칫덩어리가 되었다. 영국 일간지《선(Sun)》은 라퐁텐을 유럽에서 가장 위험한 사람으로 평가했다. 투쟁적인 자를란트 사람인 라퐁텐은 점점 더 일종의 반총리자로 부각되었고, 그가 장관으로 있는 재무부를 그를 위한 비밀 정부 기관으로 만들었다. 그런 와중에 총리실 실장인 보도 호른바흐(Bodo Hornbach)가 공적 흥분을 불러일으키는 의심스러운 주택 건설 사건에 휘말렸다. 이런 사람을 책임자로 만든 총리를 어떻게 볼 것인가? 당연히 슈뢰더 총리의 책임이 지적되었다.

이런 어려운 상황에서 슈뢰더는 온갖 종류의 잡음들에 대해 놀랍도록 침착하게 대응하였다. 그 냉정함이 그의 가장 큰 장점이었다. 그런 슈뢰더에 매료된 독일인들은 적녹 연정의 잘못된 출발을 관대하게 그냥 넘겼다. 그는 사민주의자로서는 드물게 독일의 대중 연예 사회에도 생동감 있는 이미지를 전달하였다. '유쾌한 총리'라는 별명이 붙여졌다. 나아가 '미디어 총리'라는 더 좋은 별명도 붙여졌다. 헬무트 슈미트를 제외하고는 슈뢰더의 전임자 중 누구도 이런 이미지를 유리하게 사용할 수 있는 힘을 알지 못했다. 그러나 헬무트 슈미트의 시대 이후로 대중 매체, 방송사, 언론인, 사진작가들의 숫자가 늘어났기 때문에 이미지의 힘이 급등했고 그는 이런 상황을 잘 활용하였다. 정당 행사나 문서화된 결정, 정책 프로그램,

조약들은 더 이상 국민을 흥분하게 만들지는 못했다. 단지 밋밋한 관심만 끌었다. 그런 만큼 총리의 이미지는 더욱 중요하게 되었다.

사민당의 주 선거 연속 패배와 내홍

그러나 정치 현실은 슈뢰더를 편하게 놔두지 않았다. 1999년 2월 7일 헤센주 선거가 사민당 패배 시리즈의 시작이었다. 기민당의 롤란트 코흐(Roland Koch)는 적녹 연정의 이중 국적 정책을 반대하는, 즉 반외국인 정서를 선동하는 선거 운동을 통하여 한스 아이헬(Hans Eichel)이 이끄는 헤센주의 적녹 연정을 붕괴시켰다. 코흐는 유니언과 자민당의 연립 정부를 구성하여 주 총리가 되었다. 슈뢰더는 기독교적 신념을 기반으로 한 기민당이 권력 쟁취를 위해 반외국인 정서를 부추긴 점에 낙담하였다. 아무튼 사민당 안에서 선거 패배에 대한 책임 공방이 벌어졌고 연방 상원에서도 적녹 연정이 겨우 과반을 유지했다.

　　라퐁텐 재무장관은 사민당 역사상 처음으로 당 대표로서 장관으로 내각에 참여한 사람이었다. 당 대표 브란트가 부총리 겸 외무부 장관으로 대연정에 참여했지만, 이는 다른 상황이었다. 아무튼 비정상적 상황이었다. 그는 자신이 맡은 재무부의 권한을 확대하여 초강력 부처로 만들고자 하였다. 항간에 재무 총리라는 말이 나

돌 정도였다. 국제금융 정책과 관련해서 다른 나라들과 불협화음을 내었고 독일 연방은행과도 충돌하였다. 슈뢰더에 사사건건 비협조적이었다. 두 사람의 불화는 라퐁텐이 1999년 3월 11일 갑자기 사퇴함으로써 끝이 났다. 그는 "존경하는 총리, 나는 이제 재무장관직에서 물러납니다"라는 사직서를 우편으로 전달하였다. 이를 받은 슈뢰더가 접촉을 시도하였으나 거부하였다. 그는 동시에 의원직과 당 대표직에서도 물러났다. 사민당을 당황케 했다. 라퐁텐 정도의 인물이 소리 없이 기습적으로 모든 공직을 내팽개치고 사적 생활로 돌아가는 것은 전례 없는 일이었다. 상식적으로 납득할 수 없는 라퐁텐의 행동을 두고 슈뢰더는 그 이유를 확실하게 찾지 못했으나, 다만 라퐁텐이 1990년 4월 25일 선거 운동 과정에서 당한 테러의 충격 때문이 아닌가 하는 견해를 밝히고 있다.[2] 당초 테러의 대상은 라퐁텐이 아니라 라우 주 총리였으나 곁에 있던 그가 피해를 입고 사경을 헤매었다. 테러에 대한 트라우마와 그의 명예심 때문이라는 슈뢰더의 추측도 쉽게 납득이 가지 않는다. 그가 후에 다른 좌파당(Die Linke)에서 정치를 계속하였기 때문이다. 야당 정치인으로서 두각을 나타내었으나 자기 감정을 적절히 다스리는 데에는 문제가 있었던 것으로 보인다.

---

2 게르하르트 슈뢰더, 앞의 책, 120쪽.

사민당과는 좀 거리를 두고자 했던 게르하르트 슈뢰더는 헬무트 슈미트의 충고에 따라 당 대표직을 맡게 되었다. 슈미트 총리는 그가 당을 장악하지 않을 때 어떤 단점이 있는지를 경험했다. 원래 슈뢰더의 생각은 '정부 수반의 충실한 업무 수행은 당 총재로서의 진지한 헌신을 거의 불가능하게 만든다'는 것이었다.

　슈뢰더의 취임 초기 사민당의 노선 다툼에 있어서 슈뢰더를 지지하는 '개혁 현대주의자' 그룹이 '전통주의자' 그룹을 누르고 우위를 차지하는 분위기였다. 본의 많은 관찰자의 이러한 평가를 현재 외무장관직에 전념하고 있는 요슈카 피셔도 공유하며 이와 비슷한 성격의 변화를 보여주었다. 몸무게를 줄인 피셔는 겉모습뿐만 아니라 사고와 행동에 있어서도 변화를 주며 호흡을 맞추었다. 그는 개각을 건의하였다. 이에 따라 헤센주 선거에서 패배한 한스 아이헬이 라퐁텐의 후임 재무장관에 기용되었다. 이어서 프란츠 뮌터페링(Franz Müntefering)이 건설교통장관에서 사민당 사무총장직으로 옮겼다. 자를란트주 선거 패배로 주 총리직을 잃은 라인하르트 클림트(Reinhard Klimmt)가 건설교통장관에 임명되었다. 모두 슈뢰더의 원활한 내각 운영을 위한 조치였다.

새로운 도전, 코소보 사태

유고슬라비아의 독재자 슬로보단 밀로셰비치(Slobodan Milocevic)는 세르비아공화국의 초석을 놓기 위하여 서방측의 모든 중재 노력을 거부하고 세르비아 자치구인 코소보 거주 알바니아계 주민들에 대한 무자비한 인종 청소의 만행을 저질렀다. 그 잔혹한 장면들이 미국과 독일 등 지구촌 곳곳에 알려지면서 충격을 주었다. 수만 명의 민간인이 사망하고 수십만 명의 피난민이 세르비아군을 피해 피난하였다. 유럽 국가들을 비롯한 전 세계의 국가 공동체가 좌시해서는 안 될 현실이었다. 특히 독일인들은 유럽 내에서 인권이 참혹하게 유린되는 것을 결코 허용해서는 안 되었다. 나토군은 1999년 3월 25일 밤 독재자 밀로셰비치를 제거하기 위하여 공중 공격을 시작하였다. 3월 24일 저녁 독일인들은 슈뢰더의 변신이라고 할 만한 인상적인 장면을 TV에서 만났다. 슈뢰더는 국민에게 낮은 목소리와 잿빛 얼굴로 코소보 작전의 의미와 목적을 설명하였다. "나는 이 자리에서 모든 동포에게 이 시간부터 우리 군인들과 함께하기를 호소합니다." 총리는 독일 공군 '토나도스'가 연합 전투를 위해 유고슬라비아 방공망 타격 작전에 참가함을 밝혔다. 독일의 기여도가 상대적으로 한정되어 있다 하여도 역사적으로 중요한 의미를 가진 참전이었다. 제2차 세계대전 이후 처음으로 독일군이 직접 전투에 참전한 것이다.

군복을 입은 적이 없는 슈뢰더는 명령을 내리고 책임을 져야 하는 최초의 연방 총리가 되었다. 전임 정부의 소극적 군사 개입 정책은 수명을 다했고 회피 전략도 더 이상은 불가능하고 다른 정치적·외교적 수단은 고갈되었다. 독일이 계속 소극적으로 나오면 동맹에게 돌이킬 수 없이 신뢰를 잃게 될 것이다. 특히 평화를 강조하고 전쟁을 반대하는 녹색당도 이러한 상황을 피할 수 없었다. 요슈카 피셔와 그의 당은 1995년 7월 약 7,000명의 보스니아인이 세르비아 학살로 희생된 스레브레니카의 비극을 계기로 자신들의 평화적 사상을 비판적으로 재고하기 시작했다. 녹색당의 비판적 자체 조사는 밀로셰비치를 히틀러와 비교하고 베오그라드 정권의 실체를 제대로 파악함으로써 그들 자신의 정치적 방향 전환의 딜레마를 극복했다. 그래서 1999년 여름에 피셔는 참전 동의의 뜻으로 다음과 같은 말을 했다. "'이제 다시는 아우슈비츠가 아니라', '초심을 지키며', '다시는 전쟁을 하지 말자.' 이것들은 제 정치에 있어서 세 가지 원칙입니다." 요슈카 피셔의 군사 개입에 대한 동의는 평화주의자들인 일부 당원의 격렬한 저항에 부닥쳤다. 이 문제를 논의하는 당 대회에서 피셔는 붉은 페인트가 담긴 풍선에 얼굴을 맞는 수모를 겪기도 했다.

나토는 70일 이상을 폭격하여 밀로셰비치를 제거할 계획이었다. 1999년 6월 3일 핀란드 대통령 마르티 아티사리(Martti Ahtisaari)

의 중재에 따라 서방 국가와 러시아가 평화 계획을 승인했다. 5월 말 이미 유엔 전쟁범죄재판소는 밀로셰비치에 대한 체포 영장을 발부했으나 2001년 말에야 집행되었다. 물론 이 작전은 그 땅을 황폐하게 만들었다. 도로, 다리, 전선, 하수관, 공장, 학교, 수력 발전소 등 모든 것이 파괴되어 그 지역은 폐허가 되었다. 수많은 피난민의 일부가 황폐해진 미래가 없는 고향으로 돌아왔다.

이처럼 슈뢰더 정부는 책임 있는 서방 일원으로, 그리고 인도주의를 실천하는 문명국으로서 역할을 다하여 외교적 성과를 거두었다. 또한, 독일은 순번에 따라 1999년 1월부터 6개월간 EU 대통령직을 맡았다. 코소보 전쟁 외에도 소위 2000년 어젠다라는 프로그램을 주도하였다. 그것은 EU의 동쪽에의 확장, EU 구조 개혁, 그리고 경제 및 통화 유니언을 준비하기 위한 조치들을 포함한 것이었다. 1997년 7월 초안이 나왔지만 1999년 3월 베를린에서 그 문서가 최종적으로 채택되었다. 미래 재정 규모·농업 보조금 삭감은 여전히 논쟁거리였으며 구조 개혁은 연기되었다. 또한, 슈뢰더의 임기 중 스캔들로 가득 찬 유럽위원회와 그 대표인 자크 상테르(Jacques Santer)의 사퇴와 후임자 선출 문제로 어려움이 있었다. 그러나 슈뢰더는 스스로 자신의 헌신에 대해 긍정적으로 평가하며 보람을 느꼈다. 비록 이 어려운 지형에서 구체적인 성공에 한계가 있었지만, 그는 물론 외교장관 피셔도 어느 정도 성과를 거두어 개인적인 위상을 확보하였다.

연방 의회의 베를린 이전

1999년 4월 19일 독일 의회는 오래된 그러나 새로운 베를린 제국 의사당에서 첫 회의를 열었다. 본으로부터 유서 깊은 베를린에의 수도 이전 결정은 이미 1991년 6월 21일 감성적인 격렬한 논의 끝에 내려졌다. 338:320의 근소한 표 차였다. 그날 아침까지만 해도 본이 계속해서 수도로 남는 것을 옹호하는 의원들의 수가 더 많다는 분석이 지배적이었다. 이날 본회의에 발언을 신청한 의원의 수가 총 107명이었다. 독일 연방의회 역사상 가장 많은 숫자였다. 본을 선호하는 의원 중에는 기민당 소속 노동복지장관인 노르베르트 블럼이 있었다. 그는 통일 후 몇 년 안에 베를린이 인구 600만 명이 넘는 문화·경제 중심지가 될 것이니 굳이 수도로 만들지 않아도 무방하다고 주장하였다. 이에 더하여 젊은 의원들은 베를린이 구시대적인 민족 국가 권력을 상징한다고 강조하였다.

이에 반하여 베를린이 수도가 되어야 한다고 주장하는 의원들은 사민당의 브란트 전 총리, 기민당의 콜 총리, 볼프강 쇼이블레 내무장관 등 정치 거물들이었다. 소속 정당과는 무관한 입장들이었다. 브란트는 베를린은 어려운 시기에 자유를 지키는 파수꾼이었다고 하면서, 수도가 아닌 어떤 수식어도 베를린에 어울리지 않는다고 역설하였다. 쇼이블레 내무장관은 하나가 된 독일의 미래를 위해, 그리고 독일 국민이 하나가 되었다는 것을 느낄 수 있도록 베를린을 수도로 만들어달라고 호소하였다. 감성에 호소한 쇼이블레 장관이 발언을 마치고 자기 자리로 돌아갈 때 여러 의원이 일어서서 박수를 치기 시작했다. 브란트도 일어나서 그에게 다가가 손을 잡았다. 독일 언론들은 쇼이블레 장관의 감성에 호소한 연설이 그때까지 마음을 정하지 못했던 의원들을 움직였다고 평가했다. 표결 결과를 보면 지역구에 매이지 않는 소수당 등 비례대표 출신 의원들이 베를린을 선호했고 지역구를 관리해야 하는 의원들은 지역 위치에 따라 본과 베를린으로 갈렸다.[3] 명분이나 원칙보다는 정치적 이해관계가 영향을 준 표 대결의 한 예이긴 하지만, 잘된 결정이라고 생각한다. 베를린이 아니라 본이 수도로 남았다면 통일 독일의 역사성이나 정통성에 흠이 갔을 것이고 특히 동서 내적 통합이 시급한 상황에서 동독 주민의 소외감을 가중시켰을 것이기 때문이다. 또한, 흔히 베를린을 프러시아의 본거지로 군국주의적 상징으로 평가하는 시각이 있는데 이는 극히 편협한 사고다.

아무튼 정치인들이 먼저 베를린 슈프레강가로 이주하였다. 본

---

3 이은정, 『베를린 베를린』, 창비. 238쪽.

(Bonn)공화국은 임시 조치로 시작했던 대로 막을 내렸다. 슈뢰더는 1999년 여름 옛 동독의 국가평의회 건물에 임시 청사를 개설했는데, 그는 1985년 그곳에서 에리히 호네커를 만난 적이 있었다. 콜에 의해 계획된 기념비적 새 총리실은 2001년에야 완공되었다. 슈뢰더는 베를린으로의 이주를 '독일인과 유럽 국민에게 큰 고통을 준 독일 독재자들의 두 개의 현장으로 되돌아가는 것'이라고 생각하기도 했지만, 그것은 제2차 세계대전을 직접 경험하지 않은 정치 세대로의 교체를 의미하는 것으로 평가되기도 하였다. 이 점은 독일 외교 정책에서 변화의 요소로 반영되었다. 그러나 국내 정책에서는 몰라볼 정도로 콜 시대와 닮아 있었다. 슈뢰더의 희망인 '우리나라 동쪽의 작은 경제 기적'에 대한 희망은 성취되지 않았다. 적녹 연정의 프로젝트는 거의 설득력이 없었고 종종 성숙되지 않은 것이었다.

국내 정책의 어려움, 그러나 사민당을 구해준 콜의 스캔들

물론 슈뢰더 정부의 2000년 1월 1일의 아동 수당 인상과 가족 관련 정책은 광범위한 지지를 받았다. 2000년 7월 중순까지 조세 개혁에서도 어느 정도 성과를 내었다. 연간 기본 면세금(Grundfreibetrag)의 인상, 소득세율 및 법인세율의 인하를 2005년까지 단계적으로 시행하는 것들이었다. 또한, 환경세를 도입하였다. 연금보험이 처한 재정 위기를 해결하기 위하여 연금보험료는 20.3%에서 19%로 낮추되 환경세를 도입하여 여기에서 나오는 세수를 사용해 임금 부대 비용(Lohnnebenkost, 임금의 사회보장 분담금)의 부담을 덜어주었다.

부가가치세에서 추가로 1%를 끌어와서 연금보험료의 적자를 메꿨다. 또한, 이른바 '630마르크 직업'(630마르크 이하 급여를 받는 직업)에 사회보험 분담금 의무를 부과하고 그 대신 세금을 면제해주는 것으로 보험료 납부 기준을 어느 정도 안정화할 수 있었다. 세금을 면제하여 부담은 덜어주지만, 그 대신 이들이 사회보험 분담금을 내기 때문에 연금 수령 시 고려되어 혜택을 볼 수 있게 한 정책이었다.[4] 한편 이런 정책은 확실한 고용 관계를 증가시키는 대신 시간제 비정규직 근로자들을 해고시키는 파장을 촉발했다. 비슷한 일이 '가상 자영업자(Scheinselbsttaendigkeit)'를 폐지하는 것에도 발생했다(가상 자영업자는 어떤 기업에 종속되지 않고 독자적으로 활동하는 것으로 보이지만 사실상 그 기업에 종속된 사업자를 가르킴). 아울러 공적 연금 역할을 축소하고 사적 연금을 활성화하는 방향으로 개혁을 추진하기도 하였다. 개인연금, 퇴직연금, 주택연금 등 보험상품

---

4 게르하르트슈뢰더, 앞의 책, 243-244쪽.

에 가입했을 때 정액의 정부 보조금을 지급하는 리스터 연금을 도입한 게 대표 사례다. 리스터 연금은 이 정책을 입안한 노동사회부 장관 발터 리스터(Walter Riester)의 이름에서 따온 것이다. 리스터 연금은 가입자가 사적 보험에 가입하면 정부가 그 가운데 일정 부분을 보조하거나 세액을 공제하는 방식으로 지원한다. 소득이 적고 자녀가 많을수록 정부 지원이 늘어난다. 사적 보험 가입은 논의 끝에 강제가 아니라 임의적인 것으로 하였다. 그러나 연금 개혁은 전체적으로 볼 때 종전에 비해 사회보장 혜택을 줄이는 것이 불가피했다.

유니언은 '연금 사기'라는 제목의 캠페인을 시작했고 노조도 이에 가담하였다. 총리, 특히 사민당 지지도가 여론조사에서 곤두박질쳤다. 적녹 연정은 지방 선거나 지역 선거에서 거의 이길 수 없는 것처럼 보였다. 새 뮌터페링 사무총장은 그의 당의 불행한 상황에 대해 "우리는 완전 망했다"라고 말하며 한탄하였다. 그러나 뜻밖에도 사민당이 다시 살아날 길이 열렸다. 헬무트 콜이 자발적이진 않았지만, 슈뢰더를 구출한 것이다. 1999년 11월, 콜의 옛 라이벌이었던 하이너 가이슬러는 기민당 정치자금 기부 사건을 제기하였는데, 그 과정에서 기민당의 의심스러운 금융 관행이 과거에 일상적으로 이루어진 것으로 드러났다. 몇 달 동안, 다른 모든 정책 이슈들은 정치자금 스캔들의 블랙홀에 빠져들었다. 콜은 헌법 제21조

위반을 인정해야 했다. 1999년 12월 중순, 콜은 TV를 통해 1993년 과 1998년 사이에 약 200만 마르크의 기부금을 받았고 이것이 검 은 계좌로 흘러 들어갔음을 시인했다. 이 스캔들은 비슷한 시기에 발생한 헤센주 기민당의 기부 스캔들과 직접적인 연관성은 존재하 지 않았고, 콜 자신이 개인적으로 어떤 이득을 취했다는 증거는 없 었다. 당 내부와 외부의 반대자들조차 그의 결백을 인정하였다. 그 러나 콜은 기부자의 명예를 내세워 기부자들의 이름을 밝히기를 거부하였다. 그리고 기민당 명예 의장직에서 물러났다. 그의 당 대 표의 후임자인 쇼이블레도 기부금 사건에 연루될 수밖에 없는 운 명이었다. 그는 2000년 봄 그가 개인적으로 더 성실하게 행동했는 지 여부에 대한 고통스러운 논쟁 끝에 당직을 포기했다.

불안한 기민당은 4월에, 깨끗한 지도자에 대한 욕구에 따라 소 박해 보이지만 권력욕이 있는 동독 출신 앙겔라 메르켈을 기민당 당 대표로 선출하였다. 메르켈은 헬무트 콜의 정치적 양녀이자 발 명품으로 여겨졌다. 콜은 메르켈을 '소녀(Mädchen)'라고 부르며 1991년 여성청소년부 장관, 1994년 환경부 장관으로 임명했다. 여 성과 동독 출신에 대한 배려로 콜이 발탁하였기 때문이다. 메르켈 은 발탁자와 후원자의 희생을 감수하면서 기민당의 검은 구석에 메스를 댐으로써 부득이한 기민당의 구원자로 등장하게 되었다. 아무튼 사민당에게 콜의 정치자금 스캔들은 하늘의 선물이었다. 단기적으로 기부금 사건은 슐레스비히홀슈타인 지방 선거에서 사민당 주 총리인 하이데 시모니스(Heide Simonis)의 세 번째 임기를 시작할 수 있도록 했다. 중기적으로 사민당은 컨디션 난조에서 벗어났다. 2001년 봄 베를린 정부를 중심으로 "제2의 기회"라는 말이 나오기 시작하였다. 경기와 노동 시장에 대한 낙관적인 전망도 밝아졌다. 이제 거의 3%의 경제 성장률을 기록했고, 실업자 수도 350만 명으로 떨어졌다. 슈뢰더는 2010년까지 새로운 정보통신 기술을 기반으로 75만여 개의 일자리를 창출하겠다고 밝혔다. 슈뢰더는 신경제를 활성화하기 위한 그린 카드 이니셔티브 정책으로 수천 명의 외국 컴퓨터 전문가들을 국내에 데려왔다. 이에 대하여 기민당의 노르트라인베스트팔렌주 총리 후보인 위르겐 뤼트거스(Jürgen Rüttgers)는 "인도 대신 어린이들!"이라는 슬로건으로 그린 카드 이니셔티브 정책을 반대하는 선거 운동을 펼쳤다. 그러나 이는 선거 승리에 도움이 되지 못했다.

광우병 사태와 농식품 정책

영국에서 처음 발병한 치명적인 광우병(BSE)의 인간으로의 전염 가능성에 대한 의혹은 2000년 말 독일 사회에 큰 충격을 주었다. 집단 히스테리를 촉발시킬 정도였다. 광우병의 원인은 오염된 동물 사료로 알려졌다. 수백만 명의 독일인들은 고기 소비를 잠시 중단

했다. 수천 명의 농부들이 생존을 걱정해야 했다. 보건 및 농업 정책의 변화가 필요했다. 아울러 개각을 통해 정부의 변화 의지를 보여줄 필요가 있었다. 총리는 내각 인사 개편을 단행하였다. 울라 슈미트(Ulla Schmidt)가 녹색당 출신 안드레아 피셔(Andrea Fischer) 후임으로 보건부 장관에, 녹색당 출신 레나테 퀴나스트(Renate Künast)가 사민당 출신 칼 하이네즈 푼케(Karl Heinz Funke) 후임으로 농업부 장관에 임명되었다. 퀴나스트의 임명으로 실제 독일 농업 정책의 새 장이 열렸다. 퀴나스트 장관은 과잉 생산의 종료와 농산물 품질에 집중할 것을 주문했다. 현대적 농업이 건강하고 고품질인 식품 생산을 완전히 보장하지 못하고, 상당한 환경 훼손은 물론 종의 다양성을 감소시키며, 토양과 지하수를 오염시킨다는 데 문제가 있다고 보았다. 그러므로 일방적인 양적 증가나 가격 경쟁력을 추구하는 생산 방식과 결별하고 대신 경제적으로 효율적이면서 품질 경쟁을 추구하는 것을 정책 목표로 삼았다. 이렇게 하여 '건강한 식생활'과 '소비자 보호'가 적녹 연정의 농업 관련 개혁 정책의 핵심이 되었다.

그렇지만 슈뢰더는 3년 동안 6명의 장관을 교체한 셈이 되었다. 역대 정부와 비교할 때 가장 많은 숫자였다. 이처럼 잦은 장관 교체는 정부의 빈약한 실적을 반영하는 것이기도 하다. 슈뢰더의 사민당 출신 샛별로서의 신중한 이미지와 근대주의자, 개혁가, 콜 시기의 개혁 정체를 해결할 인물로서의 이미지가 급격히 사라졌다. 올라야 할 연간 경제 성장률이 1% 미만으로 떨어졌으며, 연방·주·지방의 세수가 줄어들고 연방 정부의 지지도 관련 여론조사 수치도 떨어지는 등 모든 것이 하락세였다. 반면 떨어져야 할 실업자 숫자는 2002년 1월 400만 명의 벽을 넘어섰다. '노동을 위한 동맹(Bündnis für Arbeit, 일자리를 창출하고 독일 기업의 경쟁력을 개선하기 위한 연방 정부와 노동조합, 고용자 대표들 사이의 회의체)도 성과를 내지 못하고 있었다. 아이헬(Eichel) 재무장관이 계획하고 있는 국민총생산 가운데 국가 지출 비율(Staatsquote)을 45%로 낮추는 것은 여전히 희망적인 일이었고, 2001년에는 거의 49%로 상승했다. 계획한 임금 부대 비용 감소도 이루어지지 않았다. 의료계는 붕괴 직전이고, 사회적 비용은 계속해서 급격히 증가했으며, 2001년 법적 의료보험료 지출만 1998년보다 25% 이상 높아졌다. 슈뢰더의 임기 3년째 상황은 많은 분야에서 1998년 헬무트 콜이 그만두었을 때와 비슷했다. 2001년 12월 독일인들은 개혁의 필요성을 절실히 깨닫게 되었다. OECD 국가의 학력 조사인 PISA 테스트에서 독일 학생들은 재앙 수준의 결과를 보였다. 예를 들어 독해력에서 조사 대상 31개 국가 가운데 21위였다. 그 원인 분석과 해결 방안에 대한 토론은 구체적인 결과를 이끌어내지 못했다. 설득력 있는 새로운 접근이 없이 도식적인 책임 전가로 끝났다. 물론 그것은 3년 동안 집권한 정부의 책임으로 돌릴 일은 아니었다. 1960년대 말부터 진

행되어온 교육 정책의 결과였으며, 하필 그때 누가 연방이나 주의
정치적 책임을 지고 있었던가에 상관없는 문제였다. 이 문제는 세
계 정치의 그늘에 가려 있었다.

미국 9·11 사태, 슈뢰더의 미국과의 연대

2001년 9월 11일 현지 시각 8시 45분과 9시 3분에 두 대의 피랍된
여객기가 뉴욕 월드 트레이드 센터 두 건물에 충돌하였다. 남쪽 건
물은 10시 7분 무너졌고 북쪽 건물은 20분 후에 무너졌다. 400미
터 높이의 오피스 빌딩의 잔해가 막 일을 시작한 수천 명을 덮어버
렸다. 1시간 후 보잉 757이 워싱턴 소재 미 국방부 건물인 펜타곤
에 돌진하였다. 이어서 네 번째 비행기가 미국 대통령의 별장인 캠
프 데이비드에서 140킬로미터 떨어진 펜실베이니아에서 추락하
였다. 지금까지 없었던 잔인하고 정확한 이 테러는 경제적 힘의 상
징과 군사 정책의 중심지를 겨냥하였고 절대 불사신으로 여겨졌
던 미국에 깊은 충격을 주었다. 앨 고어와의 말썽 많은 선거전 끝에
2001년 대통령이 된 공화당 출신 조지 부시는 같은 날 TV 연설로
행위자와 배후자에게 보복한다고 선언하면서 그 행위는 반드시 대
가를 치를 것이라 하였다. 주 용의자는 아랍 테러리스트 오사마 빈
라덴으로 아프가니스탄 탈레반의 도움으로 은신한 것으로 추정되

었다. 런던, 파리, 베를린 등 유럽 수도들에서도 다른 공격에 대한 걱정이 널리 확산되었다. 나토도 방어 태세를 갖추었다. 오사마 빈 라덴이 막후 조종자로 파악되었다.

미국의 '테러와의 전쟁'은 몇 달 동안 주요 뉴스로 다른 모든 주제와 문제들을 덮어버렸다. 독일에서도 마찬가지였다. 슈뢰더는 유쾌한 총리(Spass Kanzler)로부터 정통 정치인으로 변화되었다. 그는 테러 현장인 그라운드 제로를 방문하여 새로운 결의를 다졌다. 그는 그 공격을 '우리 모두에 대한', '모든 문명 세계'에 대한 전쟁 선언이라고 표현했고 부시 대통령과의 '무한한 연대'를 선언했다. 지금까지 독일의 어느 총리와도 다른 빠른 발걸음이었다. 특히 녹색당과 사민당 좌파는 슈뢰더에게 너무 빠르고 너무 명시적인 미국과의 유대라며 그의 안보 정책에 대한 우려를 표출하였다. 아프가니스탄에 독일군이 투입될 가능성이 커졌기 때문이다.

2001년 11월 뉘른베르크 전당대회에서 슈뢰더의 방향성은 당원들의 지지를 받았다. 당원들은 88.6% 지지로 슈뢰더를 당 대표로 인준하였다. 그들은 곧 정부의 외교 및 안보 정책에 일치된 지지를 보냈다. 운 없는 국방부 장관인 루돌프 샤르핑은 당 부총재 선거에서 58.8%로 최악의 결과를 거두어 물러났다. 총리에 비판적인 당 좌파들도 자리를 잃었다. 어려운 것은 녹색당과의 관계 설정이었다. 슈뢰더는 "현실에 적응하느냐, 추억과 탈주를 생각하느냐?"

라는 질문에 답해야 했다. 녹색당의 의심스러운 낌새와 자기 당 계열에서의 훼방 위협에 직면해야 했다. 이탈하는 사민당 의원들도 생겨났다.

총리 신임안으로 녹색당을 압박하여 승리하다

슈뢰더 총리는 이에 대응해야 했다. 2001년 11월 16일 그는 연방의회에 신임안을 제출했다. 헬무트 콜은 1982년 10월 17일 마지막으로 이 도구를 사용했다. 하지만 제도 고안자의 뜻에 부합한 것은 아니었다. 1972년 9월 말 브란트의 경우처럼 콜도 단지 새로운 선거의 길을 열기 위함이었다. 헬무트 슈미트의 1982년 2월 5일의 신임안은 슈뢰더와 비슷한 경우였다. 슈뢰더의 신임안은 2001년 11월 머뭇거리는 연정 파트너인 녹색당에게 슈뢰더의 정책을 따르도록 할 것을 목적으로 한 것이었다. 물론 총리직을 잃을 수 있는 위험한 승부였다. 총리의 신임안과 관련한 중요 현안은 테러와의 전쟁에서 독일군의 투입이었다. 662명 가운데 336명이 총리를 신임하였다. 유니언과 자민당은 독일군의 반테러를 위한 전쟁 개입에 반대하였고 녹색당의 4명의 의원과 사민당에서 탈당한 한 의원도 이에 가담하였다. 슈뢰더는 높은 위험의 포커에서 겨우 살아남았다. 3표만 적었더라면 연정은 끝났을 것이다. 한때 평화주의였던 녹색당원들은 당의 기본 노선이 손상당하는 후퇴를 겪어야 했다.

한편, 녹색당 간부 의원들은 이러한 현실적 정치에서 일정한 교훈을 습득하였다. 예를 들어 '탈원전' 문제에 있어서 녹색당은 32년 전부터 "지금 당장!"을 주장하였으나 2002년 9월 선거에서도 자신들 입장을 관철시키지 못했다. 그로 인해 지지자나 유권자들을 잃는 어려움을 겪었다. 그러나 녹색당의 이런 융통성 있는 태도 때문에 또 다른 국민의 신뢰를 얻어 지지 기반을 넓히는 결과가 되었다. 눈앞의 당장의 이익에 급급하지 말아야 할 이유이다.

2002년 총선을 앞둔 양 진영

사민당도 나쁜 성적표를 받아 들었다. 우선은 유권자가 아니라 여론조사에서였다. 적녹 연정 그리고 슈뢰더에게 암울한 전망이었다. 그러나 슈뢰더는 브란트 시절부터 잘 활용되어온 검증된 총리 비책에 착안하여 세계적 문제에 접근하는 정치인의 역할에서 출구를 찾았다. 국내 사정이 어려울수록 세계 정책은 매력을 끈다. 아이러니하게도, 1990년대 상반기 국제사회가 요구한 통일 독일의 국제적 노력에 강력하게 반대했던 적녹 연정 지도자들이 이제 새로운 현실 정책의 집행자로서 광범한 군사적 개입자로 역할을 하게 되었다. 1만 명의 독일군이 2002년 초 발칸, 남아프리카, 쿠웨이트, 아프가니스탄 등 8개국에 파견되었다. 정부는 2002년 3월 카불 인근에서 3명의 군인이 사망했음을 보고해야 했다. 외교 정책은 이 정부의 주요 테마였다.

헬무트 콜이 한때 두 사민당 전임자의 외교·안보 정책, 예컨대 동방 정책이나 이중 결정 정책을 흠 없이 계속 승계·실행한 것처럼 슈뢰더는 이제 그의 전임자 기민당 콜의 유럽 경제 정책 및 통화 정책을 집행하게 되었다. 2002년 1월 1일 유로화의 도입은 1945년 이후 경제 기적의 상징이고 통화에 대한 국제적 인증인 도이치마르크로부터의 결별일 뿐 아니라 베를린으로 옮겨온 본공화국과의 최종적 이별을 의미했다. 상세히 보면 이 이별은 장벽 붕괴일에 시작되어 그 후 순차적으로 진행되었다. 동독인들은 1989년에 길에서 데모하며 끌어낸 경화(硬貨)인 마르크를 잃어버렸고 당시 그들의 번영에 대한 기대의 또 다른 부분인 '꽃 피는 풍경'을 잃어버렸다. 많은 경우 뜻은 이루어지지 못했다. 헬무트 콜도 그 약속을 지키지 못했고 슈뢰더도 마찬가지였다. 9·11 사태와 미국 경기의 극심한 침체를 그의 선거 공약인 실업률 감소가 불가능한 이유로 들었다. 그것은 옳은 주장이기도 했다. 그러나 유권자에게 중요한 것은 원인이 아니라 결과이다. 새천년의 첫 10년 동안에도, 1980년대와 1990년대의 결과는 똑같이 유지되었다. 즉 정부의 최대 강점은 야당의 약점이었다. 당시 헬무트 콜과 유니언의 자유 연합은 슈미트 이후의 사민당의 방향성·정체성 상실에 힘입어 살아남았다. 이제 슈뢰더와 사민당은 콜 이후 유니언의 엉성함에서 힘을 얻고 있는 것으로 보였다. 오래된 작품 하나가 역할이 바뀌어 행해지는 셈이었다.

총리 후보 선정(K-Frage)을 둘러싼 한 달여의 경합에서 보수주의자들은 심하게 마찰하였다. 가을에 누가 총리 후보로 나설 것인가? 누가 슈뢰더의 쇼맨십을 이겨낼 것인가? 2002년 1월 바이에른 주 총리 기사당 대표 에드문트 슈토이버(Edmund Stoiber)가 메르켈을 물리쳤다. 그 결과는 사민당 수뇌에겐 안심을 주는 것이었다. 사민당으로서는 슈토이버가 상대 후보가 되는 경우 사민당 지지자들의 슈토이버에 대한 반감이 크기 때문에 투표장에 달려나갈 것이지만, 메르켈이 후보자가 되는 경우 반감이 상대적으로 작아 투표장에 나가지 않을 가능성이 있었기에 슈토이버를 선호하였다. 메르켈은 그 온건한 태도 때문에 반대자들이 투표장으로 기를 쓰고 가는 것을 막아, 이것이 선거에서 유리한 점으로 작용하였다.

2002년 9월 22일 총선, 슈뢰더의 재선

2002년 9월 22일 선거 날 밤, 슈뢰더는 유권자들의 심판을 기다렸다. 초기 추산에 의하여 기민당과 기사당의 중앙당에서는 낙관적인 분위기였다. 그러나 성급한 판단이었다. 거의 총리가 된 듯이 보였던 에드문트 슈토이버가 차츰 음울해지자 거꾸로 슈뢰더의 얼굴이 밝아졌다. 적록 연정이 획득한 47% 득표는 간발의 승리였지만 당내 비판자들 사이에서도 논란의 여지가 없는 승리였다. 슈뢰더가 2002년 9월 선거 결과를 그의 가장 큰 승리라고 여겼다는 것은 당연했다. 그는 지칠 때까지 최선을 다해 싸웠다. 운도 따랐다. 8월 중순 발생한 수세기 만의 큰 홍수 속에서 슈뢰더는 위기 관리자로 미디어에 비치면서 유권자의 마음을 사로잡았다. 특히 구동독 지역인 새 연방 주에서 더 많은 점수를 받았다. 엘베강과 주변 샛강의 황토 빛 물결이 독일에서 오랫동안 잊혔던 연대의 감정을 불러일으켰다.

정치 지도자는 재난 등 국가 위기 상황에서 어떻게 처신하느냐에 따라 성패가 갈린다. 물론 단순한 쇼맨십이 아니라 국민과 함께하는 진정성이 있을 때 이를 성공의 기회로 삼을 수 있다. 슈뢰더는 이 시간의 소중함을 인식하였고, 수위가 점차 내려가는 동안 새로운 테마를 부각시켰다. 그것은 미국과 관련된 정책이었다. 2002년 가을 부시 대통령은 이라크 독재자 사담 후세인을 쫓아낼 확실한 의지를 갖고 있었다. UN의 충분한 지원 없이 혼자서라도 감행할 의지였다. 그러나 대서양 건너 프랑스나 독일은 미국이 내세우는 전쟁 명분이 부족하다며 이에 반대하였다. 그래서 총리는 8월 초 전쟁놀이나 군사적 개입을 경고하며 선거전을 시작하였다.

2002년 9월 13일 슈뢰더는 의회에서 "독일은 군사 개입을 하지 않을 것"이라고 선언하였다. 이 입장 정리로 선거전이 조금 유리해진 것은 사실이었다. 그러나 이런 분위기는 독일 지역 전체에 미치는 것은 아니었다. 니더작센과 헤센주의 2003년 2월 선거는 형편없는 실패였다. 특히 니더작센은 슈뢰더가 1994년부터 총리가 될 때까지 마음대로 지배할 수 있는 곳이었는데 이번에는 10% 이상 득표 상실을 경험하였다. 스스로 인생 최대 실패작이라고 말하였다. 헤쳐나가는 것이 만만치 않음을 깨달았다. 힘든 마라톤 같은 선거전, 강력해진 녹색당, 계속 해결해야 할 난제들의 증가 등으로 요새는 삐걱거렸으나 그래도 앞으로 전진해나가야 했다.

주요 개혁 조치의 이행에 대한 책임은 연방 선거 이후 특별히 볼프강 클레멘트(Wolfgang Clement)를 위해 설립된 한 부처에 맡겨졌다. 인텔리 기자 출신으로 사민당 대변인을 지낸 그는 1998년 5월 말 오랜 기다림 끝에 요하네스 라우를 물리치고 노르트라인베스트팔렌주 총리가 된 인물이었다. 라우는 1999년 봄에 연방 대통령이 되었다. 2002년 10월 말 클레멘트는 총리의 부름에 따라 새로 만들어진 경제노동부의 장관이 되어 적녹 연정의 중심 인물로 자리 잡았다. 그는 내각에서 사민당 슈퍼 장관으로서 녹색당의 환경장관 위르겐 트리틴(Jürgen Trittin)과 갈등을 겪었다. 트리틴은 빈병 보증금 제도와 풍력 발전 정책에 관심을 갖고 강력히 밀어붙인 장관이었다. 슈뢰더는 두 장관을 그대로 놓아두었다. 전 임기 때와는 달리 두 번째 임기 때는 개각을 하지 않았다. 총리는 시정 연설에서 독일에서의 전반적 개혁을 위해 '평화에의 용기 그리고 변화에의 용기'를 강조하였다. 그것은 총리실 실장인 프랑크 발터 슈타인마이어(Frank Walter Steinmeier, 2023년 현 대통령)와 총리실 심복인 지그리트 크람피츠(Sigrid Krampitz)가 주도하여 만든 전략 문서에 기초한 것이었다.

슈뢰더 개혁 정책의 꽃, 어젠다 2010(하르츠 개혁 등)

적녹 연정 1기 동안 슈뢰더 정부는 장기 경기 침체를 극복하지 못했다. 통일 후유증, 과도한 복지 비용, 경직된 노동 시장 등 여러 요인이 겹치면서 1990년대 내내 유럽연합의 성장률을 따라가지 못했다. 2003년에는 성장률이 1%를 밑돌고, 실업률은 9.7%로 두 자릿수에 육박했다. 독일식 사회보장 체계에 따른 정부의 과도한 재정 부담, 통일 직후의 동서독 경제력 격차, 고실업, 신산업 경제로의 전환 부진, 고율의 세금, 내수 부진 등이 그 이유였다. 독일은 '유럽의 병자'라는 비아냥까지 듣게 되었다. 그리고 본격적으로 진행되는 세계화와 독일의 고령화·저출산 현상에 대비해야 했다.

이를 극복하기 위하여 슈뢰더 총리는 2003년 3월 14일 연방 하원에서 '어젠다 2010'이라는 중장기적 개혁 프로그램을 발표했다. 이 개혁안은 노동 시장의 유연성 제고, 사회보장 제도 개혁, 세율 인하 등 세제 개혁, 관료주의적 규제 철폐 등 국가 경쟁력을 높이기 위한 전후 최대 구조 개혁책을 담고 있다.

어젠다 2010의 한 부분으로서 '하르츠 개혁'으로 불리는 노동 개혁을 통해 해고를 쉽게 하는 등 노동 시장의 경직성을 완화했다. 해고 제한 규정의 적용 범위를 기존의 5인 이상 고용 기업에서 10인 이상 고용 기업으로 조정했다. 소기업 경영자에게 직원 해고의 자율권을 강화해준 것이다. 50년간 손보지 않은 복지에도 메스를 가했다. 32개월이던 실업 수당 지급 기간을 12개월로 단축해 실업자들이 적극적으로 구직에 나서도록 유도했다.

또 고령화 시대에 대비해 연금 수령 시기를 65세에서 67세로 높이고 실업 수당과 사회보장 급여를 하나로 통합했다. 환자들의 입원 시 1인당 부담 금액을 상향 조정하고 개인 병원의 경우도 환자 부담금을 높여 보험 가입자의 모럴 해저드(Moral Hazard, 도덕적 해이)를 방지하도록 했다. 최고 소득세율을 48.5%에서 42%로 낮춰 소비에 더 많은 돈이 쓰이도록 유도했다. 이와 함께 취업이나 기술 혁신 관련 교육을 강화해 우수한 노동력을 육성했다.

슈뢰더의 이러한 개혁 프로그램은 우파 정책에 유사한 것이었다. 사회보장 혜택 축소와 고용 불안 증대에 대한 불안 때문에 집권 사민당 내부뿐만 아니라 연방 상원 및 노동조합 등 이해 당사자들의 광범위한 저항에 직면하였다. 그러나 시간이 경과하면서 개혁의 당위성에 대한 사회적 공감대가 형성되기도 하였다.

어쨌든 '어젠다 2010'에 따른 지지 감소로 집권 사민당이 지방선거에서 연속 패배하고 야당이 연방 상원을 장악하자 슈뢰더 총리는 2005년 조기 총선 실시를 선언하였다. 국가의 지속 성장이나 경쟁력을 위해서는 반드시 필요한 정책이지만 대중, 특히 사민당 지지층에게는 정작 인기 없는 고통스러운 정책이었기 때문이다. 대중은 개혁에 찬성한다고 하면서도 자신에게 작은 손해라도 돌아오면 그 개혁에 반대하기에 십상이다. 그러나 슈뢰더는 국익을 위하여 끝까지 어젠다 2010을 관철시켰고, 그로 인하여 그는 2005년 총선에서 패해 정계를 은퇴했다. 그러나 그의 개혁안은 앙겔라 메르켈 정부에서도 대부분 그대로 이어지면서 개혁안의 당초 의도대로 '중장기적 효과'를 내었다. 그 결과 독일을 '유럽의 병자'에서 '유럽의 강국'으로 변신시켰다. 메르켈 정부의 성공과 그의 장기 집권은 사실상 슈뢰더가 그 밑자락을 깔아준 셈이다. 메르켈도 슈뢰더에 대한 고마움을 잊지 않았다. 그러나 노동 운동과 노조를 주요 지지 기반으로 삼고 있던 사민당은 하르츠 개혁으로 당세가 약화되는 피해를 입었다. 당원과 지지자들이 대거 이탈하여 사민당 정

슈뢰더 출판기념회에서 축하하는 메르켈

치인이었던 오스카 라퐁텐이 탈당하여 설립한 좌파당으로 이동하거나 무투표층으로 바뀌었기 때문이다. 이후 사민당이 다시 조금씩 좌클릭을 하면서 하르츠 개혁과 어젠다 2010에 대한 반성의 목소리를 내고 있지만 아직 이에 반대하는 당내 중도 세력의 목소리도 만만치 않다. 특히 보수층에서 지지를 받아 독일 전체의 관점에서 높은 평가를 받은 정책이었다. 아무튼 당은 어려움을 겪었지만 국가에는 큰 도움을 주었다. 결과적으로 총리직은 16년간이나 우파인 메르켈에게 넘어갔다. 2021년 총선 후에야 사민당은 어렵사리 녹색당과 자민당과 연정을 하기로 하면서 올라프 숄츠가 총리직에 올랐다. 그러나 총선 득표율은 26%에 불과하였다. 물론 시대 변화에 따른 정치 지형의 변경에 따라 아직도 당세를 회복하지 못하고 있는 셈이다.

'어젠다 2010'이라고도 불리는 하르츠 개혁은 2002년 2월 총리의 위임에 따라 구성된 하르츠위원회(폭스바겐 이사회의 인사 책임자인 페터 하르츠(Peter Hartz)가 주도하여 하르츠위원회로 불림)가 마련한 것이다. 그 출발은 2002년에 노동고용청이 1980년대부터 통계 자료를 조작해온 사실이 폭로되면서이다. 하르츠위원회는 노동고용청을 개혁하고 당시 400만 명에 달하던 실업자 수를 절반으로 줄이는 것을 목표로 정책안을 마련키로 한 것이다.

그전에도 슈뢰더 정부에서 노사정 협의체인 '노동을 위한 동맹'

을 구성하여 협의하였으나 네덜란드의 협의 모델(소위 간척지 모델)
과는 달리 사용자나 노동자 측 모두 타협하기보다는 자신들의 이
익을 위하여 이를 이용하는 행태를 보이자, 슈뢰더는 정부 주도의
개혁 입법안의 추진에 나서게 되었다.

어젠다 2010의 주요 내용

1) 노동 시장 개혁(하르츠 개혁)

노동 개혁이 중심인 하르츠 개혁은 크게 4개의 입법으로 진행되었
으며, 네 가지 개정안은 각각 하르츠 I, 하르츠 II, 하르츠 III, 하르
츠 IV로 구성된다.

하르츠 I(2003년 1월 1일 시행)은 규제를 풀어 새로운 형태의 다양
한 방식의 일자리를 허용하였다. 그리고 연방 노동청(Bundesanstalt
für Arbeit)의 취업 알선 기능을 강화하였다. 노동청이 노동청에서
분리된 노동중개소(Personal Service Agenturen, PSA)를 설치하도록
하여 각각의 PSA는 실직자들을 고용하여 외부 기업들의 임시직에
배치하는 일을 맡았다. PSA는 기업에 임시 근로자를 제공하는 것
외에도 임시 근로자가 영속적인 일자리를 찾을 기회를 제공하는
동시에 고용자들에게도 근로자의 업무 능력을 향상시키는 교육의

기회를 제공해주었다. 하지만 PSA는 비용 대비 효과가 크지 않다는 비판이 제기되어 2006년 이후 효과가 있다고 판단되는 경우에 한해서만 설립하도록 변경되었다. 그 외에 실업 보조금의 수령 요건을 강화하고 그 금액이 일반 임금과 비교하여 어느 정도 수준 이상 높아지지 않게 제한하였다.

하르츠 II(2003년 1월 1일 시행)는 고용률이 낮은 저숙련 근로자들이 노동 시장에 진출할 수 있도록 미니잡, 미디잡, 개인 자영업 창업 지원 등의 프로그램을 도입하였다. 미니잡은 월 임금이 400유로 미만, 미디잡(Midijobs)은 월 임금이 400~800유로에 해당하는 일자리다. 미니잡 근로자는 사회보장 기여금의 납부를 면제받고, 미디잡 근로자는 근로 소득에 따라 차등적인 사회보장 기여금을 납부한다. 주 15시간 이상 근무하는 경우도 미니잡으로 인정하였다. 정부는 청년층과 고령층의 부업을 활성화하기 위해 식당 서빙, 가사 도우미, 환자 돌보미 등의 일자리에서 세금 및 사회보험 부담을 면제해줬다. 사용자가 2%의 세금을 납부해준다. 이에 따라 미니잡은 인기를 끌어 실업률을 낮추는 데 큰 역할을 하였다. 다만 미니잡이 저임금·저연금 노동을 확산한다는 비판도 일각에서 제기되었다. 많은 사람이 세금 면제 혜택을 받는 미니잡을 선호해 그이상 받을 수 있는 일자리로 쉽게 옮겨가지 않기 때문이다.

또한, 1인 자영업(Ich AG)에 대한 규제를 대폭 완화하고 정부가 일정 단계까지 보조금을 지급하는 등 직접 지원할 수 있게 하여 개인 창업이 대폭 증가하였다. 추가적으로 일자리 센터(Job-Center)의 운영 방안에 관한 내용도 담고 있다.

하르츠 III(2004년 1월 1일 시행)은 연방 노동청을 연방 노동중개소로 개편하는 내용이다.

하르츠 IV(2005년 1월 1일 시행)는 기존의 실업 부조와 사회 부조를 새로운 '실업 수당 II'로 통합하고 실업 수당 I(실업 보험 가입자가 실업 시 보험료 납입 기간과 금액에 따라 수령하는 고유 의미의 실업 수당으로서, 새로 도입된 '실업 수당 II'와 구분하기 위해 '실업 수당 I'로 지칭)의 수령 기간도 최장 32개월에서 12~18개월(55세 이상)로 단축하여 정부의 부담을 줄이고 근로자로 하여금 적극적으로 취업에 나서도록 유도하는 내용이다.

또 연방 노동중개소에서 추천한 교육에 참석하지 않거나 일자리를 거부할 경우 실업 급여를 삭감할 수 있도록 하였다. 이 이후로 독일에서 흔히 하르츠 IV라고 하면 실업 급여를 통칭한다.

하르츠 IV는 그 밖에도 일자리 센터를 새로이 설치하고 모든 구직자의 상담 창구로 활용했으며, 정규직에 배치될 수 없는 실직자를 위해 원유로잡(One-euro Job)을 도입했다. 원유로잡은 시간당 임금이 1유로인 일자리를 일컫는데 실업 급여에 더하여 추가 수당을 받을 수 있다. 하지만 이 또한 미니잡의 도입과 마찬가지로 저임금 일자리를 창출하고, 안정적인 노동 시장으로의 진입으로 유도하는 것이 어렵다는 문제점이 제기되었다.

이 중 하르츠 IV법은 이 네 가지 법안 중 가장 논란이 많은 법이자 현재 독일 정치권과 사회에서도 꾸준히 개정의 필요성이 요구되는 법이다. 하르츠 IV에 따라 지급하는 실업 급여는 기존 독일의 명성답지 않게 유럽연합 평균과 비교해도 적은 편이고, 연방 노동중개소는 원래의 목적인 실업자의 복지와 안녕을 신경 쓰기보다는 실적 채우기 형식으로 강제로 일자리를 구하도록 하는 데 급급하는 폐단도 나타났다. 게다가 법의 허점도 많아서 범죄자들이나 이민자, 갱단 등의 부자들이 실업 수당을 수령하는 것도 문제가 되고 있다.

이후 법원 판결 등을 통해 하르츠 IV법은 많은 개정을 거쳤다. 실업 급여 금액도 올라갔으며, 지급 기한도 늘었다. 2019년 11월 5일 연방 헌법재판소는 하르츠 IV법에서 연방 노동중개소의 일자리·교육 주선을 거부한 실업자의 실업 급여를 삭감할 수 있도록 한 규정은 위헌이라는 판결을 내렸다.

하르츠 개혁 성과에 대한 평가는 독일 경제를 회복시켰다는 긍정적 평가가 주류이지만, 일부 다른 평가가 있는 것도 사실이다. 심각한 실업률을 감축시키기 위해 임시직 고용을 증진하기 위한 규제 완화, 소규모 소득의 일자리 창출 등을 추진해 독일이 부강해지는 데 성공했지만, 양극화 심화로 인해서 독일 국민의 삶의 질은 악화되었다는 비판이다. 그러나 사회보험을 면제한 덕분에 소득이 부족한 가구주의 부업 기회가 늘어나고 배우자의 취업 자리도 늘어났다. 작은 일자리라도 많이 확보하는 것이 사회적·경제적 안정을 가져오는 것은 말할 것도 없다. 삶의 질이 악화되었다는 것은 저소득 일자리의 증가만을 보고 일컫는 것인데 실증적인 증거도 없다. 실업률은 확실히 내려갔고 중산층의 감소도 없었고 사회보험 가입자 비율이 감소되지 않았다. 완벽하지 않지만, 독일은 경제 위기에서 벗어나고 사회적 연대감을 확인하는 성과를 거두었다. 또한, 독일의 경제 회복이 하르츠 개혁에 의한 것이라기보다는 유럽연합의 성장과 유로 통화의 본격 도입에 따라 혜택을 입은 덕이라는 주장도 있으나, 이는 부분적인 요소에 불과할 뿐이다.

2) 사회보장 제도 개혁

연금보험의 수령 연령을 현행 65세에서 2035년까지 순차적으로 67세로 상향하기로 하였다.

건강보험의 경우 처방전이 없는 의약품 구입 비용에 대한 보험 혜택 철폐 등 의약품, 진료비 및 입원비에 대한 환자 부담 증대를 통해 보험 재정의 건전화를 도모하였다.

3) 세제 개혁

경기 부양을 위해 소득세율 인하책(최저 세율 15%, 최고 세율 42%)을 2004년에 조기 시행하기로 하고, 영업세 및 지방세 징수 체제 등 복잡한 조세 체계를 정비하였다.

4) 경제 활성화 대책

수공업법 개정(단순 직종에 대한 마이스터 자격증 제도 철폐 등)을 통해 1인 자영업자의 창업 절차를 간소화함으로써 수공업 부문의 진입 장벽을 낮추고, 규제 철폐와 시장 자유화를 통해 전통적 성장 기반 인 중소기업 활성화 및 경쟁을 통한 기술 혁신을 촉진하였다.

5) 기타 교육·훈련 분야

민간 기업의 직업 훈련 및 학교 교육을 촉진·강화하였다.

하르츠 개혁에 대한 저항과 돌파

어젠다 2010 개혁 방안에 대하여는 경영자 측은 "불충분하다"고 나왔고 노조 측은 "전면 반대"하며 심지어 "사민당과 결별하겠다"

고 반발했다. 사민당 소속 연방 하원 교섭 단체 의원들은 반대 캠페인을 벌이겠다며 반응했다. 특히 사민당원들의 반대 캠페인은 문제가 아닐 수 없었다. 정부는 네 차례에 걸쳐 사민당 지역별 콘퍼런스를 열어 당원들에게 어젠다 2010을 집중 홍보하며 개혁의 필요성을 전파하였다. 노동절인 5월 1일을 낀 5월에 금속노조, 통합서비스노조 등은 극도의 적대감을 보였다. 연례 행사에의 총리 초청을 취소하거나 야유를 보내고 심지어 테러의 위협까지 있었다. 슈뢰더는 이에 조금도 위축되거나 굴복하지 않았다.

6월 1일 베를린에서 열린 사민당 특별 전당대회에서 대의원 520명 중 90%가 '혁신, 성장, 일자리, 지속 가능성'을 핵심으로 한 어젠다 2010에 찬성하였다. 사민당 좌파들에게서 그들이 원했던 구절, 이른바 거대 사유 재산을 공공의 이익을 위해 더 많이 사용할 수 있게 하는 내용을 추가하는 조건으로 지지를 얻어낸 결과였다. 슈뢰더는 한 시간 가까이 개혁 방안을 다시 설명하고 그 근거를 제시하였다. 그러면서 총리 사임 위협까지 서슴지 않았다. 개혁 옹호자인 한스요헨 포겔이나 에르하르트 에플러가 적극적으로 옹호하고 타고난 권위로 긍정적인 분위기를 만들어내었다. 미디어도 협력하거나 조용하였다. 《쥐트도이체 차이퉁(Süddeutsche Zeitung)》 신문은 "오랜만에, 아니 처음으로 슈뢰더는 그가 독일에 대해 어떤 계획을 갖고 있다는 느낌을 주었다"라고 보도했다. 오랜만의 찬사였다. 다른 환경도 유리해졌다. 우선 연방 정부가 지난 선거 전에 거짓말했는지 여부를 명확히 하기 위해 유니언에 의해 만들어진 조사위원회는 2003년 7월 초 총리에게 성공적인 자기 설명의 기회를 제공했다. 그다음 강력한 금속노조의 주 35시간제 도입을 위한 파업을 꺾었고 그와 함께 개혁 프로그램에 대한 대규모 항의를 포기케 하였다. 마지막으로 이탈리아 총리 실비오 베를루스코니(Silvio Berlusconi)가 유럽의회의 한 사민당 의원에게 강제 수용소 감시원 역할에 적합하다고 비난했을 때 슈뢰더는 항의의 뜻으로 이탈리아에서의 휴가 계획을 취소하고 고향 하노버에서 휴양하자 독일 대중 여론은 그의 편이 되었다. 잠시 동안 통치하는 즐거움을 느꼈다. 연정 파트너인 외무장관도 2003년 여름에, 다음 총선에서도 슈뢰더와 함께할 것을 선언했다.

가을이 되자 바람이 다시 소용돌이치기 시작했다. 총리는 힘든 일에 부닥치게 되었다. 2003년 9월 26일 의회는 여야가 함께하여 의료개혁안(Gesundheitsreform)을 통과시켰다. 건강보험 재정을 확보하기 위하여 보험 혜택을 줄이고 아울러 건강보험료를 낮추어 임금 부대 비용을 줄이기 위한 것이었다. 그것은 유니언에 타격을 준 화해안이었다. 특히 논란이 된 전체 개혁 프로그램의 핵심은 3주 후 나타났다. 10월 17일, 적녹 연정의 개혁 조치들은 의회 장벽을 넘었다. 하르츠 III으로써 연방 노동청을 서비스 제공자로 개조하는 것, 하르츠 IV로써 실업 부조와 사회 부조를 합치는 것, 그리고 3단계의 조세 개혁을 2004년으로 앞당기는 것 등이었다. 그러나 이런 안건들이 상원을 그대로 통과할 수는 없었다. 조정이 필요했다. 그러나 2003년 11월 중순 조정위원회는 타협안을 마련하지 않고 여야 당 대표들 간의 대화, 즉 마라톤 회의를 통하여 타협·처리하였다.

　시청자들이 이라크 독재자 사담 후세인(Saddam Hussein)의 체포에 대한 뉴스를 TV에서 추적하고 있을 때 슈뢰더 총리와 메르켈이 이끄는 야당 지도부가 타협안에 합의했다. 12월 15일 아침 4시 30분경, 지칠 대로 지친 슈뢰더와 메르켈은 결론을 도출하였다. 두 정치인 모두가 점수를 따는 결과였다. 이로써 어젠다 2010 개혁 사업은 예정대로 2004년 1월 1일 발효될 수 있게 되었다. 슈뢰더는 "어젠다 2010이 결정적인 장애물들을 제거했고, 이제 나라가 움직이고 있다"고 말했다. 이 성공에 힘입어 총리는 크리스마스 기념일에 "우리가 유니언과 함께 세제를 간소화하기 위해 노력하겠다"고 말했다. 이로써 조세 개혁의 선도자로 나섰다. 그는 적절한 시기에 필요한 이슈를 제기하며 선거 정국을 주도하였다. 그 문제는 유니언도 재정 전문가이자 원내 부대표인 프리드리히 메르츠(Friedrich Merz)가 담당하고 있었고 또한 자민당도 내년 선거전에서 내세우고자 하는 주제였다. 이른바 중도의 확장 정책이었다. 선거만을 위한 것이 아니라 그들의 신념이기도 했다.

개혁에 필요한 입법 조치가 완료되었지만, 개혁 실행에 따른 효과가 발생하는 데는 상당한 시간이 걸릴 것이 분명했고, 슈뢰더는 지지자들이 인내심을 갖고 기다려줄지를 걱정해야 했다. 그런 불안한 징후는 2003년 11월 보훔에서 열린 전당대회에서 나타났다. 슈뢰더는 80%에 달하는 괜찮은 지지를 받았지만 어젠다 2010 책임 부서인 경제노동부 장관 볼프강 클레멘트가 57.6%, 총리의 심복으로 사무총장인 올라프 숄츠는 52.6%의 지지만을 받았다. 사민당원의 지지가 불안한 것임을 나타내는 징표였다. 여론도 나빴다. 2004년 2월에는 27%만이 슈뢰더에 만족하였다. 다음 일요일에 선거가 있다면 24%만이 사민당을 지지하겠다고 했다. 독일 역사상 유례가 없는 추락이었다.

또 실제로 헤센주, 니더작센주, 자를란트주의 핵심 당원들과 원내 교섭 단체의 목소리가 큰 소수파들은 어젠다 2010이 반사회·국가적이라고 비난하였고 영향력 있는 매체들도 이를 물고 늘어졌다.

슈뢰더의 승부수, 대표직 사임과 조기 총선

사민당 내의 불협화음을 해결하기 위하여 슈뢰더는 당 대표에서 물러나 이를 원내대표에게 넘겨 당무는 새 당 대표가 주도하도록 하고 자신은 총리직에 전념하기로 마음먹었다. 당시 원내대표는 슈뢰더가 신임한 뮌터페링(Münterfering)이었다. 그는 슈뢰더의 제안에 소스라치게 놀라며 단호하게 거절하였다. 자신이 당 대표를 맡으면 총리의 실각이 예정된 것으로 보일 것이고 어젠다 2010을 관철해야 할 중요한 시기에 총리의 힘이 약해지면 위험하다는 이유에서였다. 그러나 슈뢰더는 뮌터페링이 당 대표가 되어야만 책임감 없이 행동하는 주와 지역의 당 대표들을 자제시킬 수 있다고 생각하며 뮌터페링을 설득하였다. 당 대표를 자진해서 내려놓는다는 것은 참으로 어려운 일일 수 있다. 그러나 그것이 당에, 국익에 도움이 된다고 생각하여 결행하는 것은 쉽게 만날 수 없는 모습이다. 슈뢰더는 "손에 쥔 권력은 절대 내놓지 않는다"는 원칙을 깨뜨렸다. 슈뢰더는 2004년 치러지는 선거 등에서 실패하는 경우 사민당 좌파들은 슈뢰더의 당 대표직 퇴진을 요구하였을 것이고 그것은 총리직 퇴진으로 연결되었을 것이라고 회고하였다.[5] 총리직과 당 대표의 분리에 대하여 미디어는 괜찮은 것으로 평가하였다. 새로운 당 대표는 상처 입은 당의 문제에 전념하게 되었다. 그것은 함부르크부터 작센까지 5번의 패배에 직면한 중대 과제였다. 총리는 당직 이탈을 외교 정책 전념의 근거로 삼아 일할 수 있었다. 외교 정책은 그가 가장 좋아하는 일이기도 하였다.

---

5 게르하르트 슈뢰더, 앞의 책, 362쪽.

그리고 2004년은 슈뢰더에게 가장 힘든 한 해였다며 이때 배운 것은 "개혁을 공포하고 법을 제정하고 이를 실행하는 것 못지않게 그 실행 단계에서 정당과 이익 단체 그리고 사회의 어떤 저항에도 흔들리지 않고 나아갈 수 있는 굳은 의지가 가장 중요하다"는 것이라고 술회하였다. 2004년 슈뢰더가 개혁 정치에 관하여 느낀 점은 두 가지였다. 첫째, 개혁이 추상적 단계에 머물러 있는 동안에는 개혁을 하고자 하는 사람들의 관심이 매우 높고 지지를 보내나, 개혁이 직접적으로 주민들에게 영향을 미치면 개혁 의지는 개혁 거부로 돌변한다는 점이다. 예컨대 의료 개혁 과정에서 분기당 10유로로 병원 자기 부담이 도입된 초반에 여론과 언론의 반응은 히스테리적이었다. 환자들이 좀 더 신중하고 책임감 있게 병원을 찾고 이로써 비용을 절감하기 위한 것이었고 지금은 그 효과를 잘 보여주고 있다. 둘째, 고통스러운 개혁의 결정 시점과 그 개혁으로 성과가 나타나는 시점 사이에 시차가 발생하는데, 그사이에 행해지는 선거에서 패배할 가능성이 크다는 점이다. 특히 16개의 주 단위 선거가 이어지는 독일의 경우에 더욱 그러하다. 2004년이 그런 해였다. 슈뢰더는 갈 길을 계속해서 가기로 하였다. 어젠다 2010을 철회하거나 총리직을 사퇴하면 당장 사민당에 엄청난 피해가 발생할 뿐만 아니라 사민당의 집권 능력과 당에 대한 신뢰가 무너질 것으로 생각했기 때문이다.

일부 노동조합 지도부는 사민당의 악화된 여론조사 결과와 총리에게 불리한 정치적 분위기를 이용해 조직적으로 슈뢰더를 추락시키려는 작업에 들어갔다. 위르겐 페터스 금속노조 위원장과 프랑크 브지르스케 통합서비스노조 위원장이 대표적인 인물이었다. 2004년 5월 1일 독일노동조합총연맹이 주최하는 전통적인 노동절 집회에도 총리를 초청하지 않았다. 금속노조는 직장 내에서 연방 정부의 개혁 정책에 반대하는 서명 운동을 벌였다. 8월 초에는 민사당과 노조 일부의 지지를 받아 노동 시장 개혁에 반대하는 시위를 시작하였다. 이들은 이를 '월요 시위'라고 이름 붙이고 1989년의 구동독 저항 운동의 전통을 계승한다고 밝혔다. 시위는 각지에서 점점 격렬해졌고 총리에 대한 폭력적 공격도 자행되었다. 슈뢰더는 이에 굴하지 않고 밀고 나갔다. 그 결과 2004년 9월의 작센주, 브란덴부르크주, 노르트라인베스트팔렌주 등에서의 선거가 좋은 성적으로 나타났다. 사민당이지만 개혁 정책에 반대하는 자를란트주에서는 대패하였다. 가을이 되자 시위는 잦아들었다. 독일노동조합총연맹도 개혁 정책에 반대하는 캠페인을 중단하고 연방 정부와 대화의 실마리를 찾으려 했다. 여론조사 결과도 다시 상승했다. 국영방송 ZDF 여론조사에 의하면, 2004년 초 지지율이 기민당 52%, 사민당 23%였으나 10월에는 기민당 38%, 사민당 33%로 상승하였다. 단호한 태도를 고수한 것이 실제로 효과를 나타냈다.

조기 총선과 대연정 구성

그러나 2005년 1월의 실업자 수 통계가 500만 명을 넘는 숫자로 나타나자 상황은 변하였다. 《슈피겔》은 슈뢰더의 1998년 12월의 "우리가 실업률을 확실히 떨어뜨리지 않으면 우리는 다시 선출될 자격이 없다"는 언급을 인용하였다. 유권자들은 이를 명백히 기억하고 있었다. 이 수치는 개혁 정책의 실패로 보였고 2월 20일의 슐레스비히홀슈타인 주의회 선거에 악재로 작용하였다. 사민당의 참패였다. 내리막길이 시작되었다. 5월 22일 노르트라인베스트팔렌 주의회 선거까지 같은 분위기가 이어졌다. 이로써 예산 위기로부터 탈출구는 막혔다. 총리는 노르트라인베스트팔렌에서의 승리 후 상원에서 부가세 증세를 위한 비공식 연합을 만들고 그로써 500억 유로 이상의 적자 예산을 처리하기를 희망하였다. 슈뢰더는 이 드라마를 추구하기로 뮌터페링과 합의하였다. 즉 이미 준비된 비상시 대책을 실행으로 옮기고 가능한 한 빨리 연방에서 새 선거를 하기로 하였다.

즉 슈뢰더 총리로서 포기하거나 방향을 선회할 수 없는 어젠다 2010 개혁 정책에 대하여 국민에 대해 호소하고 직접 심판을 받아야 할 상황이라고 판단하였다. 특히 여소야대인 연방 상원의 협조를 끌어내는 데는 그 방법밖에 없다고 생각하였다. 선거에서 승리하지 못하면 조기 퇴진하고 새 정부를 구성하는 것이 국가에 도움이 된다는 생각이었다. 그래서 마침내 조기 총선을 결심하게 되었다. 물론 녹색당 출신 외교장관인 요슈카 피셔는 이 위기 대책에 반대하였다. 그는 그 계획을 허튼짓이라고 생각하였으나 총리를 막을 수 없었다. 유명《존탁스 차이퉁(Sonntags Zeitung)》은 「자살을 선택한 어리석은 사민당-녹색당 연립 정부」라는 제목의 기사에서 "연립 정부는 죽지도 않고 살아 있지도 않은 좀비 정부다"라고 보도하기도 하였다. 그러나 슈뢰더는 다음 선거까지 1년 반을 지낸다면 상황은 더욱 나빠져 당은 여론조사에서 바닥을 찍을 것이고 다시는 회복하기 어려울 것이며 국가는 위기에 빠질 것이라는 생각이었다. 올바른 판단이었을까? 어젠다 2010에 대한 설득 방법이 선거뿐일까? 패배가 거의 확실한 선거라면 언론의 지적대로 자살 행위가 아닐까? 예정대로 2006년 선거를 하였다면 독일에서 개최된 월드컵 분위기에 편승하여 유리한 선거를 치르지 않았을까? 이런 생각이 들지만, 슈뢰더는 결단과 추진력의 지도자임이 틀림없다. 그 덕분에 선거를 사실상 무승부로 끌고 갔고 대연정으로 집권당의 일원으로 남아 어젠다 2010을 추진할 수 있었는지 모른다.

아무튼 조기 총선으로 적녹 동맹의 운명은 경각에 달렸다. 사민당 전 대표 오스카 라퐁텐은 좌파 동맹 구성으로 새로운 시작을 할 기회를 잡았다. 메르켈은 유니언의 총리 후보자 영순위였고 슈뢰더에의 도전자였다. 2005년 7월 1일 총리에 대한 신임 투표가 행해졌다. 슈뢰더의 제안에 따른 것이다. 불신임되면 의회를 해산하고 총선을 실시할 수 있게 된다. 그러나 이는 헌법에 예정한 방식은 아니었고 편법으로 이용되었다. 선거일은 9월 18일로 정해졌다. 기민당이 낙승하는 분위기로 시작되었지만, 슈뢰더는 체력을 극한까지 밀고 나가며 개혁 정책에 대하여 설명하였다. 기민당의 선거 전략에도 허점이 나타났다. 메르켈이 영입한 키르히호프 교수의 정책이 유권자에게 악수로 작용하였다. 선거 초기 사민당의 득표율이 25%까지 떨어지리라는 예상을 뒤집고 사실상 무승부를 기록하는 결과가 되었다. 아무도 예측하지 못한 결과였다.

자민당은 유니언 성향 유권자의 2투표(정당에 대한 투표) 덕분에 10% 이상을 얻었고, 녹색당은 쪼그라들지 않고 8%로 2002년 수준을 유지하였고, 좌파 정당으로 확장한 PDS는 예측된 두 자리 숫자 결과는 놓쳤지만 8%로 새로이 의회에 입성하였다. 그러나 진짜 놀라움은 유니언 및 사민당 양당의 손실이었다. 유니언이 35%, 사민당이 34% 남짓이었다. 아무튼 슈뢰더는 패배하였다. 그러나 유례를 찾을 수 없는 그의 개인적 전력투구로 여론조사 예측에 비교하여 10%를 더 얻는 성과였다. 메르켈은 승리라고 할 수 없었다. 유니언은 승리를 목전에 두고서 당초 예상보다 10% 못 미치는 결과였다. 40% 벽을 넘지 못하는 연속 세 번째 결과였다. 그날 밤 그가 카메라 앞에 섰을 때 얼굴에 패색이 역력했다. 메르켈이 침체에서 벗어나 다음 날 다시 주도권을 잡는 비상한 관철 의지를 보였다. 이 순간 강력한 조력자가 필요했다. 자당과 함께 슈뢰더였다. 슈뢰더는 첫 예상 득표가 알려진 후 뮌터페링을 통해 총리직에 남을 뜻을 밝혔고 9월 18일 저녁 직접 이 주장을 하였다. TV 토론 프로그램(Elefantenrunde)에서 그는 사회자와 다투었고, 맞은편에 앉은 메르켈을 '명백한 패자'로 규정하며 밀어붙였고 "나 외에는 안정된 정부를 구성할 입장이 아니다"라고 주장하였다. 그러나 이것은 슈뢰더의 명백한 실수였다. 유권자들에게 무례와 오만으로 비치며 외면을 당했다. 여론이 악화되었다.

메르켈 측은 이를 이용하였다. 메르켈은 선거 후 48시간이 안 되어 98.6% 지지로 교섭 단체 대표로 인준되었다. 이는 유니언의 그에 대한 신뢰였다. 연정 파트너 문제만 남았다. 유니언, 자민당, 녹색당의 상징 색깔인 흑·황·녹색으로 구성된 국기를 가진 자메이카 연정이 논의되었다. 그러나 녹색당과 기사당은 서로 극복할 것이 많았다. 자민당은 적녹 정부와 범주상 함께하기 어려웠다. 결국 대연정으로 갈 수밖에 없었다. 대연정 협상이 진행되었다. 당연히 총리직에 관한 논의도 진행되었다. 선거 2주 후 관찰자들, 예컨대 《프랑크푸르트 알게마이네 차이퉁(Frankfurter Allgemeine Zeitung, FAZ)》 신문은 슈뢰더의 퇴진이 시대의 요구라고 보았다. 슈뢰더는 10월 12일 공산·화학·에너지산업노조 총회에서 퇴진을 밝히고 사민당이 8명의 각료를 차지하고 한 달 정도 예비 협상을 한다고 밝혔다.

　슈뢰더가 총리직을 주장하고 기사당 당수인 슈토이버가 새 정부에서 중요한 역할을 요구하였던 탓에 사민당이 확보할 권력 공간이 커지는 결과가 되었다. 그 결과 새 정부에서 전체적으로 사민당·녹색당 정부가 제시했을 법한 온건한 사회민주 정책이 다수 반영되었다. 사민당·녹색당 정부였다면 연방 상원에서 보수당이 다수를 차지하고 있는 상황 때문에 이 개혁 정책들은 실현되기 어려웠을 것이다. 이로써 사민당의 주요 정책인 어젠다 2010이 일관성 있게 실행될 수 있게 되었다. 이는 사민당의 승리로 보이지만 결국 이 정책을 계승한 기민당의 업적으로 되었고 마침내는 '유럽의 성장 엔진'으로 변모한 독일의 이익으로 남았다.

슈뢰더의 외교 정책

슈뢰더의 총리 취임 이후의 외교 정책은 총리로서 위상과 안전을 확보케 하는 터전이 되었다. 야당은 물론 당내 비판자들 그리고 특히 언론들이 수년 동안 국내 정책과 관련하여 총리를 점점 더 어렵게 만들었지만, 그는 해외에서도 평판이 높아졌고 이를 활용하여 국내에서 그의 개혁 정책의 자원으로 바꿀 수 있기를 희망했다. 2002년 말 이후의 독일 대외 정책의 핵심은 미국과의 관계를 새롭게 조정하는 것이었다. 미국이 일으킨 이라크전쟁에 독일 군대를 파견하지 않는다는 총리의 결정이 그 출발이었다. 이미 2001년 11월 중순 슈뢰더는 아프가니스탄 파병을 한 번 더 3년 연장하기 위해 의회의 장벽을 넘기 위하여 신임안을 걸어야 했다. 사민당과 녹색당 일부의 반대를 잠재워 적녹 연정을 지속하기 위함이었다. 그러나 슈뢰더는 테러와의 전쟁 2단계로 미국의 이라크전쟁은 근거가 없다고 보아 미국에 따르지 않는 독일 최초의 총리가 되었다. 그는 이 노선으로 2002년 9월 말 이미 실패할 것으로 믿어지는 총선을 이길 수 있기를 희망한 것이 분명했다. 당시 많은 독일인은 전쟁에 반대하였다. 전쟁은 미국의 세계적 헤게모니를 강화하는 데만 기여할 것이라고 보았다. 이 목표는 이미 민주당 빌 클린턴(Bill Clinton) 대통령이 노렸다. 또한, 공화당 조지 부시(George W. Bush) 대통령이 9·11 테러 공격을 계기로 삼아 이를 강화하였다.

　예방적 공격을 방어의 일부로 간주하는 새로운 군사 교리를 세운 미국은 소위 자발적 연합의 지도자로서 2003년 4월 바그다드 독재자에 대항해 전쟁을 벌였다. 이라크 사태는 몇 주 만에 마무리되었다. 상황이 악화됨 없이 통제되었다. 총리는 관련 논의가 생기기 전에 미리 방침을 정했다. 2002년 9월 중순 슈뢰더는 의회에서 독일의 실존적 문제는 워싱턴 등 다른 곳이 아닌 베를린에서 결정

됨을 분명히 했다. 사람들이 대서양 동맹에 관여하는 것, 즉 미국과 파트너십을 갖는 것을 좋아하는 것은 분명했다. 그래서 슈뢰더는 2003년 4월 초 의회에서 동맹이 서로 잘 협의할 것이라고 밝혔다. 미국과는 같은 눈높이에서 교류하는 것이 그의 요망이었다. 이는 독일 총리가 유럽인을 위하여 제기하는 요구이기도 했다. 유럽인들이 군사적으로 최고위의 자리를 경합하여 차지하고자 함은 아니다. 유럽인은 그것을 얻을 수도 없고 그럴 의도도 없었다. 하지만 그들의 기여에 대한 적절한 평가가 중요했고 독일에서 더욱 그러하였다. 발칸반도와 아프리카, 남아시아에서, 기아와 환경 재해에 대처하고, 악한 군부 세력과 국제 테러범들을 추적하며, 국제사회가 이 일을 함에 있어 독일이 기여할 것을 바랐다. 21세기 초 세계적으로 1만 명의 독일군이 파견되었는데, 그 가운데 아프가니스탄으로의 파견이 가장 많았다.

슈뢰더는 이 점을 늘 지적하였다. 따라서 이라크전쟁에 대한 독일의 군사 개입을 거부하는 것은 큰 문제는 아니며, 대서양 건너편을 향해 내놓은 자각적인 목소리였다. 슈뢰더는 급진적으로 변화된 세계 정치 상황에서 그 결과를 도출하고, 독일을 미국 의존에서 벗어나며, 떠오르는 대서양 분쟁에서 프랑스 편을 들고자 하였다. 이 때문에 슈뢰더는 당분간 국제무대에서 외로워졌다. 프랑스 대통령이 구원자로 나타나 2003년 초 모든 면에서 코너에 몰린 총리에게 다가왔다. 슈뢰더 총리는 이를 잊지 않았다. 두 사람 사이의 관계는 원래 안 좋았다. 자크 시라크(Jacques Chirac)가 지난 선거전에서 슈뢰더의 경쟁자인 슈토이버(Stoiber)를 확실히 선호하였고, 그 때문인지 슈뢰더 당선된 후 전통을 깨뜨리고 프랑스가 아니라 영국을 먼저 방문하였었다.

시라크가 곧 슈뢰더로부터 미국 비판자 그룹의 지도자를 넘겨받은 것은 프랑스의 역사적·정치적 자각과 유엔 안보리 상임이사국으로서의 지위를 반영한 것으로 슈뢰더에게 활력을 불어넣었다. 두 사람이 이라크전쟁 후에도 긴밀한 협력을 유지하고, 유럽 통합의 핵심 세력 간의 관계를 경직 마비 상태에서 풀어냈다. 2003년 여름 영국의 토니 블레어, 프랑스의 시라크, 슈뢰더가 베를린에서 만나 EU가 나토에 의존하지 않고 작전을 계획하고 수행할 수 있는 수단과 능력을 가져야 한다고 논의하였다. 이는 실제적으로도 적용되었다. 마케도니아와 콩고에서, 그리고 발칸에서 유럽 안전 방위 정책(Europäische Sicherheits- und VerteidigungsPolitik, ESVP)이 작동하였다. 2004년 12월 초에는 보스니아 헤르체고비나에서 활동하고 있는 부대의 지휘권을 나토에서 넘겨받았다. 처음으로 유럽인들은 발칸 분쟁의 근원을 근본적으로 그들 자신의 자원과 힘으로 통제하기 위해 노력한 것이다. 그런 점에서 이라크 위기는 유럽과 미국의 관계에서 분명한 역할을 하였다. 대서양 시대의 특색일 만한 관계로 돌아갈 일은 없었다. 동서 대치 상태, 세력 대결이나 양극 세계 질서의 시대는 소련의 붕괴로 종언을 고했다. 그와 함께 유럽 대륙에서의 미국의 대량 군대 주둔의 필요성은 없어졌다. 세계 정치의 혁명적 변화로 슈뢰더는 서방 동맹의 맹주에 의존할 근거가 없어졌다. 그와 함께 독일 외교 정책은 새로운 활동 공간을 열었다. 그것은 이라크 위기 때 이용되었다. 이런 흐름 속에서 중국과 러시아는 이라크 문제와 관련하여 프랑스와 독일의 편에 섰다.

그리고 떠오르는 아시아의 거대 세력 중국과의 외교에도 적극적이었다. 특히 경제 교류에서 더욱 그러하였다. 무기 거래도 금기가 아니었다. 이것은 슈뢰더는 외교 안보 정책에서는 헬무트 슈미트와 비교했을 때, 주로 사회민주당 소속의 정치인이 아니라 실용적인 권력 정치가로 활동했다는 것을 보여준다. 2004년 2월 그가 당 대표직을 포기한 것은 우연이 아니다. 총리에게 부여된 엄청난 외교 및 안보 정책 요구 사항을 감당해야 하는 총리로서 부득이했다. 슈뢰더 정부는 EU와 함께 근동이나 중동 지역의 분쟁 해결을 위한 중재에 적극적으로 나섰다. 이란의 핵 정책과 관련하여 국제사회와 국제 핵에너지 기관과 이란의 다툼도 중재하였다. 독일 외교장관이 프랑스와 영국 장관과 함께 2003년 가을 이후 이란 지도부에 대한 광범위한 컨트롤을 시도하였다.

독일은 1991년 이후 세계 정치의 변혁에 따라 주어진 역할을 담당하였다. 그것을 수행하는 것은 자신감을 전제로 한다. 슈뢰더는 그동안 성장한 외교 정책 전통을 계승하였고 이를 확장하고 독일을 세계 정치의 기반 위에서 이끌었다. 주권적으로 행동하는 총리의 외교 무대 등장과 얼마간의 성공은 슈뢰더가 2004년이 지나는 동안 그의 지위를 다시 한번 안정시키고 국내 문제에 전념할 수 있도록 하는 데 기여하였다.

슈뢰더와 블라디미르 푸틴

2001년 9월 25일 블라디미르 러시아 대통령은 사상 최초로 독일 연방 하원에서 연설하였다. 이 연설에서 푸틴은 "어느 누구도 유럽과 미국 관계의 큰 가치를 의심하지 않습니다. 그러나 유럽이 가장 강력하고도 독립적인 세계 정치 무대에서 명성을 공고히 하려면 유럽의 능력과 러시아의 인적·영토적·자연적 자원과 경제·문화·국방 잠재력을 통합해야만 한다고 확신합니다"라며 러시아가 유럽의 일부임을 강조하고 유럽과 러시아의 협력 관계를 강조하였다. 슈뢰더는 '러시아와의 전략적 파트너십' 없이는 장기적인 유럽의 안보와 복지가 보장될 수 없다는 것을 확신하고 러시아, 특히 체첸 사태의 상황에 대해 신중한 태도로 접근했다. 이는 전략적인 블라디미르 푸틴 대통령에 대한 지원이나 마찬가지였다. 또한, 독일 정치는 러시아를 유럽에 묶어두고 러시아에 정치적 영향력을 행사하는 기회를 열고자 희망하였다. 독일 경제의 관점에서도 러시아

게르하르트 슈뢰더와 블라디미르 푸틴

는 독일에 대한 중요한 에너지 공급원이 되었고 독일 산업을 위한 전망 좋은 시장이 되었다.

좋은 시장이라는 점에서는 중국도 마찬가지였다. 슈뢰더는 이 점에 착안하여 의미를 둔 최초의 총리였다. 슈뢰더도 푸틴을 기본적으로 민주주의와 시장경제를 실현할 인물로 보았다. 러시아가 다른 나라를 먹어치우려고 호시탐탐 때를 노리는 한 마리 곰에 지나지 않는다는 유럽 사회의 오해를 바로잡아야 한다고 생각했다. 그러면서 장기적으로 러시아와 광범위하게 소통하지 않는 한 유럽 대륙의 평화적 질서는 상상하기 어렵다고 판단하였다. 특히 러시아는 유럽에서 가장 중요한 에너지 공급국임을 감안하여 양자는 상호 신뢰하고 협력하는 관계를 유지하여야 한다고 생각하였다.

이런 생각은 푸틴과의 인간적 교류와 최소 2,700만 명이 희생한 구소련의 피해를 생각하고 역사적 화해를 늘 마음에 담고 있었던 탓인지 모른다. 이런 생각 때문에 슈뢰더는 총리직을 물러난 후 '북유럽 가스관 사업(NEGPC)'의 주주위원회 의장직을 맡았다. 이 회사는 세계 최대 천연가스 채굴 기업인 가즈프롬(Gazprom)과 독일 에너지 기업 에온(E.ON) 그리고 화학 업체 바스프(BASF)가 합작한 기업이다. 그러나 슈뢰더의 의장직 취임을 둘러싸고 독일 사회에서는 많은 비난 등 논란이 있었다. 리더 푸틴에 대한 의구심이나 전직 총리로서의 품위 등에 관련한 논란이었다. 아무튼 러시아와의 에너지 협력 정책은 메르켈 시대에도 계승되었다. 경제 협력은 궁극적으로 평화 유지에 도움이 된다는 생각도 깔려 있었다. 그러나 러시아의 크림반도 합병과 우크라이나 침공의 결과를 생각하면 결과적으로는 러시아와의 협력 정책이 현재로서는 유럽에는 재앙이라고 평가할 수 있을 것이다. 슈뢰더나 메르켈이 푸틴에 속은 것일까? 서방 세력이 푸틴으로 하여금 그런 선택을 하도록 몰고 가서 푸틴이 변한 것일까? 푸틴의 개인적 문제인가, 아니면 러시아라는 국가 차원의 문제인가? 그 원인과 결과를 더 따져볼 필요는 있겠지만, 국제사회에서 절대 신뢰는 없으며 항상 플랜 B를 준비해야 함을 교훈으로 주고 있다. 특히 비민주적 국가, 특히 국가 운영이 한 지도자에 이루어지는 나라에서는 그 위험성이 크다.

그런데 슈뢰더의 위와 같은 대러시아 정책의 결과만이 문제 되는 것이 아니다. 러시아의 우크라이나 침공 이후 슈뢰더의 발언 등이 논란을 더 촉발시켰다.

러시아가 우크라이나를 침공한 2022년 2월 24일, 슈뢰더는 우크라이나 국민의 전쟁과 관련한 고통이 가능한 한 빨리 끝나야 하고 전쟁은 러시아 정부의 책임이지만 동시에 우크라이나에도 일부 책임이 있다고 언급하였다. 침략 전쟁을 두고 책임을 상대화한 것은 부당했다. 곧 비판이 제기되었다. 올라프 숄츠 총리(SPD)는 슈뢰더가 연방 정부를 대변하지 않는다는 점을 분명히 했다. 니더작센

슈뢰더 총리와 나

주 총리 스테판 바일(Stephan Weil)은 슈뢰더에게 러시아 에너지 회사와의 관계를 끊고 독일 정부와 서방 전체의 노력에 지원할 것을 요청했다. 사민당 연방 의장 라르스 클링바일(Lars Klingbeil)은 슈뢰더에게 블라디미르 푸틴 러시아 대통령과의 업무적 관계를 끊을 것을 촉구했다. 2022년 3월 1일 사민당 하이델베르크 지구당은 사민당 하노버 지구당의 징계위원회에 슈뢰더의 제명을 신청하는 등 각계에서 다양한 항의성 조치가 행해졌다. 불명예스러운 일이 전개되었다. 당연히 침략자 푸틴과의 우호적 관계를 유지하며 러시아의 에너지 관련 사업을 돕고 있다는 이유였다.

슈뢰더는 3월 중순 우크라이나 측의 의견도 참작하여 러시아를 방문하여 푸틴을 만나 전쟁을 종식시키기 위한 중재 노력을 기울였지만, 성과를 내지는 못했다. 슈뢰더는 기본적으로 러시아가 자신의 안보 이익을 위하여 군사적 수단을 사용해 침략한 일을 정당화할 수 없을 것이라고 하면서도 이를 예방할 사전 노력이 미흡했음이 쌍방의 잘못이라는 입장을 견지하고 있는 것으로 보인다. 그러나 어떤 경우라도 침략자를 조금이라도 두둔하는 논의는 극히 신중해야 함을 생각할 때 슈뢰더는 피해야 할 말을 한 셈이다. 그러나 2022년 7월 말, 슈뢰더는 노드스트림(Nord Stream) 1 파이프라인을 통한 러시아 가스 공급 감소와 관련한 독일과 러시아 간의 문제를 해결하기 위해 중개자로서 모스크바를 방문하기도 하였다. 그의 역할이 필요한 현실을 무시할 수는 없는 실정이기도 하다.

슈뢰더 총리는 자신의 정치적 희생을 무릅쓰고 시행한 하르츠 개혁으로 한국 사회에 널리 알려지고 존경받는 외국 정치인이 되었다. 한국을 수차례 방문하여 강연한 대표적 친한파이며 부인이 한국인이기도 하다.

4장

앙겔라 메르켈(2005-2021)

성실과 실용으로 독일과 EU를 관리하다

앙겔라 메르켈은 2005년 11월 22일, 51세의 젊은 나이에 독일 총리가 되었다. 역대 최연소, 최초의 여성 및 동독 출신, 그리고 개신교 출신의 총리였다. 16년 후에는 헬무트 콜과 더불어 최장수 총리가 되었고 또한 자의로 물러나는 최초의 총리가 되었다. 더욱이 인생 전반부 35년을 공산 체제인 동독에서 성장하였고, 그때까지 정치에 관여하지 않고 물리학을 전공한 과학자였을 뿐이다. 그러나 독일 통일 직후 여성청소년부 장관, 이어서 환경부 장관이 되었고, 정통 보수당 기민당의 사무총장, 당 부대표, 당 대표를 거쳐 통일 후 15년 만에 총리가 되었다. 자유 세계에서의 생활 15년 만이었다. 그리고 재임 16년 동안 독일만이 아니라 유럽과 서방 자유 세계의 지도자로 우뚝 섰다. 기적과 같은 일이 아닐 수 없다. 그의 성장 과정과 정치 역정을 살펴보는 것은 독일 정치의 이해를 넘어 흥미로운 인간사 탐구이기도 하다.

성실과 실용으로 독일과 EU를 관리한 앙겔라 메르켈

메르켈의 성장 배경

앙겔라 메르켈은 1954년 7월 17일 함부르크에서 루터교 목사인 아버지 호르스트 카스너(Horst Kasner)와 카스너보다 두 살 어린 라틴어와 영어 교사인 어머니 헤를린트 엔츠쉬(Herlind Jentzsch) 사이에서 태어났다. 같은 해 10월 아버지를 따라(실은 아버지는 메르켈 출생 직전 동독으로 먼저 떠나고 메르켈은 어머니와 함께 뒤따라 감) 동독 지역인 크비초프(Quitzow in der Mark)로, 다시 3년 후 동베를린에서 북쪽으로 90km 떨어진 템플린(Templin)으로 이주하였다. 카스너 목사로서는 공식적으로 종교를 인정하지 않는 나라에서 목사로서 사명을 다하기 위한 이주였다. 많은 동독 주민이 공산 압제 정권을 벗어나 서독으로 이주하고 있는 상황에서의 역주행이었다. 함부르크 주교 한스 오토 뵐버의 권고에 따른 종교적 순명(順命)이었다. 카스너는 사회주의적 성향이 강한 목사였다. 훗날 메르켈의 정치적 신념과는 달랐다.

카스너의 아버지는 폴란드 사람이었다. 카스너 가족은 템플린의 주거 단지 발트호프(Waldhof)에서 살았다. 카스너는 장애인 시설과 성직자 평생교육원에서 일했으며, 메르켈은 1973년 그곳에서 고등학교를 마쳤다. 그러나 학창 시절 무신론을 신봉하는 동독 정권 아래서 목사의 딸로 살아가는 것은 힘든 일이었다. 속내를 털어놓는 것은 위험했다. 아버지가 목사임을 숨기기도 하였다. 아버지의 직업을 묻는 질문에 목사인 'Pfarrer' 대신 발음이 비슷한 운전기사 'Fahrer'로 애매하게 발음하는 식이었다. 동독의 정보기관인 슈타지(Stasi)의 감시의 눈 때문이었다. 슈타지 정보원은 17만 명으로 국민 63명당 1명꼴이었다. 이런 환경에서 자라난 탓인지 메르켈은 나중에 총리 등 공직 생활 동안 사생활은 철저히 밖으로 드러내지 않았다. 가까운 비서 중에서도 그의 사저를 방문한 사람이 없었다.

그는 조용하고 성실하며 우수한 학생이었다. 특히 수학과 러시아어 성적이 우수하였다. 러시아어 경시대회에서 입상하여 부상으로 모스크바 견학 기회를 얻기도 했다. 영어는 집에서 어머니로부터 배웠다. 이때 배운 영어가 통일 독일에서 정치인으로 활동하는 데 큰 도움이 된 것은 물론이다. 하느님의 섭리에 의한 준비였을지도 모르겠다.

1973년 라이프치히의 카를마르크스대학(원래 라이프치히대학이었으나 1953년 개명함)에 진학하여 그곳에서 1978년까지 물리학을 공부했다. 목사의 자제가 대학에 진학하는 것은 쉽지 않았으나 아버지나 메르켈이 겉으로 체제 순응적 태도를 유지했기에 가능하였다. 1976년 한 살 연상인 학우 울리히 메르켈(Ulrich Merkel)과 함께 살기 시작하였다가 1977년 정식으로 결혼하였다. 메르켈의 성은 첫 남편에서 유래하였다. 그는 차츰 동독에 대한 비판적 시각과 서독에 대한 적극적 관심을 갖기 시작하였다. 좌파 성향의 사회주의적 관점에서 동독 체제를 조목조목 비판한 정치 철학자 루돌프 바로(Rudolf Bahro)의 저서 『대안(Die Alternative)』을 읽고 공감하며 친구들과 몇 날 밤에 걸쳐 토론하기도 하였다. 그러나 반체제 운동에 적극적으로 가담하지는 않았다. 그만큼 조심스럽게 행동하였다. 그 나름의 적응과 타협의 기술을 터득하고 있었다. 학업이 끝날 무렵, 메르켈은 튀링겐에 있는 일메나우(Ilmenau) 공과대학에서 조교수직을 구하고자 했다. 면접관은 뜻밖에도 비밀경찰들이었다. 면접관들은 채용 조건으로, 동료들 동향을 슈타지에 보고하는 데 동의해야 한다는 것을 걸었다. 당황한 메르켈은 자신은 입이 가벼워 비밀을 지킬 수 있을지 모르겠다며 넌지시 말하여 자리를 피하였다. 이는 평소 어머니의 조언에 따라 준비했던 말이었다. 그리하여 울리히와 함께 동베를린으로 가서 1978년부터 1990년까지 동베를린과학아카데미 물리·화학중앙연구소에서 학술 연구자로 종사하였고, 1986년 양자화학에 관한 논문으로 박사 학위를 받고 그곳에서 연구원으로 일하며 여러 논문을 발표했다.

그러나 1981년에 울리히와 헤어졌다. 메르켈은 과학자로서 정치적 성향을 밖으로 드러내지 않았기 때문에 동독 당국의 감시망에서 벗어나 학회 참석차 해외여행을 할 수 있었고 심지어 서독을 방문할 기회도 가졌다. 1985년 독일 나치의 만행을 통절히 반성하는 바이츠제커 대통령의 1985년 연설을 라디오를 통해 듣고 깊은 감동을 받기도 했다. 이를 계기로 메르켈은 독일은 유대인에게 영원토록 빚을 졌다는 인식을 정치 역정에서 갖게 되었다. 정치적 리더로서의 도덕적 책임감의 형성이었다. 또 그 무렵 한 살 위인 양자화학자 요하임 자우어(Joachim Sauer)와 사랑에 빠졌다. 통일된 후에는 동거하다가 나중에 결혼하여 정식 부부가 되었다. 동거하고 있을 때 한 가톨릭 주교가 메르켈의 동거를 문제 삼는 지적을 하기도 하였다.

동독 민주 개혁에 참여

동독 정치국 대변인 귄터 샤보브스키의 기자 회견 중 말실수로 인하여 베를린 장벽이 무너진 1989년 11월 9일, 그 소식을 들은 메르켈은 습관대로 사우나에 갔다가 서독으로 몰려가는 군중 속에 끼여 어느 서독 가족의 아파트를 방문하였다. 그러나 이튿날 출근해야 한다는 생각에 냉정을 되찾고 동베를린 집으로 돌아왔다. 그때 경험한 서독은 동독과는 다른 별천지였다. 곧 동독의 사회 분위기도 완전히 변하였다. 억압적인 사회 분위기는 더 이상 존재하지 않았다. 메르켈은 연구실에 박혀 연구하는 것이 지루해졌다. 새로운 인생과 직업에 대하여 고민을 시작하였다.

곧 민주화 운동에 참여하였다. 변호사 볼프강 슈너(Wolfgang Schnur)가 이끄는 정치 시민 단체인 '민주개혁(Demokratischer Aufbruch, DA)'에 가입하였다. 민주개혁이 정당으로 변모하여 선거에 참여하자 메르켈은 선거 홍보물을 나누어주는 것으로 정치를 시작하였다. 이후 민주개혁의 대변인이 되었다. 그의 궂은일을 마다하지 않는 성실함이 인정된 결과였다. 민주개혁은 '동독 기민당', '독일사회연합(Deutsche Soziale Union, DSU)'과 함께 '독일을 위한 동맹(Allianz für Deutschland)'을 구성하여 동독 자유 선거에 참여하였다. 이 과정을 서독 기민당과 콜이 관여하며 지원하였다. 선거 결과 동맹의 일원인 동독 기민당이 성공하는 바람에 민주개혁도 집권 세력이 되었다. 이어서 메르켈은 성실함이 인정되어 동독 새 정부의 부대변인에 임명되었다. 엄청난 승진이었다. 동독에서 민주적 선거를 통해 구성된 최초이자 마지막 정부의 수반인 로타르 데 메지에르(Lothar de Mezière)에 의해서였다. 메르켈은 다른 정치인들과는 달리 언론을 상대로 과학적 느낌을 주는 정밀하면서도 이해하기 쉬운 문장을 구사하였다. 형용사를 거의 사용하지 않았다. 그 대신 두 배나 많은 정보를 제공하였다. 독일 통일을 위한 2+4 회담(동·서독 및 미·영·불·소 6개국)이 시작되자 메르켈은 동독 총리 데 메지에르를 곁에서 보좌하였다. 메르켈의 러시아어와 영어 실력이 도움이 되었다.

행운처럼 찾아온 통일 독일의 35세 장관

통일 협상의 동독 측 실무 책임자인 귄터 크라우제(Günther Krause)는 메르켈을 발트해에 있는 뤼겐(Rügen)섬 지역구 후보자로 만들어주었다. 그는 선거 운동을 열심히 하여 하원의원에 당선되었다. 통일 독일 총리인 헬무트 콜은 남성 위주라는 내각 이미지를 개선시켜줄 젊은 여성을 찾던 중 메르켈을 주목하였다. 로타르 데메지에르의 추천에 따른 것이다. 면접 테스트와 신원 조사를 거쳐 여성청소년부 장관에 임명했다. 35세의 최연소 장관이었다. 메르켈이 잘 모르는 분야였지만 작은 부처로서 국정 운영의 규칙과 방법을 배우기에 적합하였다.

　동독 총리 출신으로 통일 독일의 부총리가 된 데메지에르가 슈타지에 연루되었다는 이유로 고난을 겪고 물러날 때도 메르켈은 냉담한 태도를 취하고 데메지에르를 돕지 않았다. 그를 발탁해준 귄터 크라우제가 비슷한 어려움에 처했을 때 메르켈은 외면하였다. 크라우제는 실망하여 메르켈을 출세에 눈먼 기회주의자라고 비난하였다. 의리나 인간적 가까움은 그의 판단에 영향을 주지 않았다. 이는 과학도로서의 냉정함과 동독 출신으로서 위험 부담을 안지 않으려는 성향 때문인지도 모른다. 1991년 12월에는 기민당 부대표에도 당선되었다. 당연히 콜의 후원에 따른 것이다.

메르켈이 장관으로 부닥친 중요 임무는 낙태법 개정

1990년 서독과 동독 사이에 통일을 위한 협상이 진행될 때 양국의 입장이 크게 달라 통일 조약이 무산될 뻔한 문제가 하나 있었다. 낙태 문제였다. 서독 형법 제218조는 특별한 경우 이외의 낙태는 처벌하도록 규정하고, 서독 헌법재판소도 낙태는 "어머니의 자궁에서 자라고 있는 생명의 생존권을 침해하는 행위"라고 판결했다. 이에 반해 동독에서는 임신 20주까지 낙태를 자유롭게 허용하였다. 양국 간에 쉽게 타협되지 않았다. 결국 그 문제는 통일 후에 다시 논의하기로 하고 넘어갔다. 당연히 통일 의회에서 이 문제가 논의되었다. 주무 장관은 여성청소년부 앙겔라 메르켈이었다. 동독 출신의 개신교도이자 이 문제에 진보적 시각을 가지고 있는 메르켈은 자기가 속한 정당인 보수 가톨릭 신도들을 기반으로 한 기독민주당의 반대에 부닥칠 수밖에 없었다. 반면 사회민주당, 자유민주당, 녹색당 등은 낙태를 허용하는 쪽이었다. 당시 정치 지형상 진보적 법안은 지지를 얻기 어려웠으나 여론은 오히려 낙태 합법화에 찬성하였다. 동독 지역 여성 78%, 서독 지역 여성 58%가 낙태 합법화를 지지하였다. 이러한 상황에서 메르켈은 자신의 정치적 장래까지를 고려하며 타협안을 마련해야 했다.

메르켈은 여성들이 낙태에 의지하지 않고도 임신의 부담을 감당할 수 있도록 그들을 돕는 방법을 모색해야 하고, 낙태 문제에 형법을 적용하는 것은 부당하며, 대신 낙태를 원하는 여성은 먼저 의사와 일정한 상담 절차를 거쳐야 한다는 타협안을 제시하여 무분별한 낙태를 막자고 주장하여 이를 관철하였다. 나아가 헌법재판소에 이 법률안이 헌법을 위반하지 않는지 판단을 구하는 심판을 청구하였다. 어떤 법의 합헌성에 의심이 드는 경우 법이 효력을 발생하기 전이라도 헌법재판소에 위헌 여부의 판단을 구할 수 있는 제도를 활용한 것이다. 헌법재판소는 나중에 합헌 판정을 하였다. 동독 출신 여성으로 콜 총리에 의하여 구색 맞추기용으로 기용된 메르켈의 이와 같은 일 처리에 대하여 시사 주간지《디 자이트》는 "위선에는 끝이 없다"고 비난하였지만 민감하고 어려운 문제에 대해 묘안을 더한 지혜로운 일 처리였고, 통일 독일 사회에의 화려한 데뷔였다. 그러나 동독에서 성장하고 루터교 신자인 메르켈에게 익숙한 수수한 옷차림이나 헤어스타일은 정치적 역할과는 별도로 구설에 올랐다. 다소 변화되었지만, 그 이상 한계를 넘어서지는 못했다. 그의 천성이 바뀔 수는 없었다. 하지만 이것이 오히려 국민의 신뢰를 얻는 장점으로 작용하였다.

1994년 하원의원에 재선된 후 환경·원자력안전부 장관에 임명되었다. 독일 정치에서 중요한 부처로서 이전보다 훨씬 주목을 받으며 정치적 경험을 쌓을 수 있는 자리였다. 역시 콜의 배려였다. 그는 환경 전문가인 클레멘스 슈트뢰트만(Clemens Strötmann) 차관을 퇴직시키고 행정가를 영입하였다. 자신의 장악력을 높이기 위한 정치적 접근이자 미래를 위한 포석이었다. 그가 환경장관으로 재직하던 1995년 독일에서 열린 UN 기후 변화 회의를 주관하였다. 선진국과 개발도상국 사이에 이해가 대립하는 회의에서 두 그룹 사이를 부지런히 오가며 타협안을 도출하는 성실함과 역량을 보여주었다. 새벽까지 이어지는 회의와 타협 과정에서 그의 강건한 체력도 보여주었다. 총리로서 필요한 자질이기도 했다. 이 회의는 베를린 위임 사항이라는 합의를 탄생시켰고 이는 2년 후 교토 의정서로 이어졌다. 그의 자신감도 커지는 계기가 되는 경험이었다. 장관으로 재직 중 부족한 영어를 보충하기 위한 야간 과외 공부도 마다하지 않았다. 그는 이처럼 부단히 노력하는 정치인이었다.

콜의 정치자금 스캔들을 딛고 당 대표가 되다

1998년 9월 총선에서 패배하여 정권을 사민당과 녹색당에 넘겨준 콜은 11월 7일 본에서 열린 전당대회에서 당 대표직을 볼프강 쇼이블레에게 넘겨줬다. 총리직을 노리는 쇼이블레는 그의 꿈을 위협할 만한 야심이 없어 보이는 메르켈을 사무총장으로 선택하였다. 물론 메르켈의 환경부 장관으로서의 업무 역량이나 직업 윤리를 높이 평가하였기 때문이다. 야당인 상태에서의 당 사무총장은 중요한 직책이었다. 메르켈은 1999년 7번의 주 선거를 지휘하면서 6번 승리를 거두고, 이로 인해 연방 상원도 기민·기사 연합인 유니언이 지배하게 만들었다.

그런데 1999년 콜이 당 대표로 있던 시기에 기민당이 불법 정당 기부금을 받았다는 사건이 알려졌다. 기민당의 지지율은 급격히 떨어졌다. 콜이 개인적으로 돈을 받지는 않았으니 문제는 사그라들 것으로 보였다. 그런데 메르켈이 《프랑크푸르트 알게마이너 차이퉁》 신문에 폭탄선언에 해당하는 칼럼을 보냈다. 그가 보낸 글은 콜과 간접적으로는 그의 후계자 쇼이블레에 대한 통렬한 비판이었다. 쇼이블레는 콜의 충직한 후계자감이었다. 1990년 초에 선거 유세 중 암살자의 총에 맞아 척추에 부상을 당해 휠체어를 타는 신세였지만 콜은 그의 손을 끝까지 붙잡아주었다. 메르켈은 단번에 전 총리를 무너뜨리고 그의 후계자인 당 대표의 생명을 끝내버렸다. 그 밖에 기민당의 거물 남성 정치인들을 궁지로 몰아버렸다. 한때 '콜의 딸', 콜의 '정치적 양녀'라고까지 불렸던 이 여인은 마키아벨리로 변신했다. 칼럼 제목은 「콜은 당에 피해를 입혔다」였고, 내용은 "당은 자립하는 법을 배워야 하며, 콜 없이도 미래를 마주할 수 있다는 자신감을 가져야 한다"였다.[1] 인간적으로는 엄청난 배신이었다.

---

1 매슈 크보트럽(임지연 옮김), 『앙겔라 메르켈』, 한국경제신문. 195쪽.

그러나 이것이 정치인 것을 어찌하겠는가? 아니 역사의 발전일지도 모른다. 아무튼 두 거물을 제치고 당의 중심으로 올라서는 계기를 만들었다. 이는 두고두고 메르켈에게도 짐이 되었다. 콜이 작고했을 때 콜의 미망인이 메르켈의 장례식 참석을 반대할 정도였다. 그러나 2005년 메르켈은 콜의 집을 방문하여 화해의 제스처를 취했고, 콜은 메르켈을 총리 후보로 지지한 바 있었다. 사무총장직을 이용하여 지역과의 네트워크도 탄탄히 만들어나갔다. 기부금 스캔들에 책임을 함께할 수밖에 없는 쇼이블레는 당 대표에서 물러났다. 2000년 4월 10일 열린 임시 전당대회에서 메르켈이 당 대표로 선출되었다. 독일 정당 최초의 여성 지도자였다. 메르켈은 주로 북부 독일의 중도주의 개신교를 배경으로 함에 반하여 유니언은 서부 및 남부 독일의 보수주의 남성 중심의 보수주의와 가톨릭 교회를 배경으로 하고 있어 메르켈의 당권 장악은 의외의 사건으로 비쳤다. 그러나 그의 남성 동료들은 메르켈을 과소평가하다가 메르켈의 치밀한 계산과 돌발적 상황 활용에 손을 들고 말았다.

2002년 총리 후보 포기와 야당 지도자로서의 역할

메르켈은 당연히 2002년 총선 승리와 총리직을 노렸다. 그러나 당내에서 원내대표인 프리드리히 메르츠(Friedlich Merz)가 부상하였다. 기성 남성 정치인들이 메르켈을 배제하고 있었다. 실제로 지방정부의 주 총리나 고위 정치인들의 지지를 확보하지 못한 상태였다. 또한, 자매당인 기사당의 슈토이버(Stoiber)가 유력한 후보자로 거론되었다. 여론조사로는 슈토이버가 앞섰다. 메르켈은 자신이 총리 후보가 될 수 없을 것으로 판단하고 차선책을 모색하였다. 슈토이버를 만나 자신의 양보와 지지를 약속하였다. 그 대신 선거 결과와 관계없이 메르츠의 원내대표직을 메르켈이 승계하는 약속을 얻어냈다. 메르켈은 훗날을 도모하며 실속을 챙겼다. 총선은 슈토이버의 우세 속에서 시작하였다. 슈뢰더 총리의 실업률을 낮추겠다는 공약은 실천되지 못했기 때문이다. 그러나 슈뢰더는 부시 대통령의 이라크전쟁에 반대하는 독일인의 분위기에 편승하고, 2002년 8월 니더작센주의 엘베강 홍수에 적극적으로 대처하면서 선거전을 이끌어 정권을 유지하게 되었다. 미국의 이라크 침공을 지지하였던 유니언은 야당으로 남았고, 메르켈은 메르츠를 물리치고 원내대표가 되었다. 야당 대표로 있으면서 자신의 뜻대로 쾰러를 대통령으로 만드는 정치적 수완을 발휘하기도 하였다.

당 내외의 경쟁자들은 메르켈이 얼마나 결연하게, 눈에 띄지 않게 작업했는지를 2004년 초반 경험하였다. 연방회의가 5월 23일 호르스트 쾰러(Horst Köhler)를 요하네스 라우의 후임 대통령으로 선출했을 때 많은 사람은 IMF 워싱턴 소장이었던 무명의 후보자를 깜짝 발탁하여 대통령으로 만들어내는 메르켈의 재능과 결연함에 놀랐다. EU 집행위원장 조제 마누엘 바호주(José Mannel Barroso)를 선출한 경우도 그러했다. 대부분의 독일인은 새 인물을 알지 못했다.

메르켈은 당내 총리 후보 경쟁자들을 모두 무력화하였다. 쇼이블레는 기부금 스캔들에서 헤어나지 못했고, 메르츠는 원내대표에서 일찍이 물러났고, 기민당 사무총장 로렌츠 마이어(Laurenz Meyer)는 예전에 근무한 회사로부터 받은 불투명한 급여 문제로 자리에서 물러났다.

자매당인 기사당의 제호퍼(Seehofer)나 슈토이버도 도전할 힘이 없었다. 그 밖에 총리직을 향하여 매복한 채 메르켈의 결정적 실수를 기다리던 자를란트주의 페터 뮐러(Peter Müller), 바덴뷔르템베르크주의 귄터 외팅거(Günther Oettinger) 등 주 정부 총리들도 유니언의 선거 승리가 이어지자 도전의 기회를 잃었다. 헤센의 주 총리 롤란트 코흐(Roland Koch)나 니더작센의 크리스티안 불프(Christian Wulff)도 마찬가지였다. 그러나 여론조사 분석가 엘리자베드 노엘 노이만(Elisabeth Noelle-Neumann)의 분석에 따르면 상황은 메르켈에 우호적이지 않았다. 2004년 말 독일인에게 물었을 때, 메르켈은 별로였다. 62%는 기민당이 분열된 것으로 보았고, 다만 42%만이 사민당을 그렇게 보았다. 25%가 메르켈을 총리감으로 보고 41%는 슈뢰더를 그렇게 보았다. 40%는 메르켈을 지루하게(langweilig) 보았고 12%만이 불프를 그렇게 보았다.《빌트》는 상황이 메르켈에 대해 비호의적이라고 보았다. 방향 전환이 필요했다. 개선 여지가 있었다. 외부적으로 천천히 그러나 효과적인 스타일 변경을 하였다. 의상, 머리 등을 고치고 입이나 눈 부위에 자주 자신 있는 웃음을 띠었다. 메르켈은 차츰 당이나 의회의 명망가들로부터 벗어나 젊은 의원 그룹을 모았다. 그 가운데 로날드 포팔라(Ronald Pofalla)와 노베르트 뢰트겐(Nobert Röttgen)이 있었다. 이 모든 것이 차분히 눈에 띄지 않게 진행되었고 이것이 당이나 의회의 반대자들이 오랫동안 그를 과소평가하는 잘못을 저지르는 데 기여하였다. 이런 방식으로 도약할 수 있음을 그는 멘토인 콜에게서 배웠다.[2]

메르켈은 이제 명실상부한 야당 지도자로서 의회에서 정부의 경제 및 사회 체제에 대한 개혁 의제를 지지했으며, 자신의 정당(CDU)보다 더 친시장적이었다. 독일 노동법 개정을 지지했으며, 특히 직원 해고에 대한 장벽을 제거하고 일주일에 허용된 근무 시간 수를 늘리는 데 찬동하였다. 기존 법률은 경기 침체 시 기업이 인건비를 쉽게 통제할 수 없기 때문에 국가 경쟁력을 떨어뜨린다고 생각했다. 또한, 슈뢰더 행정부가 계획하는 것보다 늦추어 원자력 발

---

2 Arnulf Baring, 앞의 책(E-Book), Location 3959–3969.

전을 단계적으로 폐기해야 한다고 주장했다.

메르켈은 강력한 대서양 파트너십, 즉 미국과의 우호 관계를 옹호했다. 메르켈은 2003년 봄, 대중의 반대와는 달리 미국의 이라크 침공에 찬성하며 게르하르트 슈뢰더 총리를 반미주의라고 비난했다. 메르켈은 터키의 유럽연합 가입에 대한 정부의 지원을 비판하고 대신 '특별한 파트너십'을 주장했다. 그렇게 함으로써 그는 터키가 회원국이 되는 것을 싫어하는 EU의 여론을 옹호하였다.

앞당겨 실시된 2005년 총선

총선은 원래 2006년에 치러질 예정이었으나 슈뢰더 총리가 신임안을 제출하고 일부러 부결시킴으로써 2005년 실시하게 되었다. 슈뢰더의 비상식적이지만 비상한 정치적 결단에 따른 것이다. 메르켈은 2005년 5월 30일 유니언의 총리 후보자로 선출되었다. 슈뢰더는 계획대로 전세를 역전시키지는 못했지만, 유니언과 사민당은 35.2%와 34.1%의 박빙의 승부를 펼쳤다. 사실상 무승부였다.

그러나 선거 운동 초반 여론조사에서 유니언의 지지율은 사민당에 21%나 앞선 48%에 달했다. 메르켈의 낙승이 예상되었다. 그러나 결과는 무승부였다. 아니, 사실상 패배였다. 그 원인은 무엇일까? 하르츠 개혁이 국가의 장래를 위한 개혁 정책으로 평가를 받았고, 이와 관련한 슈뢰더의 선거 운동 능력이 큰 역할을 하였다. 한편 메르켈도 잘못을 범했다. 선거 토론에서 국민총생산과 국민순생산을 구별하지 못하는 실수를 저질렀다. 또한, 메르켈은 선거 운동 초반 전직 연방 헌법재판소 판사로서 하이델베르크대학 법학 교수인 파울 키르히호프(Paul Kirchhof)를 재무 담당 보좌관으로 임명하였다. 사실상 장차 재무장관에 내정한 것이다. 자기 선거 운동 진영에 무게감을 더해줄 명성이 높은 학자가 필요하다는 판단에 따른 것이다.

키르히호프의 이론은, 모두가 같은 비율의 소득세를 내야 하며 다양한 조세 특례는 폐지되어야 한다는 것이었다. 이렇게 함으로써 세금 사기나 탈세 가능성을 줄일 수 있다고 주장했다. 그러나 이는 독일 사회에서 공감되는 사회적 연대 정신에 반하는 주장이었다. 키르히호프는 당과도 조율되지 않은 상태에서 유사한 발언을 거듭하였다. 또한, 유니언의 규제 완화 정책이나 부가가치세 증세는 부자에게만 유리하다는 비난이 제기되었다. 당내에서도 우려의 목소리가 나왔다. 슈뢰더 총리는 좋은 공격 포인트를 잡은 기회를 놓치지 않았다. 키르히호프는 탁상공론에 빠진 이론가일 뿐 아니라 보통 사람들의 고생보다는 자신의 이론만을 중시하는 미친 학자라고 비아냥거렸다. 또 그의 주장은 우리 독일인이 감내할 수 없는 인간의 시각을 대변한다고 주장하며, 누구도 목적을 위한 수단으로 취급되어서는 안 된다는 철학자 칸트의 말을 인용해 "인간은 사물이 아니며 그렇게 취급되어서는 안 된다"라고 자기 입장을 밝혔다.[3] 그리고 "메르켈·키르히호프: 반사회적인 근본주의자"라는 단순한 메시지가 담긴 선거 포스터로 공격을 이어나갔다. 효과적인 슈뢰더의 선거 운동이었다. 키르히호프의 발언은 기민당을 혼란에 빠트렸고 당 핵심 지지층인 소상공인과 자영업자들의 지지 이탈을 불러왔다. 메르켈과 유니언은 키르히호프의 정율(定率) 과세 및 부가가치세 증세를 철회하고 키르히호프와 사실상 결별함으로써 사태를 진정시켰으나, 선거 전날 당 지지도는 사민당과 9% 차로 좁혀들었다. 개인적 인기는 슈뢰더에게 뒤졌다. 이는 정치인은 자신에 대한 평가도 중요하지만 자기 주변의 인사에 대한 평가에 의하여 큰 영향을 받음을 보여주는 사례이다.

총리로서 대연정을 이끌다

9월 18일 선거 결과는 유니언 35.2%, 사민당 34.2% 득표였다. 메르켈과 슈뢰더는 서로 자신의 승리를 주장하였다. 사민·녹색 연합이나 유니언·자민 연합이 과반 의석을 차지할 수 없는 형국이었다.

---

3 매슈 크보트럽, 앞의 책, 244쪽.

대연정이 해결책이었다. 양당은 서로 총리직을 차지하려고 나섰다.

선거 후 마련된 방송 토론회에서 슈뢰더는 메르켈을 거세게 무례하게 밀어붙였다. 자기가 어떻게든 총리직을 유지하게 될 것임을 주장했다. 메르켈은 침묵을 유지하며 슈뢰더가 호통치게 놔두었다. 그리고 원칙적으로 점잖게 대응하였다. 이 바람에 여론은 메르켈로 돌아섰다. 연정 협상이 시작되었다. 사민당, 녹색당, 자민당 간의 이른바 신호등 연정(사민당 적색, 녹색당 녹색, 자민당 황색의 상징색을 조합한 것)은 자민당이 참여하지 않는다는 분위기로 배제되었다. 유니언, 녹색당, 자민당 간의 이른바 자메이카 연정(흑색, 녹색, 황색으로 구성된 자메이카 국기에서 따옴)도 선택지였으나 유니언과 사민당의 대연정으로 결론이 났다. 1966년 기민당 키징거 총리와 사민당 브란트 부총리 사이의 대연정에 이은 두 번째 대연정이었다. 사민당에서는 슈뢰더가 아닌 뮌터페링(Müntefering)이 당 대표였기 때문에 슈뢰더는 연정 협상에서 배제되었다.

사민당 고위직들은 현재의 보직 유지나 승진이 된다면 메르켈 내각에 참여하는 것에 반대할 이유가 없었다. 사민당 대표 뮌터페링이 부총리 겸 노동장관을 맡고 내각 장관 11석 중 6석을 차지하기로 하였다. 기민당 각료로는 메르켈과 서먹한 사이가 되었던 쇼이블레가 내무장관이 되었다. 또한, 유니언 내 경쟁자이자 거물인 기사당의 호르스트 제호퍼(Horst Seehofer)가 농업장관에, 미하헬 글로스(Michael Glos)가 경제장관에 기용되었다. 사민당 출신 여성들인 울라 슈미트(Ulla Schmidt), 하이데마리 비초레크초일 (Heidemarie Wieczorek-Zeul), 브리기티 지프리스(Brigitte Zypries) 가 각각 보건장관, 경제협력장관, 법무장관에 기용되었다. 그들은 슈뢰더 내각에도 참여했었다. 새 외무장관에는 사민당의 프랑크발 터 슈타인마이어가 기용되었다. 그는 슈뢰더 정부의 총리실 실장 으로 외교 정책 및 비밀 정보 조정 업무는 물론 광우병 위기(BSE-Krise), 어젠다 2010 실행 등 다양한 경험을 하였다. 그는 경험이 많 아 구 슈뢰더 정부와 새 메르켈 정부 사이의 결합을 잘 이끌 수 있 는 인물이었다. 2017년 이후 연방 대통령으로 재직 중이다(한국에 관심이 많은 정치인으로, 특히 한국 영화에 대한 관심이 많아 2022년 11월 방한 시에는 한국예술종합학교 영상원을 찾기도 하였다). 재정장관에는 사민당 출신으로 노르트라인베스트팔렌주 총리였다가 5월 선거 에서 패배한 페어 슈타인브뤼크(Peer Steinbrück)가 기용되었다. 교 육장관에는 바덴뷔르템베르크에서 같은 일을 담당했던 아네테 샤 반(Annette Schavan), 국방장관에는 지금까지 한 번도 내부에서 거 론된 바 없었던 프란츠 요제프 융(Franz Josef Jung)이 기용되었다. 중앙 정치 경험이 적은 두 사민당 지방 정치인, 라이프치히 시장 볼 프강 티펜제(Wolfgang Tiefensee)가 건설교통장관에, 니더작센의 주 총리였다가 2003년 2월 크리스티안 불프에게 자리를 넘겨야 했 던 지그마르 가브리엘(Sigmar Gabriel)이 환경·원자력장관에 기용 되었다. 또 기민당 출신으로 가족부 장관으로 기용된 우르줄라 폰

데어라이엔(Ursula von der Leyen)은 오랫동안 니더작센 총리였던 에른스트 알브레히트(Ernst Albrecht)의 딸로서 국방장관을 거쳐 2019년 이후 EU 집행위원장의 직을 맡고 있다. 원래 직업이 의사였고 7명의 자녀를 둔 성공한 여성 정치인이었다. 총리실 장관에는 토마스 데메지에르(Thomas de Maizière)가 기용되었다. 그는 법률가이자 진 독일군 감찰관의 아들로서 동독 최초 자유 선거로 총리로 당선된 데메지에르의 친척이었다. 그는 기민당에서 베를린 시장 바이츠제커 보좌관을 시작으로 구동독 지역에서 다양한 직책을 맡고 마지막으로 작센주 내무장관으로서 추진력 있는 정치인으로 명성을 얻었다. 이때의 내각 구성에서 메르켈은 '친구를 가까이 두되 라이벌은 더 가까이'를 실천하였다. 그다음에도 이 원칙을 견지하였다. 적을 최소화하는 것이 유리하다는 생각 때문이었다.

연방 하원의 총리 선출 과정에서 대연정 내에서 51표의 반대표가 나왔지만, 2005년 11월 22일 51세라는 젊은 나이에 메르켈은 독일 총리(397:217)가 되었다. 역대 최연소, 여성, 동독 출신, 개신교 출신의 총리로, 콜과 더불어 최장수 총리이자 자의로 물러난 최초의 총리다. 제국의회 의사당에서 열린 총리 취임식에는 남편 자우어는 참석하지 않았다. 남편은 실험실에서 연구하였고 메르켈은 이를 개의치 않았다.

연정 협상에 따라 새 정부의 정책은 야당 지도자이자 총리 후보로서 메르켈의 정책과는 다소 변화를 보일 수밖에 없었다. 대연정은 부가가치세(16%에서 19%로), 사회보험 기여금 및 소득세 최고 세율을 높이면서 공공 지출을 줄이는 것을 목표로 정했다. 그리고 가장 중요한 목표는 실업률을 줄이는 데 두었고 이것에 의해 정부가 평가받을 것이라고 밝혔다. 슈뢰더 총리도 그러하였다. 실업률을 낮추는 것은 어느 정부나 최우선의 과제가 아닐 수 없다.

한편 사민당에서는 10월 뮌터페링이 당 대표에서 사임하였고, 11월 15일 브란덴부르크주 총리인 마티아스 플라체크(Matthias Platzeck)를 당 대표로 선출하였다.

EU 등 국제무대 성공적 데뷔 및 국내 개혁 성과

전 정부 적녹 연정은 독일이 개혁의 길로 나아갈 청사진을 제시해 놓았다. 제2차 세계대전 후 최초로 독일군을 전쟁터에 투입하여 서방과의 연대를 공고히 하는 한편 사안에 따라서는 미국과도 다른 목소리를 내었다. 또한, 독일의 사회 국가 개조를 위한 어젠다 2010 프로그램도 마련되었다. 이는 메르켈로서 충분히 공감할 내용이었으며 더욱이 사민당과의 대연정 정부로서는 이를 밀고 나가는 것에 어려움이 없었다.

메르켈은 총리직에 취임한 다음 날인 11월 23일 프랑스를 방문하여 시라크 대통령을 만났다. 아데나워 이래 모든 독일 총리들처럼 독일과 프랑스의 관계의 중요성을 알기 때문이다. 그리고 당시 EU 내에서는 분담금에 관한 예산 협상이 한창 진행 중이었다. 각국 분담금의 비율, 가장 중요한 공동 농업 정책에 따른 농업 보조금 축소 등은 회원국들 사이에 이해가 엇갈리는 문제였다. 독일은 당연히 분담금이나 농업 보조금을 줄이려 하였다. 12월 19일 브뤼셀에서 시라크 프랑스 대통령, 토니 블레어 영국 총리 등과 만나 협상을 진행하여 독일 측에 유리한 협상안을 도출하였다. 물론 프랑스와 영국의 입장도 반영되었다. 영어를 쓰면서 실무적이고 성실한 자세로 접근한 것이 주효하였다. 세계는 그를 주목하기 시작하였다. 국내에서 지지율도 올라갔다. 메르켈의 EU 재정 안정을 위한 노력은 2013년까지 계속되었으며 이 점이 메르켈의 큰 업적으로 평가받고 있다.

러시아와 관계에선 별다른 변화는 없었다. 러시아 천연가스 도입을 위한 오스트세(Ostsee) 파이프라인 건설 계획은 슈뢰더가 세웠으나 계약에 서명할 정도의 상태는 아니었다. 경제장관 글로스는 2005년 연말 파이프라인 건설 시작을 계기로 옛 총리의 러시아 회사의 감독위원회 의장으로서의 활동을 환영하였다. 메르켈도 2006년 1월 중순 러시아 방문 시 파이프라인 건설은 "유럽과 독일에 큰 의미를 갖는 전략적 프로젝트"라고 강조하였다.

메르켈은 외교 정책의 지속성을 중시하였다. 아울러 새로운 시도를 하였다. 2005년 12월 중순 EU 정상 회의에서 폴란드에 상당액을 지원함으로써 재정 문제에서 화해안을 도출하여 동구권 국가와의 관계를 개선하였다. 오스트리아 외교장관 우르줄라 플라스니크(Ursula Plassnik)는 메르켈의 '흥분하지 않는 결연함'과 '실용적인 협상 스타일'을 칭송하였다. 메르켈 자신도 자신의 목표를 구체적 성과 도출에 두었다.

유럽이나 미국과의 관계에서도 기본적으로 슈뢰더 정부의 입장을 유지하였다. 이라크전쟁에 독일군은 파견하지 않으며, 기후 환경 개선에 관련해서는 미국 부시 정부와 함께하였다. 미국 CIA의 테러범 체포 및 억류 과정에서의 인권 침해적 요소에 대하여는 당당히 문제를 지적하였다. 예컨대 2006년 1월 미국을 방문하기 직전 《슈피겔》지와의 인터뷰에서 쿠바에 있는 관타나모 미국 해군 기지에 설치된 임시 수용소를 폐쇄할 것을 주장하고 미국 부시 대통령을 만나서도 CIA의 비밀 감옥을 거론하며 목적이 수단을 정당화할 수 없음을 지적하기도 하였다. 유럽 사회가 메르켈을 상찬하였음은 물론이다. 유럽의 정치 지도자 토니 블레어(Tony Blair), 프랑스의 쟈크 시락(Jacques Chirac)은 지쳐 있었고 새 인물인 메르켈에 대한 기대와 활동 공간이 상대적으로 커졌다. 메르켈은 이 기회를 잘 활용하였다. 2006년 1월 중순 메르켈의 워싱턴 방문이나 콘돌리자 라이스(Condoleeza Rice) 미국 국무장관의 2005년 12월 초 독일 방문에서 미국의 정치학자와 독일의 물리학자는 처음에 러시아어로 잡담하고 상호 간의 공감대를 넓혀갔다.

한편 국내 관계를 보면, 2005년 초부터 시행되었던 실업 수당과 사회적 보조의 결합인 하르츠 IV는 그 예측된 결과를 아직 보여주지 못했다. 그러나 예산의 재정비나 안정화를 위한 크고 작은 조치들, 불필요한 세금 우대(Steuervorteil)의 폐지 혹은 2007년으로 예정된 부가세 인상 등은 정부 교체 이전에 사정권에 들어왔다. 잡음 없는 실행만이 남았다. 자가 수당(Eigenheimzulage)의 중단 결정은 2005년 연말 이전 의회의 문턱을 넘었다. 성공적 출발이었다.

메르켈은 2006년 3월 독일 통일 이후 발생한 불균형을 바로잡기 위한 독일 연방 제도에 관련한 헌법 개정에도 착수하였다. 독일의 양대 정당이 손을 맞잡은 대연정 시기에 각 정당의 편협한 이익을 접어두고 개혁안을 만들기 쉽기 때문이다. 연방 개혁은 슈뢰더 정부에서도 시도하였으나 성공하지 못했었다. 기민당의 바덴뷔르템베르크주 총리 귄터 외팅거(Günther Oettinger)와 사민당 원내대표 페터 스트럭(Peter Struck)이 주도하여 만든 협상안은 주 정부에게 교육 부문 권한을 더 부여하고 그 반대급부로 상원의 하원 통과 법률에 대한 부결권 행사를 제한하는 것이었다. 상원은 주 정부의 재정이나 권한에 관한 법률에 대하여 부결권을 갖고 있었다. 개혁 후 상원은 사실상 경제 정책에 대한 부결권을 행사할 수 없게 되어 이전에 부결권을 행사하던 법안의 절반에 대해서만 부결권을 행사할 수 있게 되었다. 이것은 연방 정부의 정책 수행에 힘을 실어주는 개혁으로 메르켈의 성과였다.

2006년 말 메르켈의 지지율은 80%에 이르렀다. 거칠고 혈기 왕성한 남성 정치인과는 달리 실용적이고 조용하면서 성과를 도출해내는 리더십이 유권자들의 마음을 끌었다. 꼼꼼하게 준비하고 언제든 타협할 마음을 열어두고 경박한 처신을 자제하는 그의 정치 스타일이 국내는 물론 EU 동료들의 마음을 움직였다. 기민당의 기성 정치인으로서 메르켈의 경쟁자인 코흐, 불프, 뤼트거스 등은 다양한 방법으로 메르켈 후임 기회를 노렸으나 쉽지 않다는 것이 드러났다. 메르켈은 사무총장 때부터 당원들과 끈끈히 연대하였고 경쟁자들에게도 실속 없는 부대표 자리를 주어 배려한 듯하면서 힘을 빼놓는 전략을 구사하였다. 기민당은 중도 좌파 쪽으로 외연을 확장하여 보수적 색깔을 덜어내는 당 개혁을 추진하였다. 그리고 타협하고 양보하여 뭔가 성과를 만들어내는 해결사의 면모를 보여주었다. 실업률은 한 자릿수로 떨어졌다. 그러나 이것은 전임자 슈뢰더가 도입한 하르츠 개혁에 힘입은 바 컸다. 메르켈로서는 전임자의 덕을 본 행운이었다. 미국과의 관계도 슈뢰더에 비하여 크게 개선되었다. 메르켈은 불만이었지만 독일은 월드컵 축구대회에서 3위를 차지하였다. 메르켈은 축구광으로 국가 대표 감독과 작전을 논의할 정도의 식견을 갖고 있었다.

2006년 말 미국의 시사 주간지 《타임》은 메르켈을 올해의 인물로 선정하였다. 그 이유로 독일인들에게 웃음을 돌려준 것을 들었다.

2008년 세계 금융 위기의 대처

2008년 리먼브라더스은행의 파산이 세계를 강타하였다. 월가의 대표적 투자은행인 리먼브라더스(Lehman Brothers)가 모기지 관련 파생 금융 상품에 투자해서 수익을 올리다가 지나친 차입금과 주택 가격의 하락으로 파산한 것을 계기로 전 세계 금융 시장과 부동산 시장이 동반 부실에 빠지는 금융 위기가 닥쳤다. 독일도 예외 없이 그 영향을 받았다. 이에 직면한 메르켈은 최악의 상황을 피하고자 노력하였다. 메르켈은 원래 자유시장경제를 신봉하는 보수 노선으로 그 1년 전에 부도 금융 기관에 대해 공적 자금 투입을 거부하면서 '확대 재정 정책은 불필요하고 고비용의 모험 행위'라는 신자유주의의 신조를 명백히 밝혔었다. 즉 리먼브라더스나 독일의 하이포리얼에스테에트홀딩(Hypo Real Estate Holding)의 파산은 위험하고 과도한 이윤 추구 때문이라며 구제 금융에 대해 거부감을 가졌었다.

그러나 입장을 바꾸어 부도난 부동산 담보 대출 업체인 하이포 리얼 에스테이트홀딩이 긴급 구조 대상이 되었고, 정부가 모든 금융 기관의 상당한 지분을 인수했다. 아울러 구제 금융을 받는 은행들은 보너스가 금지되고 임원 급여 50만 유로의 상한선이 적용되었다. 금융 시장 경기 부양책으로 500억 유로를 투입하였다. 금융 위기를 극복하기 위하여 '경계를 넘어 전 같으면 하지 않았을 일을 하게' 된 것이다.[4] 메르켈의 실용주의적 정치 철학을 보여준 것이다. 이로써 독일 정부가 은행 예금을 보호하는 등의 조치를 할 준비가 되어 있다는 신호를 시장에 보냈고, 주가 하락과 경제적 불안감이 진정되었다. 그의 목적은 경제 이론을 세세히 따지는 것이 아닌, 문제를 해결하는 것이었다. 그리고 독일인들은 근검절약하는 생활 자세로, 빚을 얻어 소비하는 것을 최대한 억제하였고, 기업들은 노동자를 해고하기보다는 노동 시간을 줄이도록 하는 정부의 권고에 맞추어 실업률을 낮추었다. 메르켈과 기민당의 인기는 다시 올라갔다.

---

[4] 매슈 크보트럽, 앞의 책, 285쪽.

2009년 연방 선거, 자민당과 연정으로 총리 연임

유니언에 대한 여론조사 수치는 점점 낮아졌다. 기민당에서 이탈한 표는 자민당으로 갔고, 사민당 지지율은 사민당 전 당수인 라퐁텐과 동독 출신 변호사 그레고르 기지(Gregor Gysi)가 2007년 창립한 좌파당(Die Linke)으로 대량 유출되면서 떨어졌다. 좌파당은 동독의 사회통일당(SED)에서 유래한 민주사회당(der Partei des Demokratischen Sozialismus, PDS)과 노동과사회정의당(der Partei Arbeit und soziale Gerechtigkeit – Die Wahlalternative, WASG)이 합당하여 만든 극좌 정당이다.

선거를 코앞에 둔 2009년 9월 3일 아프가니스탄 쿤두즈에 주둔 중인 독일군의 무모한 작전으로 많은 민간인이 희생되었다. 메르켈은 처음에는 이 사건을 안이하게 대처하였다. 심지어 사망자들은 모두 테러리스트라고 사실과 다른 발표를 하였다. 그러나 아프가니스탄에서의 민간인 살상 사건에 독일군의 책임이 더욱 확실해지자 노동부 장관으로 옮겨갔던 국방장관 프란츠 요제프 융(Franz Josef Friedrich Jung)은 퇴임해야 했다. 노동부 장관으로 옮겨간 지 33일 만이었다. 메르켈은 미국으로 날아가 의회에서 "우리 독일인들은 미국 친구들이 우리에게 얼마나 많은 도움을 주었는지 알고 있으며, 나 자신을 포함한 우리는 절대로 이 사실을 잊지 않을 것입니다"라고 언급하였다. 이것은 국제사회 및 독일 내에서 쿤두즈 사태를 진정시키고 자신이 그 책임에서 벗어나기 위한 방책이기도 했다. 그리함으로써 평화주의자의 면모를 보여 사민당과 녹색당의 평화주의자들의 반감을 줄이고, 융 장관과 같은 당내 가톨릭계 보수 세력을 견제하며, 자민당과 연정을 할 수 있는 토대를 만드는 정치적 지혜를 발휘했다.

  자민당은 세금 인하와 시민의 자유라는 신조를 바탕으로 하여 14.5%를 득표하였고, 유니언은 33.8%, 사민당은 사상 최악인 23%를 득표하였다. 11.9%를 득표한 좌파당이 사민당 표를 잠식한 탓이다. 유니언과 자민당의 5주간의 연정 협상 끝에 연정이 이루어졌다. 2021년까지 독일 내 17개 원자력 발전소를 폐쇄하는 계획을 중단하고 그중 일부는 재생 에너지가 가능할 때까지 유지하기로 합의하였다. 자민당의 주장에 따라 독일 군대의 징병 제도는 2011년부터 폐지되고 모병제로 전환되었다. 녹색당의 정책을 차용한 것이다. 조세 제도 개혁에 관한 내용은 합의되지 못했다. 남아 있는 미국의 핵무기가 철수되어야 한다는 자민당의 주장도 반영될 수 없었다. 자민당은 부총리, 외무부, 법무부, 경제부, 보건부 장관을 확보하였다. 자민당 대표 기도 베스터벨레(Guido Westerwelle)는 외무장관이 되었으며 자신이 동성애자임을 밝히기도 하였다. 메르켈은 이를 괘념치 않았다. 나는 2012년 라오스에서 열린 아셈 회의에서 베스트벨레를 만났었는데, 그때 녹색기후기금(GCF) 본부 소재지 경쟁에서 한국에 졌음에도 불구하고 먼저 축하 인사를 건네며 한국과 더욱 협력하겠다고 다짐하기도 하였다. 그러나 2016년 백혈병으로 56세 나이로 사망하였다.

그리스 등의 재정 위기에 대한 대처

메르켈은 11월 10일 취임 연설을 하였다. 선거 운동 기간에는 부각되지 않았지만, 그리스의 경제 상황, 특히 재정 위기는 유로존에 위험으로 다가오고 있었다. 메르켈은 이 점을 경고하였다.

앞서 언급한 바와 같이 메르켈은 투자은행에 대해 부정적 생각을 갖고 있었다. 미국의 리먼브라더스와 독일의 하이포리얼에스테이트홀딩의 파산을 초래한 것은 위험할 정도의 이윤 추구 때문이라는 생각이었다. 금융 기관만이 아니라 국가에 대하여도 비슷한 생각이었다. 정치적 포퓰리즘과 방만한 재정 운영에 따라 파산 위기에 빠진 그리스에 대하여도 비슷한 생각이었다. 포르투갈·스페인·이탈리아도 사정은 크게 다르지 않았다. 그리스 문제의 처리는 다른 나라 문제의 처리에 선례가 될 수 있음을 고려하지 않을 수 없었다. 3월 17일 의회 연설에서 한 국가가 계속해서 회원국 기준을 맞추지 못하면 유로존에서 퇴출될 수도 있다고까지 말했다. 메르켈은 원칙적이고 냉정한 모습을 보여주었다. 프랑스 대통령 니콜라스 사르코지는 막후에서 메르켈에게 그리스에 대한 구제 금융을 제안하고 설득하였다. 반면 독일 재무장관 쇼이블레는 그리스 정부가 재정을 어느 정도 정리하기 전까지는 그리스를 유로존에서 제외하자고 하였다. 메르켈도 유로존의 유지와 협력을 위하여 회원국을 지원해야 하는 필요성과 낭비하는 남유럽을 지원하는 데 분개하는 독일 국내 여론 사이에서 고민하지 않을 수 없었다. 실제 독일에서는 남유럽 국가들의 주민들이 실제로 독일인보다 보유 재산이 많으며 생활도 윤택하다는 통계들이 제시되기도 하였다.

메르켈은 구제 금융을 하면서도 그리스 정부와 국민의 행태를 바꾸기 위한 노력도 병행하였다. 또 메르켈은 종전 후 독일이 이를 악물고 고통을 감내하며 경제 재건을 이룬 것처럼 그리스 국민이 근검절약하고 세금을 제대로 납부하며 정부는 재정 지출을 합리적으로 하도록 유도하였다. 이른바 긴축의 강요였다. 그리스 국민의 독일 및 메르켈에 대한 반감도 커져갔다. 메르켈은 평정심을 잃지 않고 원칙에 따라 밀고 나갔다. 5월 7일 독일 의회는 그리스에 110억 유로의 자금을 지원하며 그중 독일의 몫은 EU 회원국 가운데 가장 많은 22억 유로를 부담하는 구제 금융안을 통과시켰다. 아무튼 그 과정에서 메르켈은 소극적이었고 지원 액수도 적었다. 메르켈의 도덕적 판단과 지방 선거를 앞두고 유권자의 거부감을 줄이고자 하는 의도 때문이었다. 독일 의회는 5월 21일 2차 구제안을 승인하였다.

그렇지만 유럽재정안정기금(European Financial Stability Facility)이 남유럽 국가들의 고질적인 문제의 해법인지에 관해 기민당 내에서도 의견이 분분했다. 그 과정에서 볼프강 보스바흐(Wolfgang Bosback) 등 반메르켈파가 형성되기도 했다.

'아랍의 봄' 열기가 한창 달아오르고 유로존 위기는 진정될 기미가 없었다. 모든 것이 불안정했다.

2011년 2월 메르켈의 후계자로까지 거론되던 국방장관 구텐베르크(Karl-Theodor Freiherr von und zu Guttenberg)가 바이로이트 대학에서 작성한 박사 학위논문의 표절 문제가 제기되었다. 폭로와 부인의 공방이 전개된 후 장관은 책임을 지고 퇴임하였다. 그는 독일에서 차세대를 이끌 정치인으로 큰 인기를 모았으나, 군과 관련된 여러 스캔들로 논란을 빚은 데 이어 논문 표절 스캔들로 물의를 빚고 2011년 3월 1일 국방장관직을 사임하였다. 3월 3일 하원의원직도 내놓았다. 그의 아내는 철혈 재상으로 유명한 비스마르크의 증손녀였다. 메르켈에게도 타격이었다.

원전 문제 등 실용주의적 그러나 기회주의적 정책

원자력 발전소 문제는 오랫동안 독일 사회의 이슈였다. 녹색당은 1970년대 원자력 반대 시위 과정에서 탄생하였고 사민당 슈뢰더 총리는 원자력 발전을 중단할 것을 내세우며 집권하였다. 관련 업계와의 논의를 거쳐 순차적으로 폐지한다는 것이 적녹 연정의 방침이었다. 그러나 메르켈과 당 지도부는 적어도 한동안은 원자력 발전의 유지를 불가피한 것으로 보았다. 물론 당내에서도 다른 의견은 있었다. 환경부 장관 뢴트겐이 대표적이었다. 2009년 자민당과 연정을 계기로 원자력 정책의 변화를 시도하였다.

그런데 2011년 3월 11일 동일본 후쿠시마에서 발생한 대지진과 쓰나미로 인하여 6기의 원자로 중 3기가 녹아내리는 재앙이 발생하였다. 메르켈은 기존 입장을 바꾸었다. 6월 9일 연방 의회에서 "실수로 인하여 핵에너지의 위험이 현실화되면 그 결과는 너무나 처참하고 영구적"이라고 밝히고 독일 핵 발전의 단계적 중단을 천명하였다. 2021년에는 핵 발전소 6기가 운영을 중단할 것이고 그 이듬해에는 3기가 추가로 중단될 것이라고 발표했다. 노벨 경제학상을 수상한 요세프 스티글리츠(Joseph Stiglitz)가 그 계획에 찬동하였다. 핵에너지에 따른 핵 폐기물 처리 등 사회 전체적 비용을 고려하면 그렇다는 것이다. 후쿠시마 사태를 계기로 과학적 판단이 바뀌었지만 예정된 라인란트-팔츠주의 선거도 의식한 결과였다.

선거 여론조사로는 탈원전이 유리하였다. 메르켈의 실용주의자이면서도 기회주의자로서의 모습을 보여준 사례였다. 그리고 녹색당의 중요 어젠다 하나를 빼앗았다. "Atomkraft? Nein Danke!(핵발전소? 고맙지 않아!)"가 녹색당의 구호였다. 물론 독일 산업계는 이에 반대하였다. 독일경제인연합회 회장 페터 케이틀(Peter Keitel)은 "독일 산업의 국제 경쟁력을 어떻게 보장할 것인가?"라고 물으며 원자력 발전이 독일 경제 상승분의 3분의 2를 차지한다고 지적하였다.

2011년 2월 15일 리비아의 무아마르 카다피가 인권 운동가인 페티 타르벨을 체포하자 전국적으로 폭동과 시위가 일어났고 내전 상태로 돌입하였다. 유엔은 독재자의 무력 진압을 반대하는 결의안을 채택하였다. 그러나 구체적으로 어떤 조치를 할지 결정하지 못했다. 영국, 프랑스와 미국은 군사 행동을 주장하였고 러시아와 중국은 기권하였다. 독일도 기권하였다. 독일이 러시아와 중국 편에 선 것은 정치적으로 문제였으나 여론은 군사 개입에 반대하였다. 메르켈은 그 책임을 자민당 대표로서 부총리 겸 외교장관인 베스터벨레에게 슬쩍 미루었다. 마키아벨리적 권력 정치의 전형적 수법을 보여주었다. 베스터벨레는 자민당 대표직을 베트남 입양인 출신 필리프 뢰슬러(Philip Rösler) 보건부 장관에게 넘겼다. 뢰슬러는 이어서 경제기술부 장관 겸 부총리로 승진하였다. 그는 생후 9개월에 베트남에서 독일로 입양되었으며 독일 최초의 동양계 각료였다. 정치 입문 전의 직업은 외과 의사였다.

　2011년 10월 말 그리스에서 재정 위기가 다시 발생했다. 그동안 의 구제 조치가 효과를 보지 못했다. 불을 확실히 끄지 않고 불씨 를 남겨놓은 미흡한 조치 때문이었다. 유로존을 안정시키기 위하 여 더 적극적인 특단의 조치가 필요했다. 메르켈은 국제금융협회 회장인 찰스 덜라라(Charles Dallara)에게 투자은행 등 민간 투자자 가 보유한 그리스 정부에 대한 채권의 50%를 탕감하도록 요청하 였다. 이를 수용하지 않으면 그리스가 파산해 채권 은행들이 한 푼 도 받을 수 없을 것이라는 반협박이었다. 이는 결국 수용되었다. 그 리고 그리스 파판드레우 총리에게는 강력한 긴축 정책을 압박하였 다. 나아가 2011년 12월 유럽연합 정상 회의에서 유럽 재정 협약이 체결되었다. 국가 재정 적자 비율을 제한하고 이를 위배할 때는 제 재하며, 각국의 목표 설정에 집행위원회가 관여할 수 있게 하였다. 독일이 이를 주도하였다. 이로써 계속되어온 유로존의 불안감은 많 이 진정되었다. 이런 조치에 따라 남유럽 국가를 비롯한 여러 나라 에서 연금이나 복지 혜택이 감소해 불만이 고조되기도 하였다. 메 르켈이 집권에 따른 경험과 관련 지식이 늘어남에 따른 지도력을 발휘한 것이다. 유럽의 지도자로서의 위치도 강화되었다.

그런데 2015년, 그리스에서 급진 좌파 정당인 시리자당이 집권하여 치프라스가 총리가 되었다. 그는 개혁 정책을 거부하고 부채의 면제나 상환 연기를 요구하고 심지어 독일을 상대로 제2차 세계 대전에서 입은 손해 배상금을 요구하기도 하였다. 그러나 이는 EU 회원국의 지지를 얻지 못했다. 메르켈은 그리스가 요구하는 구제 금융은 연금 개시 연령 상향, 공공 부문 비용 삭감, 특정 기업에 대한 특혜 폐지 등의 구조 개혁을 전제로만 가능하다는 조건을 걸었다. 그리스는 이를 거부하고 긴축안을 국민투표에 부치는 강수로 나왔다. 메르켈은 굴복하지 않았다. 메르켈은 그리스의 EU 탈퇴를 막아야 한다고 생각했지만, 독일인은 그리스인에게 더 이상 무리한 지원을 해서는 안 된다는 입장으로 그리스를 EU 안에 꼭 붙잡아야 한다는 의견이 아니었으므로 메르켈의 정치적 입장은 자유로웠다. 그렉시트(그리스의 EU 탈퇴)가 유럽 금융 시장에 미치는 영향은 제한적이라는 분석도 나와 있는 상태였다. EU와 그리스 간에 협상은 계속되었다. 그리스 국유 자산 매각을 통해 확보된 자금은 EU가 관리한다는 내용 등이었다. 그리스는 그 가운데 12.5%만 관리하기로 했고 연금 제도 개혁안도 수용하였다. 그리스보다 사정이 어려운 소국들의 입장을 고려하면 그리스를 몰아붙이지 않을 수 없었다. 또다시 메르켈의 승리였다.

2010년 6월 쾰러 대통령이 임기를 채우지 못하고 사임하자 니더작센주 총리인 불프(Wulff)가 대통령직을 승계하였었다. 그런데 2011년 12월《빌트(Bild)》지가 불프 대통령이 주 총리 시절 사업가 친구의 아내로부터 약 50만 유로의 특혜성 대출을 받았다고 폭로하였다. 그 1년 전에는《슈피겔》지로부터 불프 대통령이 미국에서 휴가를 보내기 위해 티켓을 저렴하게 제공받았다는 폭로도 있었다. 불프는 업무와 관련 없는 단순한 사적 거래라고 대응하며 사임을 거부하였으나, 한 달 동안 언론이 의혹을 제기하고 검찰이 그에 대한 면책 특권을 박탈해달라고 의회에 요청하자, 다음 날 사임하였다. 문제는 후임이었다. 사민당은 동독 출신 목사인 요아힘 가우크(Joachim Gauck)를 후보로 천거하였고 연정 파트너인 자민당조차도 이에 동조하였다. 메르켈로서는 내키지 않았으나 달리 방법이 없었다. 메르켈은 주어진 상황을 잘 받아들이고 나아가 그 상황을 잘 활용하였다. 영리한 처신이었다. 메르켈의 실용적·기회주의적 행태의 모습이었다. 이로써 동독 출신이 대통령과 총리를 맡는 시대가 연출되었다.

요아힘 가우크는 동독 출신으로 루터교 목사였으며 통일 전 동독에서 반공 시민권 운동가로 명성을 얻었다. 정당의 배경이 없이 순수하게 국민의 존경을 받아 대통령이 되었으며, 연임이 가능한 상황임에도 스스로 단임에 그쳤다.

2013년 선거, 다시 대연정으로 세 번째 총리 취임

두 번째 임기 중반에 메르켈 총리의 지지율은 급락했었고, 그 결과 주 선거에서 거푸 실패하였다. 2011년 8월 여론조사에 따르면 메르켈의 유니언·자민 연정은 라이벌인 적녹 연합의 51%에 비해 36%의 지지에 불과했다. 그러나 메르켈의 유로 위기에 대한 대처가 높이 평가받음에 따라 지지율은 2012년 2월 77%로 급등하여 사상 최고치를 기록하였다.

결국 2013년 9월 선거에서 메르켈 총리는 독일 역사상 가장 결정적인 승리 중 하나를 거두었다. 무엇보다도 경제 사정이 좋아졌고 유권자들은 이에 만족하였다. 선거 구호는 "이대로 가자!"였다. 통일 이후 최고의 성적으로 과반 의석에 5석이 부족하였다. 그러나 유니언이 선호하는 연정 파트너인 자민당이 1949년 이후 처음으로 의회에 입성하지 못했다. 의회에 입성하는 데 필요한 정당 득표율 5%에 미달하였기 때문이었다. 유니언은 다시 한번 사민당과 대연정을 할 수밖에 없었다. 메르켈로서는 두 번째, 독일 역사에서는 세 번째 대연정이었다.

그러나 이 선거 결과로서 사민당, 녹색당과 좌파당을 합하면 좌파 진영이 유니언을 밀어내고 연정을 꾸리는 것도 가능했다. 그러나 사민당은 그런 시도를 하지 않았다. 사민당과 좌파당의 갈등의 골은 깊었다. 좌파당에는 사민당에서 탈당한 인사들이 자리 잡고 있었기 때문이다. 사민당과 좌파당의 정책의 차이도 사민당과 유니언의 그것보다 훨씬 컸고, 국민 여론도 좌파당이 집권 세력으로 등장하는 것을 원하지 않았다. 당장의 집권보다는 정책의 차이나 국민의 여론을 중시하는 독일 정치의 부러운 모습이다. 만약 그럼에도 사민당이 연정을 강행했다면 사민당은 다음 선거에서 국민의 심판을 받았을 것이다. 정당들이 국민의 냉철한 감시의 눈을 의식하지 않을 수 없는 것이 독일의 정치의 강점이다.

메르켈은 세 번째 내각 총리로서 2013년 12월 17일 취임 선서를 하였다.

난민 문제와 독일대안당의 급성장

메르켈 총리의 제3 임기 중 가장 어려운 문제는 난민 문제였다. 2015년 여름 독일 북동부 로스토크에서 레바논계 팔레스타인 출신 열네 살의 난민 소녀 림 사윌(Reem Sahwill)이 독일어로 총리에게 독일에 머무르며 대학에 가고 싶다고 말했다. 메르켈은 짜증이 살짝 묻은 목소리로 그것은 불가능할 수 있다고 냉정하게 답하였다. 소녀는 울음을 터뜨렸다. 총리로서 원칙적인 언급이었다. 그러나 그 상황에서 가혹한 대응이었다. 국제 언론은 메르켈을 무자비하다고 비난했다. 아마 메르켈에게 충격이었고 자신을 돌아보는 계기가 되었을 것이다.

2014년부터 시리아인과 사하라 이남 아프리카인들이 전쟁을 피해 피난길에 올랐다. 이 대열에 아프가니스탄인과 이라크인 등이 가세했다. 영국 캐머런 총리 등 서유럽 지도자들은 난민들에게 무심하였다. 헝가리 총리 빅토르 오르반(Viktor Orban)은 혐오감을 드러내며 가혹하게 난민들을 다루었다. 불법 입국을 시도하던 난민 수십 명이 트럭 안에서 질식사하는 비극적 사건까지 발생하였다.

메르켈 총리는 원래 2010년 10월 포츠담에서 열린 기민당의 젊은 당원들의 모임에서 독일에서 다문화 사회를 건설하려는 시도가 "완전히 실패했다"라고 말한 바 있으며, 이민자들은 독일의 문화와 가치에 통합되고 이를 수용하여야 한다는 생각을 갖고 있었다. 그렇지만 난민 문제가 적극적으로 대두되자 메르켈은 더 이상 무심하게 대할 수는 없었다. 인도주의적 방향으로 생각을 바꾸어서 적극적인 해결에 나섰다. 그의 루터교인으로서의 종교적 신념도 여기에 작용하였을 것이다.

그리하여 2015년 8월 말 유럽 난민 위기가 절정에 달했을 때, 메르켈은 예고 없이 변화된 정책을 발표하였다. 독일은 난민을 외면하지 않을 것이라고. 메르켈 정부는 우선 망명 신청자들이 도착한 첫 번째 EU 국가에서 망명을 신청해야 한다고 규정한 더블린 조약의 적용을 배제했다. 그 대신 메르켈 총리는 독일은 다른 EU 국가들을 통해 독일로 들어온 시리아 난민들의 망명 신청도 처리할 것이라고 발표했다. 그해에 거의 110만 명의 망명 신청자들이 독일에 들어왔다. 평소 신중한 그답지 않게 유럽의 동맹국들과 논의하지도 않았다. 내부적인 의견 조율도 불충분했다.

메르켈 총리는 독일이 이주민의 유입에 대처할 수 있는 경제적 힘을 가지고 있다고 주장하고, 독일이 받아들일 이주민의 수에 대한 법적 제한은 없다고 강조했다. 2015년 9월, 전국의 열렬한 군중들은 도착한 난민과 이주민을 환영했다. 예를 들면 뮌헨역에 난민들을 실은 기차가 들어오면 시민들은 플랫폼에 늘어서서 환호하며 "독일에 오신 것을 환영합니다"라는 표지판을 들고 기진맥진한 남녀와 아이들을 맞았다. 자원봉사자들은 꽃을 선사하고 따뜻한 음료를 제공하였다. 감동적인 장면이었다. 세계가 경이로운 눈으로 바라보았다. 그 중심에 메르켈이 있었다.

그러나 다른 한편 대부분 난민이 무슬림이라는 사실이 독일 사회를 불안하게 만들었다. 극우 단체들은 작센주 드레스덴 남동부 하이데나우라는 작은 도시에 있는 난민촌을 공격하였고 이 과정에서 경찰 31명이 부상을 입었다. 메르켈은 그곳을 방문하여 시위대를 강한 어조로 비난하고 독일은 이민자들을 도와야 할 도덕적 의무가 있다고 역설하였다. 적어도 내란과 잔혹한 IS를 피해 도망쳐 온 시리아 난민은 수용해야 한다는 입장이었다. 세계 언론은 그가 용감하게 개입하는 모습에 찬사를 보냈다. 《이코노미스트》는 논평에서 그의 연설이 용감하고 단호하며 정당했다고 평하고 이렇게 글을 이어갔다. "앙겔라 메르켈은 유럽에서 가장 영향력 있는 정치인일지는 모르겠지만, 단호한 리더십을 보여준 적은 거의 없었다. 국내 정치와 유로 위기 사태에서 보면 독일 총리는 신중한 점진주의적 스타일이었다. 하지만 이런 배경과는 달리 메르켈 총리가 유럽 이민자 위기에 접근하는 방식은 놀라울 정도이다. 아프리카와 아랍 세계의 수많은 인파가 그리스와 이탈리아의 섬과 동유럽의 기차역을 난민촌으로 만들어버릴 때 총리는 용감하게 입장을 밝혔다. 그는 외국인 혐오주의자들을 강하게 비난하며 독일은 기꺼이 시리아 난민을 수용할 것이고, 정치적 폭발력이 큰 이 문제에 대해 유럽 차원의 해법을 찾겠다는 의지를 천명했다. 유럽이 자부심을 느끼기 힘든 위기에서 메르켈은 탁월한 리더십을 보여줬다."[5] 물론 독일은 다른 나라와 달리 대안당과 같은 극우주의 정당이 아직 영향력이 약해서 정치적 부담이 적었기 때문이라는 지적도 있었다.

국내 일부 정치인이나 유럽의 다른 일부 국가는 난민 수용을 거

5 매슈 크보트럽, 앞의 책, 403쪽.

부하거나 숫자를 제한하여 수용하겠다는 입장이었다. EU 차원의 합의에 의한 결론 도출도 쉽지 않았다. 합의에 의해 해결되지 않으면 EU가 종말을 맞으리라는 전문가의 경고까지 나왔다. 국내에서 지지율도 떨어졌다. 그러나 메르켈은 자신의 정치 인생을 걸고 인도적으로 난민 위기에 대처했다. 제조업 중심의 수출국인 독일은 숙련된 노동자가 부족했다. 난민들이 경제 성장에 방해가 아니라 도움이 될 것이라는 경제계의 분석도 내놓았다. 저출산 고령화 국가인 독일은 젊은 인력이 소비자로서, 연금 기여자로서 필요함을 강조하였다. 그는 "우리는 해낼 수 있습니다"라고 자신감을 보였다. 자민당의 지그마르 가브리엘 부총리는 독일이 향후 몇 년 동안 매년 50만 명의 난민을 수용할 수 있다고 주장했다. 물론 이민자 물결에 대한 정부의 수용에 대한 반대 목소리도 강했다. 자매 정당인 기독사회당 대표 호르스트 제호퍼(Horst Seehofer)가 그 대표였다. 반이민 시위도 증가하였다.

제호퍼는 메르켈 총리의 결정은 규정, 질서나 시스템에 근거하지 않은 다분히 감정적인 것이라고 비판하면서, 시리아 출신이라고 주장하며 독일에 도착하는 망명 신청자의 30%가 실제로 다른 나라 출신이라고 추정했으며, 강제 난민 할당량을 거부한 회원국에 대한 EU 기금 삭감을 제안했다. 한편, 연정 파트너인 사민당의 야스민 파히미(Yasmin Fahimi) 사무총장은 헝가리 이민자들이 독일에 입국할 수 있도록 허용하는 메르켈의 정책을 "유럽의 가치관이 어려운 시기에도 유효하다는 것을 보여주는 인류에의 강력한 신호"라고 칭찬했다.

11월 메르켈은 3당 대표 회의(기민당 메르켈, 기사당 제호퍼, 자민당 가브리엘)를 열어 합의를 도출하였다. 2년간 이주민의 가족 통합을 중단하고, 국경에 '환승 구역'을 설치하여 시리아 외의 다른 나라에서 온 난민들은 우선 이민자 센터에 수용되고 난민 캠프에 들어갈 자격을 얻지 못하면 본국으로 송환한다는 내용이었다. 그리고 튀르키예의 에르도안 대통령과 협상하여, 그리스에 상륙하여 망명지를 찾아 튀르키예로 향하는 모든 난민을 받아들이되 독일로 이동하는 것은 허용하지 않기로 하였다. 독일 망명에 대한 제한이었다. 정책의 조정이었다. 2015년 11월 이라크와 시리아의 이슬람 국가(ISIS)와 연계된 테러리스트들이 조직적으로 파리를 공격해 130명을 살해했다. 파리에서의 이 비극적 사태가 독일 지도자들이 EU의 이민자 정책을 다시 생각하게 만들었다. 공식적으로 유입을 수치로 제한하지는 않았지만, 독일의 난민 통제 정책은 강화되었다.

이 타협안이 마련된 뒤 메르켈의 인기는 조금 떨어졌다. 그러나 감내할 수준이었고 차츰 회복될 것으로 기대되었다. 따뜻한 날씨가 이어지면서 난민은 계속 늘어났고 EU 국가들의 난민 수용 분담도 잘 진행되지 않았다. 새해 전날 쾰른에서 수십 명의 이민자가 젊은 여성들을 상대로 성희롱하고 심지어 겁탈까지 하는 사건이 발생하였다. 여론은 당연히 악화되었다. 석 달 전 이민자들을 환영하던 분위기는 많이 변하였다. 메르켈은 신년 메시지에서 독일은 강한 나라이며, 미래에도 마찬가지로 자유롭고 동정심이 있으며 세계에 개방적인 국가가 될 것이라고 천명했다. 2015년 12월 그는 당내 연설에서 "우리 당은 기독교 가치, 주님께서 모든 인간마다 존엄성을 부여하신 뜻에 기반하고 있습니다. 이는 곧 우리나라에 도착한 이들을 집단이 아닌 개인으로 인식해야 한다는 의미입니다. 모든 인간은 주님께 부여받은 존엄성이 있기 때문입니다"라고 말하면서도, "난민에게는 독일의 방식에 적응해야 할 책임이 있습니다"라고 강조하여 독일이 다민족 국가가 되는 것을 반대하는 입장을 취하였다. 청중들은 이를 좋아하며 9분 동안 기립 박수를 보냈다. 난민 정책은 시간 경과에 따라 다소 변화가 생길 여지를 보여주었다.

2016년 7월 프랑스 니스에서 튀니지인 테러리스트가 버스를 몰아 산책 중이던 시민 80여 명을 사망케 하였고 연이어 독일에서도 난민들에 의한 테러가 자행되었다. 국민은 불안을 느꼈고 여론은 악화되었다. 물론 난민 유입이 독일 경제에 도움이 된다고 생각하는 사람도 적지 않았지만, 난민 정책에 대한 부정적 평가는 점증하였다. 메르켈의 기민당은 2016년 가을 지방 선거에서 네 번 연속패하여 당에서도 비난을 받았다. 메르켈은 생각과 방침을 바꿨다.

"가능하다면 몇 년 전으로 시간을 되돌리고 싶습니다. '우리는 할수 있습니다(Wir schaffen das)'라는 문장은 공허한 문구에 그치고말았습니다"라며 자신의 잘못을 인정하였다. 그리고 2016년 10월, 메르켈은 말리와 니제르를 방문했다. 그 나라들에서 탈출하는 난민을 줄여서 유럽의 부담을 감소시키기 위한 개선 방안을 논의하기 위함이었다. 메르켈의 실용주의가 다시 작동하였다.

이처럼 난민 문제는 독일 정치에 큰 영향을 주었다. 극우 정당인독일대안당(Alternative für Deutschland, AfD)이 힘을 얻게 되었다. 난민을 거부하는 극우익 독일대안당은 원래 유로 위기가 한창이던 2010년 독일이 그리스에 제공하는 구제 금융에 이의를 제기하기위해 결성되었다. 월드뱅크 출신의 경제학자인 베른트 루케(Bernd Lucke)가 주도하였다. 기본적으로 유럽 통합에 회의적이며 메르켈의 사회적·경제적 리버럴리즘에 환멸을 품은 기민당 당원들이 탈당하여 대안당으로 넘어갔다. 공공연히 내셔널리즘을 표방하면서경제자유주의·반외국인 정서·애국심 호소로 메르켈의 사회적 자유주의에 반대하는 보수 유권자들의 표심을 파고들었다. 대안당이힘을 얻을 수 있는 것은 주로 이슬람 국가로부터의 난민 유입의 결과로, 난민이 독일에 대한 민족적·문화적 위협이 된다는 독일인들의 인식 때문이었다.

2014년 후반 드레스덴을 비롯하여 동독 여러 도시에서 독일의 이슬람화를 반대하는 애국 모임을 자칭한 조직인 페기다(Pätriotische Europäer gegen die Islamisierung des Abendlandes, Pegida)의 시위가 일어났다. 대안당 당수 루케는 페기다와 거리를 두었지만 부당수인 프라우케 페트리(Frauke Petry)는 페기다를 통해 당세 확장을 노렸다. 이와 관련한 당내 싸움에서 페트리가 승리하여 대안당은 편협한 반이민 정당으로 흘러갔다. 메르켈은 처음에 대안당에 관심을 두지 않았으나 2016년 대안당은 여론조사에서 10%의 지지율을 얻기에 이르렀다. 2017년 독일 연방 선거에서는 12% 득표를 하였다. 메르켈은 대안당을 무시하고 대책을 세우지 않았다.

다시 말하면 메르켈의 인류애적인 난민 정책은 독일의 윤리적·도덕적 수준을 높이고 과거의 멍에를 지우는 역할을 하였다. 그러나 독일 사회를 분열시킨 면도 없지 않았다. 자신이 펼치는 정책의 윤리적 정당성만을 생각한 나머지 반대하는 국민의 마음을 어루만지려는 노력이 부족했던 결과이다. 남들도 자신처럼 합리적일 거라고 여기고 그 반대 의견에 대하여는 짐짓 무시하는 태도는 정치인이 지양해야 할 자세이다. 메르켈은 이 점에 실수가 있었고, 이것이 극우 정당 독일대안당을 배태·성장시킨 결과가 되었다. 그것은 메르켈의 잘못이었다.

브렉시트(Brexit)

메르켈 총리 재임 3기 중 메르켈이 부닥친 난제는 난민 문제만이 아니었다. 영국의 EU 탈퇴, 즉 브렉시트도 문제였다.

영국에서 유럽연합 회의주의(懷疑主義)는 2008년 금융 위기를 계기로 확산되었다. 이후 유로존 경제의 불확실성이 증가하는 한편, 역내 이민 증가와 중동에서의 대규모 난민 유입 등으로 인해 EU에 대한 회의가 증가하고 그에 따라 탈퇴 여론도 커졌다. 유럽연합 내에서 영국의 낮은 위상과 유럽연합 예산에 대한 분담금 부담, 높은 규제 수준 등도 영향을 주었다.

보수당은 2015년 '유럽연합 가입 계속 여부를 묻는 국민투표'를 공약으로 걸고서 총선에서 과반수를 얻었다. 보수당의 데이비드 캐머런(David Cameron) 총리는 유럽연합 잔류를 예상하고 영국 내 불만을 완화하기 위해 유럽연합 정상들과 합의 후 2016년 6월 24일 국민투표를 진행했다. 그러나 예상과 달리 투표 결과 탈퇴 51.9%, 잔류 48.1%가 나오며 영국의 유럽연합 탈퇴가 결정되었다. 캐머런 총리는 결과에 책임을 지고 사퇴했으며 테리사 메이(Theresa May) 총리가 취임했다. 메이 총리는 2017년 3월 영국의 탈퇴 의사를 유럽연합에 공식 전달했으며 2년 후인 2019년 3월 29일이 브렉시트 시한으로 결정됐다.

캐머런 총리는 EU 탈퇴론자는 아니었으나 국민투표가 논란을 종식시키는 가장 효과적인 해결책이라 보았다. 그가 임기 초반 치러진 스코틀랜드 독립에 대한 국민투표에서 승리한 것에 고무된 것도 영향을 미쳤다. 그런데 동유럽 노동자들이 일자리를 잠식하고 복지 비용이 증대한다는 이유로 외국인 혐오증이 증대하던 차에 터키가 난민 유입을 제어하는 역할을 하는 대가로 터키인의 무비자 유럽 입국을 허용하는 내용의 EU와 터키 간의 협정이 체결됨에 따라 영국에서는 외국인 혐오증이 더욱 증대되었다. 이런 점을 전략으로 이용한 EU 탈퇴론자들의 캠페인이 효과를 얻어 브렉시트는 통과되었다. 캐머런의 안이한 대처가 빚은 결과였다. EU 잔류가 소신이라면 국민투표라는 위험한 도박은 해서는 안 될 일이었다. 메르켈의 마음은 쓰라렸다. "유감스럽습니다"가 메르켈의 반응이었다. 버스가 떠난 뒤에 손을 흔들어봐야 아무 소용 없다는 생각에 특유의 자제력으로 괴로움을 억눌렀다. 새로운 상황에 맞게 대처하는 길을 찾아 나섰다.

캐머런은 퇴진하고 테리사 메이가 총리로 취임하였다. 두 여성 총리 간에 협상이 진행되었다. 메르켈은 당황하지 않고 차분히 대응하였다. 기본 입장은 관련 규정에 따른 원칙적인 해결이었다. 영국의 EU 역내 이동 자유를 허용하지 않으면서 단일 시장에 머무르는 혜택도 누리지 않게 한다는 방침이었다. 이른바 선택적 이익 향유는 허용하지 않는다는 것이다. 물론 메르켈이 이 문제를 쉽게 다룬다는 목소리도 있었으나 그리 크지 않았다. 오히려 브렉시트로 인하여 금융 중심지의 지위가 런던으로부터 프랑크푸르트로 옮겨 오리라는 기대도 하였다. 일부 정적들은 그의 난민 정책이 반무슬림 인종주의에 추진력을 제공하여 브렉시트를 유발했다고 비난했지만 국민은 메르켈을 지지했다. 결국 브렉시트는 메르켈에게 정치적 타격을 주지 않았다. 그러나 유럽의 평화와 번영을 위해서 브렉시트는 일어나서는 안 될 일이었다. 캐머런의 처신도 경솔했지만 메르켈도 브렉시트의 저지를 위해 더 적극적인 노력을 기울여야 했었다. 헬무트 슈미트 총리가 영국의 유럽공동체 가입을 위하여 내정 간섭이라는 일부의 비난을 무릅쓰고 영국인에게 가입 지지를 호소한 것에 비하면 차이가 나는 행보였다. 상황을 지켜보며 기다리는 메르켈 스타일의 발현이었다. 아쉬운 대목이다. 메르켈의 한계였다.

2017년 선거, 또다시 대연정으로 네 번째 총리 취임

메르켈 총리의 지지율은 난민 문제와 관련하여 시기에 따라 출렁거렸다. 유럽 난민 위기 초기 시기인 2015년 10월 54%로 떨어졌는데, 이는 2011년 이후 가장 낮은 수치였다. 2016년 8월 메르켈의 지지율은 47%까지 떨어졌다. 독일인의 절반은 그가 네 번째 임기를 수행하는 것을 원하지 않았다. 그러나 2016년 12월 19일 베를린 중심부에 있는 카이저 빌헬름 기념 교회 앞에 차려진 크리스마스 장터에서 망명 신청이 기각된 튀니지 이민자가 트럭을 몰고 돌진하여 12명을 사망케 하고 56명에게 부상을 입히는 사건이 일어났다. 메르켈은 힘들었다. 그렇지만 그 사건 후 진행된 여론조사에서, 자국의 문제를 해결하기 위해 어떤 정치 지도자를 신뢰하는지 묻는 질문에 독일인의 56%가 메르켈을 가장 선호하였다.

이러한 상황에서 메르켈은 반갑지 않은 뉴스를 접했다. 미국 대통령 선거에서 트럼프가 당선된 것이었다. 선거 과정을 지켜보는 가운데 트럼프에 대한 우려가 커졌다. 그에게는 미덕과 겸손이 없었다. 가장 큰 우려는 과연 끈끈한 자유 세계의 동맹이 지속될 것인가였다. 러시아 의회에서는 트럼프 당선 소식이 전해지자 의원 전원이 일어나 환호성을 질렀다는 소식도 들려왔다. 메르켈은 정치적 장래를 고민하던 참이었다. 2017년 선거를 통해 4선에 도전할 것인가? 선거에 패배하여 쫓겨나는 모양새는 피하고 싶었다. 대연정 파트너인 사민당의 당세도 약해졌다. 메르켈이 사민당 정책을 상당 부분 흡수·실행했기 때문이다. 여성 권리에 관한 정책, 평등 결혼(Marrige Equlity) 관련 정책, 기후 변화 관련 정책, 원자력 발전 포기 관련 정책 등이었다. 잠재적 연정 파트너인 친기업적 중도 우파 정당인 자민당도 지지율이 낮았다. 자매 정당인 기사당의 선동적 지도자인 호르스트 제호퍼의 난민 정책 등에 대한 격렬한 반대도 부담이었다. 오바마 미국 대통령은 11월 중순 메르켈을 베를린에서 만나 위기에 처한 자유 세계를 이끌 지도자는 메르켈이라고 말하며 선거 출마를 강권하였다. 메르켈도 권위주의와 포퓰리즘이 전 세계에 풍미하는 상황에서 달리 대안이 없다고 생각하고 선거 출마 쪽으로 마음을 굳혔다. 기민당원들도 절대적 지지를 보냈다.

2017년 9월 24일 총선에서 유니언은 33%의 득표를 하여 65석을 잃고, 제1당의 지위를 유지하였으나 저조한 성적표를 받았다. 사민당도 최악의 성적표를 받았다. 기민당은 한때 자민당과 녹색당과 이른바 자메이카 연정을 시도하기도 하였으나 결국 사민당과 대연정을 구성하였다. 사민당 내에서는 자기 정책이 기민당에 의하여 흡수되어버림으로써 사민당의 정체성이 엷어지는 것에 불만인 강경파와 나이 많은 온건파 사이에 의견이 엇갈렸지만, 사민당 출신 슈타인마이어 대통령의 중재 노력으로 대연정이 다시 이루어졌다. 2017년 선거의 진정한 승자는 독일대안당(AfD)이었다. 외국인 혐오 선거 운동을 벌여 전체 의석의 15%를 차지했다. 동독 지역에서는 20% 가까운 득표를 하였다. 대안당은 2013년 그리스에 제공된 구제 금융에 반대하며 결성된 정당으로 난민 문제, 여성의 권리 향상, 평등 결혼, EU 등 메르켈의 정책에 반대하며 몸집을 키워왔다. 메르켈은 가치관의 문제로 그 존재를 용납할 수 없어 무시하였다. 그러나 이는 대안당을 지지하는 국민의 마음을 헤아려 접근하는 노력이 부족한 결과였다. 특히 서독 지역에 비해 아직도 소득, 취업률 등 여러 가지 측면에서 뒤떨어진 동독 지역 주민들의 마음을 위로하지 못했다. 동독 주민들의 마음속에는 나치, 공산주의에 이어 베씨(서독 지역 사람들)과 그들을 대표하는 메르켈의 탄압을 받고 있다는 의식이 암암리에 자리 잡고 있었다. 동독 출신 총리에 대한 기대가 컸음에도 불구하고 말이다. 단순한 경제적 격차에서 오는 문제만은 아니었다. 이 틈새를 대안당이 파고든 것이다.

아무튼 2018년 3월 14일 메르켈은 다시 총리로 선출되었다. 그의 남편인 요하임 자우어가 처음으로 총리 취임 선서식에 참석하였다. 메르켈은 정치적으로 살아남았지만, 그의 앞길은 어두웠다. 그의 난민 정책이 아직도 비난에 노출되어 있었다. 대안당은 물론이고 자매 정당인 기사당 대표 제호퍼로부터였다. 제호퍼는 대안당이 기사당의 표를 잠식할 것을 우려하여 더욱 강경하게 난민 정책을 비난하였다. 그러나 메르켈은 제호퍼를 내무장관에 기용하였다.

이때의 대연정 협상은 전후 역사상 가장 긴 6개월이 소요되었다. 그러나 2017년 12월 말에 발표된 유고브(YouGov) 설문 조사에 따르면 전체 응답자의 36%만이 메르켈 총리가 2021년까지 주도권을 잡기를 원했고, 응답자 중 절반은 임기가 끝나기 전에 퇴임할 것을 희망하였다. 메르켈에 대한 피로감이 노출된 것이다.

2018년 8월 켐니츠에서 한 목수가 중동 망명자에 의해 살해당하자 대안당 지지자들을 중심으로 한 대규모 시위가 벌어졌다. 메르켈은 "이 나라에 증오가 차지할 곳은 없습니다. 외모가 다른 사람을 공격하는 것은 결코 정당화될 수 없습니다"라고 시위대를 비난하자 대안당 알렉산더 가울란트는 시위대를 격려하면서 "증오는 범죄가 아니다"라고 응수하였다. 너무 늦었지만 석 달 후 켐니츠로 달려간 메르켈은 주민들과 대화를 나누었다. 비판적인 의견이 많았지만, 이번에는 팩트를 중심으로 계도하기보다는 주민들에 공감하며 겸손한 자세로 응대하였다. 다소 늦은 자세 변화였다.

트럼프 대통령과의 불편한 관계

메르켈 총리 외교 정책의 기본은 미국과의 협조 관계를 유지·강화하는 것이었다. 그는 오늘의 독일이 있는 것은 미국의 도움 덕택이라는 것을 잊지 않고 있었다. 취임 초기인 2007년 4월 30일 미국을 방문하여 백악관에서 대서양경제위원회 협정에 서명하기도 했다.

앙겔라 메르켈과 도널드 트럼프

메르켈 총리는 조지 W. 부시 미국 대통령에 이어 버락 오바마 대통령과 좋은 관계를 유지했다. 오바마 대통령은 2016년 메르켈을 자신의 대통령 재임 동안 '가장 가까운 국제 파트너'로 묘사했다. 오바마가 2016년 11월 임기 종료를 앞두고 베를린을 방문한 것은 메르켈을 도널드 트럼프(Donald Trump)가 미국 대통령으로 당선된 이후 자유민주주의의 새로운 기수로 여겼기 때문에 메르켈에게 세계 자유주의 지도부의 횃불이 넘긴 것으로 해석되었다.

메르켈 총리는 도널드 트럼프가 당선되자마자 "독일과 미국은 민주주의와 자유의 가치, 법과 인간의 존엄성에 대한 존중을 공유하고 있다. 출신, 피부색, 종교, 성별, 성적 취향 또는 정치적 견해가 이에 영향을 줄 수 없다. 나는 도널드 트럼프 미국 차기 대통령과 이러한 기반 위에서 긴밀한 협력을 할 것을 제안한다"라고 언명하였다. 이 논평은 트럼프에 대한 불신을 바탕으로 한 것임이 분명했다. 아닌 게 아니라 트럼프는 취임 후 지금까지 중시되었던 서구 동맹 관계를 공격하기도 하고 푸틴과 모호한 관계를 보여주었다. 2017년 3월 메르켈이 백악관을 방문했을 때 메르켈의 악수조차 피하는 태도를 보이며 상대방의 기를 죽이는 것으로 회담을 이끌고자 하는 태도를 보였다. 기자들이 나가자 "앙겔라, 당신은 나한테 1조 달러를 빚졌소"라며 나토 분담금 문제에 불만을 드러내었다. 그리고 독일이 난민을 그토록 많이 받아들인 것은 정신 나간 짓이라고 비난하였다. 그러나 메르켈은 차분하게 절제된 언어로 차분하게 대응했다. 그러면서 세계는 긴밀하게 상호 연계되었기 때문에 일방적인 관세나 교역 정책은 먹히지 않을 것임을 강조했다. 이어서 시칠리아에서 열린 G7 정상 회의에서 미국 우선주의를 내세우는 트럼프 앞에서 유럽은 스스로 길을 찾아 나가야 함을 강조하기도 하였다. 2017년 5월 28일 뮌헨에서 열린 선거 집회에서는 미국은 더 이상 유럽과 독일이 과거에 의존했던 신뢰할 수 있는 파트너가 아니라고까지 밝혔다. 그리고 "우리는 유럽인으로서의 운명을 위해, 유럽의 미래를 위해 싸워야 한다는 것을 알아야 한다"고 말했다. 이는 독일-미국과 대서양 관계에서 전례 없는 변화를 의미했다.

트럼프의 미국 우선주의, 나 홀로 독선 외교에 다른 서방 국가들이 맞서는 듯한 극적인 장면이 나타난 것은 2018년 캐나다에서 열린 G7 정상 회의에서였다. 트럼프는 심통 사나운 얼굴로 팔짱을 끼고 탁자 앞에 앉아 있고, 메르켈은 탁자에 두 팔을 짚고 몸을 숙여 트럼프를 압박하고 나머지 정상들도 곁에서 함께하는 듯한 장면이 당시의 상황을 상징적으로 설명해준다. 트럼프에 맞설 수 있는 유일한 지도자가 메르켈이었다. 그는 트럼프의 자국 중심의 전략에 쉽사리 끌려 들어가지 않았다. 트럼프의 막무가내는 계속되었다. 이란과 타결한 핵 협상을 파기하겠다는 협박을 실행에 옮겼고 기후 변화 관련 2015년 파리 협정에서 탈퇴하였다. 분노를 주체하지

메르켈과 G7 정상들

못하는 러시아, 갈수록 권위주의와 팽창주의가 도를 더해가는 중국, 동유럽 일부 국가에서의 민주주의 후퇴, 온건한 이슬람공화국과 반대 길을 향해 가는 에르도안의 튀르키예, 메르켈은 환멸을 느꼈다.

마크롱의 등장, 메르켈의 원군

2017년 5월 프랑스에서 39세의 마크롱이 대통령으로 선출되었다. 메르켈은 만족하였다. 마크롱이 트럼프와 푸틴의 지지를 받는 극우 후보이자 내셔널리스트 마린 르펜(Marine Le Pen)을 물리쳤기 때문이다. 그리고 마크롱은 메르켈과 서구적 가치를 같이하는 지도자이기도 했다. 푸틴의 거친 행동과 차츰 목소리를 높이는 중국 그리고 위협적인 트럼프에 저항할 수 있는 강한 유럽이라는 목표를 공유할 수 있는 동지적 관계였다. 즉 세계에 밀려오는 권위주의에 맞설 동지를 얻게 된 셈이었다. 그러나 메르켈과 마크롱 사이에도 약간의 차이가 있었다. 두 사람은 유럽합중국이라는 원대한 꿈을 공유했지만, 마크롱은 그것을 당장 실현하고 싶어 했고 메르켈은 신중하게 천천히 실현하고자 했다. 마크롱은 기존 질서에 대한 과감한 개혁자 역할을 원했다. 유럽의 자주권 강화가 그 하나였다. 그는 단일 은행 시스템과 공동 유러피언 채권, 공동 이주 시

메르켈과 마크롱

스템 등을 갖춘 좀 더 촘촘히 통합된 유로존을 제안했다. 금융 위기와 난민 위기가 발생했을 때 대처가 미흡했음이 드러났다. 코로나 팬데믹 발생 때도 그랬다. 마크롱은 더 나아가 유럽 대륙이 나토에 덜 의존할 수 있도록 유럽방위군 창설을 제안했다. 트럼프의 예측할 수 없는 행동 때문이긴 하지만 미국과의 협력을 중시하는 대서양주의자 메르켈로서는 받아들일 수 없는 제안이었다. 마크롱은 이제 막 권력을 쥔 젊은 지도자였고 메르켈은 정치적 황혼기를 맞은 지도자였다. 마크롱이 대통령제 국가에서 강한 권력을 가졌음에 반하여 메르켈은 연정을 이끌어야 하는 제한된 권력만을 가졌다. 이런 점들도 두 사람의 입장 차이를 가져왔을 것이다. 마크롱은 트럼프와 푸틴을 어느 정도 컨트롤할 수 있으리라 생각했지만, 그것이 쉽지 않다는 것을 느끼게 되었다. 메르켈도 트럼프와 푸틴의 적대적이고 예측불가적인 행태에 질려 마크롱의 제안에 조금씩 다가갔다. 메르켈은 스트라스부르그에 있는 유럽의회에서 '진정한 유럽방위군'을 위한 시간이 왔다며 마크롱의 제안에 화답하였다. 두 나라는 차세대 유러피언 제트 전투기 개발 사업에 협력하기로 하였다. 그리고 이어서 금융 위기를 방지하기 위해 은행 연합을 만들자는 마크롱의 제안에도 동의하였다. 그럼에도 메르켈이 신중한 태도 때문에 유럽의 변화를 이끌어내려는 마크롱의 시도를 포용하지 못하고 있다는 비난이 제기되기도 하였다. 옥스퍼드대학의 저명한 사학자 티머시 가튼 애쉬(Timothy Garton Ash)의 지적이 그것이다. 그는 "정중하게 제안한다. 메르켈을 총리직에 계속 앉혀두는 것은 독일이나 유럽에 최선의 이익을 안겨주는 일이 아니다. 이제는 변해야 할 시간이다"라고 주장하였다.[6]

메르켈 총리의 또 하나의 업적, 코로나19 팬데믹 관리

2019년 중국에서 시작한 코로나19 감염병이 전 세계에 전파되었다. 유럽도 혼란에 빠져들었다. 그런 가운데 독일은 비교적 잘 대처하였다. 그 비결의 출발점은 메르켈의 리더십이었다. 메르켈의 리더십과 국민의 그에 대한 신뢰가 사태를 안정적으로 유지하는 데 큰 역할을 하였다. 과학자 출신으로 차분히 국민에게 정보를 과학적으로 정확하게 알리고 국민의 협조를 구한 것이 주효하였다. 2020년 3월 19일 메르켈은 TV를 통하여 연설하였다. 우선 상황의 심각성을 진정성 있게 전달하였다. 국민은 그의 말을 신뢰하였다. 그가 지금까지 요령 있게 설명을 하지 못한 적은 있지만 팩트를 바꾸거나 호도한 적이 없었기 때문이다. 그리고 독일인 감정에 호소했다. 그는 정치인으로서가 아니라 친구들을 대하는 친구로서, 자식들을 대하는 부모로서, 다른 사람을 대하는 인간으로서 연설했다.

---

6 케이티 마튼, 『앙겔라 메르켈 리더십』, 모비딕북스, 396쪽.

한편 독일의 어두운 역사를 염두에 둔 메르켈은 국민에게 분명하게 약속했다. "우리나라는 민주주의 국가입니다. 우리는 통제를 받는 것이 아니라 지식을 공유하고 참여하면서 살아갑니다." 그리고 "우리는 문을 닫아걸 겁니다. 사람들과 어울리는 것을 중단하십시오"라고 했다. 그러면서도 "제약은 꼭 필요한 경우에나 정당한 것일 수 있습니다. 민주주의 사회에서는 그런 결정이 쉽게 내려져서는 안 됩니다. 결정되더라도 일시적으로만 적용되어야 합니다. 그런데 지금 이 순간, 그 결정은 많은 인명을 구하는 데 필수적입니다"라고 덧붙여 통제와 민주주의의 관계를 설명하였다. 권위주의적 국가와는 판연히 다른 접근이었다. 심지어 이메일을 이용하고 손편지를 쓰고 사재기를 하지 말 것과 루머를 믿지 말고 정부의 공식 발표만 믿어달라고 당부하였다. 국민의 눈높이에 자신을 맞추었다. 국민의 불안감은 많이 해소되었다. 그 결과 다른 나라와 달리 독일 병원들은 위험 수준에 다다르지 않고 잘 관리되었고 감염률이나 치명률도 상대적으로 낮았다. 메르켈의 지지율은 80%까지 치솟았다.

그리고 그동안 구두쇠 소리를 들을 정도로 긴축 정책을 시행해 온 덕에 독일은 보건 위기에 대처할 수 있었다. 부채를 지지 않고 각종 지원·세금 삭감과 기업 대출을 통해 경제 충격을 최소화하였다. 독일의 상황이 통제되자 그는 시선을 유럽 전체로 돌렸다. 유럽을 안전하게 지키기 위한 조치의 필요성을 느꼈다. 2020년 4월 6일, 메르켈 총리는 "유럽연합은 창립 이래 가장 큰 시험에 직면해 있으며 회원국들은 전염병으로 촉발된 경제 위기에서 벗어나 더 강하게 부상할 수 있도록 더 큰 연대를 보여주어야 한다"고 강조하였다. 메르켈과 마크롱은 2020년 5월 18일 화상 회의에서 역사적인 5,000억 유로의 회복 기금에 대한 내용을 공동 발표하여 고통받는 나라에 대한 지원에 나서기로 하였다. 7월 17일부터 EU 정상들이 브뤼셀에 모여 60여 시간 난상 토론하여 결론을 도출하였다. 미래의 단합된 유럽을 위한 역사적 진전이었다. 팬데믹 충격에서 유럽의 궁핍한 국가들을 위한 보조금을 지급하는 것, 결코 쉬운 일은 아니었다. 재정적으로 보수적인 입장에 서 있던 독일과 메르켈의 입장에서도 그런 자금을 투입한다는 것은 큰 정책의 변화였다. 또한, 보수적 재정 정책을 취하는 네덜란드를 비롯한 북부 유럽 국가의 불평을 누그러뜨리기 위해 노력하고 설득하였다. 메르켈이 열린 지도자로 변모한 것이다. 젊은 시절의 메르켈이라면 달리 생각했을 것이다. 경험을 쌓고 나이가 들어 이치를 깨달은 것일까? 그러면 경험이 짧고 젊은 마크롱은 어찌 된 것인가? 마크롱은 특출한 비전을 가진 정치인임이 틀림없는 것 같다.

이 과정에서 보여준 메르켈의 품위와 정치력은 대안당과 당내 보수주의자들의 목소리를 잠재웠다. 메르켈은 팬데믹 과정에서 국내적으로나 국제적으로 인기가 높아지고 찬사를 받게 되었다.

메르켈의 은퇴 결심과 후계자 문제

메르켈은 2018년 10월 29일 그해 12월의 당대회에서 당 대표직을 내놓겠으나 2021년 독일 연방 선거가 열릴 때까지 총리직을 유지할 계획이라고 발표했다. 그러면서 EU 강화와 기후 변화 문제 같은 긴급한 이슈에 집중하고 싶다고 했다. 그는 그 후에 어떤 정치적 공직도 추구할 계획이 없다고 말했다. 이는 10월 바이에른주 선거에서 기사당, 헤센주 선거에서 기민당, 즉 유니언의 실패가 이어지자 나온 결단이었다. 당이 더 이상 추락하는 것을 막기 위한 분위기 반전을 위한 조치이기도 했다. 민심을 정확히 읽고 이에 거스르지 않는 자세를 보여주었다. 한편 2018년 봄 메르켈의 어머니 헤를린트 카스너가 90세 나이로 타계했다. 아버지는 8년 전 85세 나이로 이미 타계하였다. 어머니는 사회당원으로 선거 때는 딸이 속한 기민당이 아닌 사민당에 투표하였었다.

메르켈은 후계자로서 어떤 사람도 추천하지 않기로 했다. 그러나 정치적 관찰자들은 오랫동안 안네그레트 크람프카렌바우어(Annegret Kramp Karrenbauer)를 메르켈의 후계자로 간주해왔다. 메르켈의 속마음도 그러했다. 이 견해는 메르켈이 가장 총애하는 것으로 알려진 크람프카렌바우어가 2018년 12월 메르켈의 후임으로 당 대표로 선출됨으로써 확인되었다. 우르줄라 폰데어라이엔

(Ursula von der Leyens)이 유럽연합 집행위원회 의장으로 떠난 후 크람프카렌바우어가 국방부 장관으로 승진한 것은 메르켈의 가장 유력한 승계 후보로서의 입지를 강화시켰다. 2019년, 언론 매체들은 현재의 통치 연합이 지속 불가능한 것으로 판명될 경우 크람프카렌바우어가 계획보다 빨리 메르켈 총리직을 인수할 수 있을 것이라고 추측하기도 했다. 그 가능성은 당에 의해 확인되거나 부인되지 않았다. 그러나 2020년 2월, 크람프카렌바우어는 여름에 기민당의 당 대표직에서 사임할 것이라고 발표했다. 카렌바우어가 독일대안당과 협조하여 자민당 후보 토마스 켐머리히를 튀링겐주 총리로 밀었는데 튀링겐주 기민당원들이 이에 항의하고 나섰기 때문이었다. 메르켈로서도 용납할 수 없었다. 결국 노르트라인베스트팔렌주 총리인 아르민 라셰트(Armin Laschet)가 당 대표직을 승계하고 총리 후보자가 되었다. 그러나 아르민 라셰트가 독일 서부 대홍수 현장에서 파안대소하는 모습이 TV 카메라에 포착되면서 기민당의 지지율이 떨어져 2021년 9월 26일 선거에서 실패하였다. 선거 결과는 사민당 25.7%, 유니언 24.1%, 녹색당 14.8%, 자민당 11.5%, 독일대안당 10.3%, 좌파당 4.9%였다. 좌파당은 정당 득표율이 5% 미만으로 의회 진출이 무산될 위기였으나 지역구에서 3석을 얻음으로써 비례대표 의석을 배정받을 수 있었다. 연정은 사민당·녹색당·자민당으로 구성된 이른바 신호등 연정과 유니언·녹색당·자민당으로 구성된 자메이카 연정이 가능하였으나 결국

사민당 중심의 신호등 연정으로 낙착되었다. 사민당의 올라프 숄츠(Olaf Scholz)가 총리로 선출되어 12월 8일 선서함으로써 독일의 아홉 번째 총리가 되었다. 숄츠 총리는 메르켈 정부와의 대연정에서 부총리 겸 재무장관이었으며 1998년 하원의원으로 처음 당선되었고 함부르크시장을 지낸 변호사 출신이다.

대 러시아 관계(우크라이나 전쟁), 대 중국 관계

우크라이나 침공으로 새삼 메르켈의 러시아 정책이 논란이 되었다. 메르켈은 서구가 옛 소련 내부에 지나치게 깊숙이 관여하는 것을 민감하게 여기는 러시아의 정서를 잘 알고 있었다. 그래서 메르켈은 2008년 우크라이나와 조지아에 나토 회원국 지위를 제의한 미국 부시 대통령의 계획에 반대하며 자존심이 세고 반항적인 푸틴을 배려하였다. 아마도 러시아어를 능숙하게 구사하는 메르켈의 러시아의 문화와 언어에 대한 관심과 애정이 푸틴의 문제를 덮어버린 결과인지도 모른다.

그러나 몇 년 전까지 고분고분하며 유럽이 러시아를 가족의 일원으로 받아들인 데 감사하며 특히 독일 총리가 러시아어를 능란하게 구사하는 사실을 자랑스러워하던 푸틴은 온데간데없이 변해 있었다. 2007년 2월 10일 푸틴은 뮌헨에서 연설하면서, 서구와 민

앙겔라 메르켈과 블라디미르 푸틴

주주의, 메르켈을 비난하며 강한 러시아의 자리를 되찾는다는 목표를 분명히 하였다. 거짓말과 으름장을 섞어가며 청중을 조롱하였다.[7] 그의 본색을 드러낸 것이다.

장벽 붕괴 시 푸틴은 동독 드레스덴에서 중령으로 KGB 요원으로 근무하였다. 드레스덴 지부에서 동독 시위대와 맞서 승강이를 벌이는 모욕적인 경험을 하였고. 피난하듯 상트페테르부르크로 복귀하며 소련의 몰락 과정을 경험하며 분을 삭였음이 틀림없다.

그리고 푸틴은 전력을 보강하고 허위 정보와 사이버 전쟁을 통해 서구를 흔들어 서구 및 미국 동맹을 약화시키는 것, 특히 나토를 약화시키는 데 목표를 두었음이 명백했다.

2001년 푸틴은 "러시아는 우호적인 유럽 국가입니다"라고 독일 의회에서 연설하였었다. 그러나 메르켈은 푸틴의 롤 모델은 개혁주의자인 고르비가 아니라 스탈린임을 간파하였다.

푸틴은 흑해 회담에서 자신의 개를 풀어 메르켈 주변을 돌고 킁킁거리게 하는 무례를 범하며 신경전을 벌였다. 메르켈은 "그는 그래야만 자기가 남자답다는 것을 과시할 수 있다고 여긴 거야, 러시아는 정치도 경제도 성공하지 못한 처지니까"라고 가볍게 응수하

---

7 케이티 마틴, 앞의 책, 175쪽.

고 넘어갔다. 푸틴은 외국 정상들과 회담에서 지각하기 일쑤였다. 메르켈은 러시아 안의 인권 침해나 잔혹 행위에 대해 지적하고 비난하기도 하였다. 푸틴은 부정 선거, 공포 강압 정치, 정적 살해 등을 통해 35년 집권의 스탈린을 넘어서는 것이 분명했다. 메르켈은 반푸틴 인사인 알렉세이 나발니가 유독성 신경 작용제가 든 차를 마시고 쓰러지자 그를 베를린 샤리테병원으로 이송시켜 치료하고, 병상을 직접 방문하여 위로하였다. 나발니는 모스크바로 돌아가는 용기 있는 행동을 보였다. 그러나 메르켈은 미국 등의 우려에도 불구하고 천연가스 도입을 위한 노르트스트림 2 파이프라인 프로젝트 취소를 거부하였다. 이 프로젝트가 완공되면 유럽의 에너지가 과도하게 러시아에 의존하게 되어 위험하고 우크라이나는 통행료 수입 상실의 손해를 입을 것이 명백했다.

특히 오바마의 우려에 대하여, 얻는 것이 잃는 것보다 많으며 독일 재계의 소망이자 연립 정부 구성을 위해 부득이한 국내 정치 상황을 고려해야 한다며 거부한 것이다.[8]

러시아의 푸틴 대통령은 소련의 종말은 "20세기 최고의 지정학적 비극"이라고 말했다. 푸틴의 목표는 옛 러시아와 소련의 영광을 되찾는 것이었다. 푸틴이 먼저 눈독을 들인 나라가 우크라이나였

---

8 케이티 마틴, 앞의 책, 190쪽.

다. 2013년 11월 우크라이나 수도 키이우에서 빅토르 야누코비치 (Viktor Yanukovych) 대통령을 반대하는 시위가 벌어졌다. 야누코 비치는 당시 유럽연합과의 포괄적·정치적·경제적 협력 합의문에 서명할 계획을 바꾸어 푸틴의 회유 협박에 따라 러시아가 주도하는 유라시아경제연합에 가입하였다. 이에 젊은이들이 항거하며 대규모 시위를 벌였다. 이 시위는 유혈 사태로 이어졌다. 독재자의 말로에 대한 위험을 느낀 야누코비치는 2014년 2월 러시아로 도주하였다. 기만, 부인과 허위 정보를 활용하는 이른바 마스키로브카 (가장무도회) 작전을 구사하는 러시아는 반란군으로 위장한 러시아군을 크림반도에 투입하여 크림 자위대와 함께 쿠데타를 성공시켰다. EU는 별다른 조치를 취하지 않았다. 미국은 심히 못마땅했다. 2013년 11월 미국 국가안보국이 메르켈의 휴대폰을 도청한 사실이 드러났었다. 양국 간에 일시 갈등이 존재했지만 길게 끌고 갈 수는 없었다. 푸틴의 사실상 크림반도 침공은 이런 틈을 이용한 셈이다. 독일은 다른 유럽 국가들보다 러시아에 대한 에너지 의존도가 높았다. 특히 2011년 원자력 발전소를 단계적으로 폐지하면서 더욱 높아졌다. 러시아와의 관계를 훼손해서는 안 되는 입장이었다. 메르켈은 한사코 평화를 유지하면서, 어떤 경우라도 전쟁을 피하면서, 외교로서 문제를 풀어간다는 입장이었다. 독일이 과거에 일으킨 전쟁에 대한 트라우마 때문이기도 하였다. 미국은 2008년, 우크라이나와 조지아의 나토 가입을 시도하였었다. 그러나 메르켈은 당시 이를 거부하였다. 조지아의 대통령에 대한 불신과 우크라이나의 정세 불안을 이유로 들었다. 러시아에 대한 불필요한 자극을 피하고자 하는 의도도 있었을 것이다.

그러나 크림반도 합병이라는 사태가 생기자 메르켈은 이 문제 해결에 적극적으로 나섰다. 사태 해결을 위하여 서른여덟 번이나 푸틴과 대화하였다. 푸틴의 무례한 외교 행태에 질린 서방 지도자들은 푸틴과 섞이는 것을 싫어했기에 그 역할을 메르켈에게 떠맡긴 측면도 있었지만, 유럽 제1의 강국인 독일의 총리로서 성실함과 사명감을 가진 메르켈이 전면에 나설 수밖에 없었다. 더욱이 메르켈과 푸틴은 러시아어와 독일어로 대화할 수 있는 사이인 것도 영향을 주었을 것이다. 메르켈은 푸틴에게 "서방이 체면을 세워주려 할 때 우크라이나에서 철수하라"고 조언하였다. 푸틴은 무시했다. 메르켈은 크림반도가 우크라이나에 반환될 가능성이 없음을 알면서 목표를 현 상황이 더 악화되지 않도록 관리하고자 하였다. 군사적 대응이 아니라 경제와 외교를 통한 제재를 통하여 푸틴을 압박하였다. 2014년 3월 17일 EU 각료이사회는 러시아 및 그 동맹국들에 대한 여행 제한 조치를 의결했다. 또한, 2014년 6월 러시아 소치에서 열릴 예정인 G8 정상 회담을 보이코트하였다. G8 정상 회담은 1998년 종전의 G7 정상 회담에 러시아를 끼워 넣어 러시아의 자존심을 살려준 것이었다. 메르켈은 푸틴에게 굴욕감을 안

긴 것이다. 경제 제재로 독일의 산업도 적지 않은 피해를 입었다. 그러나 이를 감내했다. 푸틴도 실용주의자인 메르켈이 러시아나 자신을 비난할 수 있어도 그렇게까지 제재하리라고는 생각지 못했다. 이런 조치는 러시아군의 도네츠크와 루한스크 등 우크라이나 동부 지역 진출을 억제하는 효과가 있었다.

그러나 우크라이나 동부의 러시아 동맹 세력이 7월 17일 암스테르담으로 향하는 말레이시아 민항기를 격추하였다. 푸틴은 다시 비난의 모욕을 받았다. 이제는 송유관을 잠그겠다고 위협했다. 그러나 그것도 저유가로 효과가 없었다. 동부 도네츠크인민공화국과 루한스크인민공화국은 대통령으로 친러시아 후보를 선출하였다. 러시아의 입김에 따른 것이다. 키이우 중앙정부는 두 지역에 허용했던 상당한 자치권을 철회하였다. 국제사회에서 루블화의 가치는 떨어지고 푸틴의 입지는 좁아졌다. 그러면서도 메르켈은 미국 국회의원들의 우크라이나 무장 강화 요구는 거절하였다. 군사력 강화는 해결책이 아니라면서. 메르켈과 푸틴은 회담 끝에 2월 15일부터 무조건적인 휴전, 전선의 중화기 철수, 전쟁 포로 석방 등에 합의하였다. 문제의 영구적 해결은 아니지만, 메르켈의 능력과 성과로 보였다. 물론 2022년 러시아의 우크라이나 재침공은 군사 전력을 갖추지 못한 상태의 평화 의지가 얼마나 허망한 것인가를 보여주었다.

메르켈 총리 외교 정책의 기본은 유럽 협력과 국제무역 협정 강화에 초점을 맞추고 있다. 대 러시아 정책도 마찬가지였다. 그의 '교역을 통한 변화(Wandel durch Handel)' 정책이 그 핵심이다. 빌리 브란트의 '접근을 통한 변화(Wandel durch Annährung)'에 경제적 교류를 강조한 정책이라 할 만하다. 특히 러시아의 천연가스를 안정적 가격으로 도입함으로써 양국이 상호 윈윈할 수 있다고 생각하였다. 그리하여 폴란드와 우크라이나에 설치된 송유관과 달리 독일 북쪽 바다인 오스트세(Ostsee)를 통한 에너지 공급 루트인 노르트스트림 1, 2를 거듭 설치하였다. 노르트스트림 1은 전임자 게르하르트 슈뢰더 총리가 추진했던 것을 계승하였고, 노르트스트림 2는 메르켈 총리가 추가로 진행시킨 프로젝트였다. 그러나 러시아의 우크라이나 침공과 독일에의 가스 공급이 위협받는 상황이 이어지자 메르켈의 이 정책은 러시아와의 관계에서는 결과적으로는 실효적이지 못했다는 이유로 비판을 받고 있는 것도 사실이다. 푸틴의 성품과 야망을 고려한다면, 에너지의 러시아 의존 정책이 얼마나 위험한 것인가를 인지하지 못하고 낙관적 판단을 한 메르켈도 그 책임에서 자유스러울 수는 없을 것이다.

메르켈이 에너지를 러시아에 의존한 것과 병행하여 중국 시장을 적극 활용하였다.

메르켈 총리는 2007년 9월 25일 중국의 항의 속에서 베를린 총리실에서 '사적이고 비공식적인 회담'이라는 명목 아래 달라이 라마를 만났다. 중국은 이에 항의하여 예정된 브리기테 지프리스 (Brigitte Zypries) 법무장관과의 회담을 포함해 독일 관리들과의 별도 회담을 취소했다. 이와 같은 불쾌한 경험에도 불구하고 중국과의 경제 협력을 통해 국익을 도모할 목적으로 취임 이후 10회 이상 무역 대표단을 이끌고 중국을 방문하였다. 물론 중국의 심기를 건드리지 않으려는 최소한의 노력도 기울였다. 2014년 3월, 중국의 시진핑 주석도 독일을 방문했다. 그러나 중국이 거대 시장과 자본을 바탕으로 정치적·경제적 영향력을 넓혀가며 노골적으로 패권적 지배를 추구하고, 한편 국내에서도 홍콩이나 신장위구르 지역에서 자유와 인권 침해를 자행하자 서방 세계에서 우려의 목소리가 점증하였다. 그러나 메르켈 총리는 중국에 대해 강경한 입장을 취하지 않았다. 메르켈의 중국 외교는 베이징의 내정에 간섭하지 않는 것에 초점을 맞추었다.

그러면서도 메르켈 총리는 2017년 7월 정부 구금 중 장기 부전으로 사망한 중국 노벨 평화상 수상자 류샤오보의 죽음에 대해 류샤오보가 "시민권과 표현의 자유를 위한 용감한 투사"였다고 밝히기도 했다. 또한, 2019년 7월, 독일을 포함한 22개국의 유엔 대사들은 중국의 위구르족에 대한 학대와 다른 소수 집단에 대한 학대를 규탄하는 공동 서한에 서명하며 중국 정부가 신장 재교육 캠프를 폐쇄할 것을 촉구했다. 실용과 원칙 사이의 줄타기였다. 그러나 중국이 경제 협력 이상 세계 패권으로 나아가고 유럽을 지배하려는 듯한 움직임을 보이자 EU는 중국을 경계하기 시작하였고, 그 과정에서 EU 국가 중 중국 시장에 가장 깊게 진출한 독일이 어려움에 처했다. 앞으로 독일이 헤쳐나가야 할 과제인 셈이다. 메르켈은 퇴임하였지만, 그의 러시아와 중국 정책은 논란이 될 여지가 있다.

메르켈, 어떤 정치인이었나? 이런저런 이야기들

메르켈을 가까이서 취재하여 평전을 쓴 케이티 마틴은 "세계 정세가 혼란에 빠지고 사회적 분열이 심각한 지금 푸틴부터 트럼프에 이르는 권위주의 지도자들에 맞서 제2차 세계대전 이후 자유민주주의 질서를 메르켈만큼 맹렬하게 지켜온 지도자는 없다. 그는 독일을 유럽의 리더, 경제적 리더뿐 아니라 도덕적 리더로 만들었을 뿐 아니라, 중동 난민 100만 명을 포용하면서 이민자의 나라로 변신시켰다"고 평가하였다.[9] 이 모든 것은 어떻게 가능하였을까?

　메르켈은 인생 전반 35년을 공산 체제인 동독에서 살았다. 독일 통일 얼마 전 1986년 함부르크를 방문할 기회가 있었는데 혼자 여

9　케이티 마틴, 앞의 책, 32쪽

행하는 것을 두려워할 정도로 서방 세계에 낯설었던 사람이었다. 그러나 그는 곧 독일 국민의 사랑을 받고, 나아가 서방 세계를 대표하는 정치 지도자로 부상하였다. 총리직을 16년이나 수행하여 헬무트 콜과 함께 최장수 총리였다. 신기하고 기적적인 일이다. 그는 정치인으로서 어떤 덕목을 지녔던 것일까?

우선 메르켈은 실수를 하지 않는 정치인이었다. 부닥치는 문제에 대하여 철저하게 분석하고 신중하게 결론을 내렸기 때문이다. 서방 세계에서의 경험이 짧았던 탓에 더욱 그러하였을 것이다. 그는 물리학을 전공한 과학자로서 냉철한 분석을 한 뒤 결론을 도출하였다. 그 과정에서 거기에 합당한 규칙을 추출하고 일의 우선순위를 정하여, 이를 지키는 스타일이었다. 이 때문에 시간이 흐른 뒤 대세가 결정될 때까지 기다린다는 비난도 받았다. 2013년 총선 당시 야당 총리 후보인 페어 슈타인브뤼크(Peer Steinbrück)의 "메르켈은 로타리를 빙빙 돌 뿐 빠져나가지 않는다"는 지적도 그중 하나이다. 이처럼 메르켈은 대담하게 행동하는 지도자가 아니었다. 국민이 따라올 수 있는 속도로 전진하여 정치적으로 실현 가능한 일이라고 판단하는 한도에서 일을 추진하였다. 이를 위하여 여론조사를 활용하여 늘 상황 파악에 힘을 썼다. 그리고 좀처럼 남을 공격하는 일이 없고 흥분하거나 거친 말을 사용하지 않아서 무료하거나 건조하기까지 했다. 자유와 인권을 지키는 문제 외에는 이념에서 자유로우며 유연성과 실용성을 바탕으로 문제를 해결해나가는 느슨한 방식을 취하였다. 그는 소속 정당의 정책이나 이념적 노선을 떠나 국민이 원하는 것을 추구하고 갈등을 해소하는 데 역점을 둔 실용주의적 태도를 취하였다. 좋은 아이디어라면 그 출처를 따지지 않고 핵 발전 등 에너지, 환경 정책, 모병제, 아동 보육, 평등 결혼, 여성의 권리 등 타당의 정책을 끌어썼다. 이것은 보수 정당인 기민당의 정체성이나 전통적 정책과 어긋나는 결과가 되었지만, 정치적 반대 세력을 무력화하는 영리한 방법이기도 했다.[10] 즉 사민당이나 녹색당 지지자들의 지지는 아니라도 반감이 적어 그들이 투표장으로 가지 않도록 하여 결과적으로 기민당에 유리한 선거 결과를 이끌어내는 정치적 효과를 거둔 것이다.

이에 이르기 위하여, 메르켈은 진공청소기가 먼지를 빨아들이는 것처럼 필요한 지식을 빠르게 흡수하는 능력을 가졌다. 머리 좋은 모범생의 전형이었다. 목사인 아버지 아래서, 엄격한 사회 분위기인 동독 사회에서 성장한 탓으로 불순한 스캔들에 끼어들 여지가 없었다. 또한, 타고난 건강 체질로 하루 5시간 수면이면 충분

---

10 동성애자 기도 베스터벨레(Guido Westbelle)를 거리낌 없이 외무장관에 임명하고, 평등 결혼을 인정하면서 다만 관련 법률안에 대하여는 강령 아닌 양심에 따라 투표하도록 하였다.

하여 많은 시간 일에 매달릴 수 있었다. 심지어 장거리 해외 출장에서 돌아와도 집으로 가지 않고 사무실로 달려가 일하기 십상이었다.

　그는 단순히 권력을 잡고 지키는 것이 아니라 구체적 성과를 도출하는 데 목표를 두었다. 아니다 싶으면 욕심을 부리지 아니하고 참다가 다음의 기회를 기다리는, 타이밍을 적절히 조정하는 능력을 가졌다. 2002년 총선을 앞두고 총리 후보 경선에서 슈토이버에게 밀리자 과감히 포기하고 대신 슈토이버와의 협상을 통해 실리를 추구하고 다음 선거를 대비하였다. 이 계획은 성공하였다. 감정적 흥분을 억제하고 이성적으로 판단하였다. 심지어 그의 연설문에는 형용사가 없다고 할 정도이다. 그의 단조로운 연설 스타일이 오히려 장점이 되었다. 이 점은 아데나워도 마찬가지였다. 아데나워도 건조한 연설로 유명했으며 아는 단어가 200개밖에 되지 않을 것이라는 우스개가 있을 정도였다. 어쩌면 자신감의 표현일 수도 있다. 세계무역기구(WTO) 파스칼 라미(Pascal Lamy) 사무총장이 "연설문에 다소 시적 표현을 넣으시죠" 하고 조언하자 "나는 시인이 아닙니다"라고 대꾸할 정도였다.

　메르켈의 정치적 아버지인 헬무트 콜 총리가 초기에 메르켈이 옷차림이나 헤어스타일에 신경을 쓰도록 주변 사람들에게 채근할 정도로 메르켈은 이런 것들에 별반 관심을 두지 않는 검소함을 유지하였다. 물론 정치를 거듭하면서 외모나 몸짓에 관해 전문가의 조언을 받아 이를 반영해나갔으나 기본적으로 소박한 스타일은 유지하였다. 총리 사무실도 최대한 소박한 분위기를 유지하였다. 화려하고 과시적인 분위기는 인간적 교류를 어렵게 한다는 생각이었다. 직접 내린 커피로 손님을 대접하면서 그사이에도 끊임없이 질문하며 소통하였다. 그의 책상에는 그가 늘 되뇌는 문구 "In der Ruhe liegt die Ktaft(힘은 침착함 가운데서 나온다)"가 새겨진 액자와 예카테리나 여제의 초상화가 담긴 은제 액자가 놓여 있다. 예카테리나는 독일의 한 공국 안할트체르프스트의 공주로 태어나 러시아의 표트르 대제의 손자이자 훗날 황제가 되는 표트르 3세와 정략 결혼한 뒤 남편을 폐위시키고 1762년에 러시아의 여제가 된 인물이다. 상황 판단이 빠르고 결단력이 있었던 여제는 자신을 과소평가한 많은 남자를 쓰러뜨리면서 34년간 러시아를 통치했다. 메르켈이 자신의 처지와 비교하면서 닮고자 하는 모델이었을 것이다. 총리실 보좌진도 재임 중 거의 바꾸지 않았다.

한편 메르켈 총리는 관여하지 않아도 무방할 사건에 개입함으로써 논란을 불러일으키는 경우도 있었다. 소신이었는지, 신중치 못한 나머지 저지른 실수였는지 불분명하지만, 정치 지도자들은 늘 신중하게 생각해야 한다는 교훈을 주는 대목들이다.

2010년 9월 8일 메르켈은 M100미디어상(M100-Medienpreis) 시상식에 참석하여 언론의 자유에 공헌하였다는 명목으로 덴마크 만화가 쿠르 베스터르고르(Kurt Westergaard)에게 상을 수여하였다. 베스터르고르는 2005년 무하마드를 모욕하는 만화를 발표하여 이슬람권의 항의를 촉발하여 많은 암살 테러, 외교적 갈등, 만화가에 대한 살해 위협 등을 야기하였었다. 특히 이 시점은 무슬림 이민에 비판적인 내용의 책을 발간한 베를린주 재무 담당 상원의원인 틸로 사라진(Thilo Sarrazin)의 문제로 독일에서 치열한 감정적인 논쟁이 벌어지고 있었던 때였다. 독일의 아랍 및 터키 출신 이주민과의 통합 문제와 관련한 사라진의 부정적 평가에 대한 메르켈의 입장은 사회 통합에 반한다는 이유로 비판적이었다. 그럼에도 불구하고 시상식에 참석한 것이다. 독일 무슬림 중앙위원회와 좌파당과 녹색당은 메르켈 총리의 행동을 비판했다.《프랑크푸르트 알게마이네 차이퉁》신문은 "이것은 아마도 지금까지 그의 총리직에서 가장 폭발적인 순간이 될 것"이라고 썼다. 다른 이들은 메르켈을 칭찬하고 언론의 자유를 위해 용감하고 대담한 움직임이라고 평가했다. 그러나 표현의 자유를 강조하기 위한 행보로서는 부적절하지 않았나 싶다.

또한, 독일 출신의 교황 베네딕토 16세에 대한 부당한 언급도 마찬가지다. 베네딕토 16세는 속명 요제프 알로이지우스 라칭거(Joseph Aloisius Ratzinger)로서 바이에른 출신으로 독일의 남부와 서부의 많은 가톨릭 신자들의 존경을 받는 인물이었다. 메르켈은 북부 독일 출신 개신교도로서 가톨릭 신도가 중심이 된 기민당과 기사당에서는 이질적으로 보일 만했다. 메르켈은 이런 점을 정치적으로 고려해야 했다. 그런데 리처드 윌리암슨이라는 영국인 주교가 히틀러의 계획에 의하여 가스실에서 죽어간 유대인이 600만 명에 달한다는 사실은 거짓이라는 주장을 하여 파면되었다가 베네딕트 교황에 의하여 복권된 일과 관련하여, 메르켈은 이에 대한 해명을 교황에게 요구했다. 당내에서는 물론 독일 사회에서 논란을 일으켰다. 독일의 어두운 과거를 환기시키고 교황의 권위와 관련된 문제인 만큼 메르켈이 나서는 것은 부적절했다. 교황은 가톨릭교회는 홀로코스트에 대하여 조금도 의심을 품지 않는다고 밝혀 문제는 해결되었지만, 메르켈의 리더십에 상처를 남겼다.

메르켈 총리는 "alternativlos(대안이 없다)"라는 말을 자주 사용하였다. 유럽의 재정 위기 해결을 위한 조치를 설명하는 과정에서다. 2010년 독일 언어학자들은 패널 토의를 거쳐 이를 올해의 부적절한 단어(Unwort des Jahres)로 선정하였다. 낱말 자체가 아니라 사용되는 상황을 기준으로 하여 정한 것이다. 이 표현은 어떤 이슈에 대한 정치적 논의를 불필요하거나 바람직하지 않은 것으로 간주하는 것으로서 비민주적이라는 이유에서다. 아이러니하게도 메르켈의 유럽 정책에 반대하여 탄생한 정당이 당명을 "Alternative für Deutschland(독일을 위한 대안)"으로 정하였다.

은퇴 후 조용한 삶, 우크라이나 전쟁에 관한 코멘트

메르켈은 은퇴 후 대외 활동을 자제하며 조용하게 지내고 있다. 그러나 러시아가 우크라이나를 침공하자 그는 조용히 있을 수만은 없었다.

2022년 2월 25일, 우크라이나의 러시아 침공이 시작된 지 24시간 만에 메르켈은 DPA 뉴스 에이전시를 통해 "러시아의 우크라이나 침략 전쟁은 냉전 이후 유럽의 역사에서 가장 중대한 폭거"라며 거칠게 비난했다. 4월에는 그의 대변인은 메르켈이 2008년 부쿠레슈티에서 열린 나토 정상 회담에서 우크라이나의 북대서양 동맹 가입에 반대했던 자신의 입장을 고수한다고 밝히기도 했다. 우크라이나의 나토 가입을 반대했던 자신에게 비난의 화살이 향하는 것을 차단하기 위한 조치일 것이다.

한편 볼로디미르 젤렌스키(Volodymyr Zelenskyy) 우크라이나 대통령은 메르켈과 니콜라스 사르코지(Nicolas Sarkozy) 당시 프랑스 대통령이 우크라이나가 2008년 나토에 가입하는 것을 막기로 한 결정을 비난했다.

메르켈 총리와 나

2022년 6월 1일 메르켈 총리는 독일노동조합연맹(DGB) 회장 라이너 호프만(Reiner Hoffmann)의 은퇴 파티에서 퇴임 이후 정치 문제에 대해 처음으로 공개 발언을 했다. 그는 "나는 러시아에 의한 국제법의 노골적인 위반에 대해 언급하지 않고서는 이 연설을 할 수 없습니다. 나는 러시아에 의해 공격받고 침략당한 우크라이나에 연대감을 가지며 독일연방공화국·유럽연합·미국의 러시아가 주도하는 야만적인 침략 전쟁을 종식시키려는 노력에 박수를 보냅니다. 현재의 우크라이나 사태는 평화와 자유가 결코 당연한 것으로 받아들여질 수 없다는 것을 상기시켜줍니다. 유럽공동체의 위대한 아이디어는 가치와 평화 수호에 기초한 것입니다"라고 밝혔다.

2022년 6월 7일 메르켈 총리는《슈피겔》의 저널리스트 알렉산더 오장(Alexander Osang)과 2,000명 군중 앞에서의 베를린 극장 인터뷰에서도 그는 우크라이나를 옹호하며, "푸틴의 침략은 용납할 수 없으며 러시아의 큰 실수이고, 그것은 모든 국제법과 유럽에서 우리가 평화롭게 살 수 있게 해주는 모든 것에 대한 객관적인 위반입니다. 우리가 수 세기를 거슬러 올라가 어느 영토가 누구에게 속해야 하는지에 대해 논쟁하기 시작한다면, 우리는 단지 전쟁을 할 수밖에 없을 것입니다. 그것은 우리의 선택 사항이 될 수 없습니다"라고 밝혔다. 그는 또한 2021년 9월 총리직이 끝날 무렵, 푸틴이 대결의 방향으로 나아가고 있었으며, 사실상 외교적 해결을 위한 노르망디 포맷(Normandie-Format, 우크라이나 문제를 해결하기 위한 독일, 프랑스, 러시아, 우크라이나 4개국 간 2014년 시작한 회담)을 끝낸 것이 분명하다고 말했다.